# 品读武汉抗战遗址

PINDU WUHAN KANGZHAN YIZHI

武汉市政协文化文史和学习委员会
武 汉 出 版 集 团 有 限 公 司 编

阮祥红 邓正兵 主编

HANBOOK 版
武汉出版社
WUHAN PUBLISHING HOUSE

（鄂）新登字08号

**图书在版编目（CIP）数据**

品读武汉抗战遗址 / 武汉市政协文化文史和学习委员会，武汉出版集团有限公司编；阮祥红，邓正兵主编. 武汉：武汉出版社，2025. 8. -- ISBN 978-7-5582-7831-0

Ⅰ. K878.23-49

中国国家版本馆 CIP 数据核字第 2025HE5013 号

**品读武汉抗战遗址**

---

编　　者：武汉市政协文化文史和学习委员会
　　　　　武汉出版集团有限公司
主　　编：阮祥红　邓正兵
责任编辑：张荣伟　刘沁怡　朱梦珍　黄仪萱
封面设计：沈力夫
出　　版：武汉出版社
社　　址：武汉市江岸区兴业路 136 号　　邮　　编：430014
电　　话：（027）85606403　85600625
http://www.whcbs.com　E-mail:whcbszbs@163.com
印　　刷：武汉精一佳印刷有限公司　　经　　销：新华书店
开　　本：787 mm×1092 mm　1/16
印　　张：21.75　　字　　数：330 千字
版　　次：2025 年 8 月第 1 版
印　　次：2025 年 8 月第 1 次印刷
定　　价：128.00 元

---

# 本书编委会

# 前　言

武汉，华中重镇，九省通衢，在抗日战争中，一度成为中国战时首都，这是一座抗战之城、英雄之城、光荣之城。

1937 年 12 月，南京沦陷后，国民政府移驻重庆。在 1937 年 12 月至 1938 年 10 月，武汉成为实际上的战时政治中心和全国抗战枢纽，中国抗战进入武汉抗战时期。1938 年 1 月，邹韬奋主办的《抗战》（三日刊）接连发表文章，提出“保卫大武汉”的口号。6 月 12 日，日军进攻安庆，武汉会战正式开始。同日，《新华日报》发表社论《保卫大武汉》。从此，“保卫大武汉”成为时代最强音，中国军民在政治、军事、经济、外交、文化等方方面面全力支持武汉保卫战。

武汉会战是全民族抗战初期中日双方在军事上的大较量，是抗日战争战略防御阶段规模最大、时间最长、范围最广的一次大会战，也是该阶段中国军队歼灭日军人数最多的一次大会战。中国军队虽然最终没能守住武汉，但是基本实现了“以空间换取时间”的战略，粉碎了日本侵略者速战速决消灭中国军队主力和逼迫中国政府投降的图谋。武汉会战结束后，中国抗战进入了战略相持阶段。

武汉抗战时期是抗日战争中我国各派政治力量团结合作的蜜月期。中国共产党和中国国民党密切合作，其他各党派、地方实力派、各种社会团体等一致行动，真正体现了众志成城、同仇敌忾的家国情怀和民族大义。1938 年 7 月，在汉口召开的第一届国民参政会，开创了中国各党派政治协商的先例。

武汉抗战时期是中国文化界大集聚、发起文化抗战的辉煌期。从东北、平津、沪宁等沦陷区逃亡来的1000多名作家、艺术家及其他文艺工作者云集武汉，各种文化机构、文化团体、出版机构也纷纷迁汉。在中国共产党的领导下，全国性的抗敌文艺组织迅速建立，200多种报刊持续创办或复刊，武汉迅即成为全国文化中心，在动员民众、振奋民心、鼓舞士气等方面发挥了重要作用。这是中国抗战史和武汉城市史上辉煌的一章。

武汉抗战时期是中国工厂内迁、保存国力的关键期。正是由于武汉会战赢得的宝贵时间，中国沿海企业连同武汉本地企业转移到了大后方，这不仅避免了武汉工业被日军利用，而且有效地保存了中国的工业实力，也促进了大后方工业的发展。在这场被誉为"东方敦刻尔克"的中国实业大撤退中，中国的实业家和工人民众表现出保国卫家、保卫民族的顽强品质和献身精神。

武汉抗战时期，中国人民全体动员，表现了共赴国难的凝聚力和战斗力。七七献金运动，各个献金台涌来了社会各个阶层人士，庞大的献金人数、巨额的献金捐款、感人的献金细节等，无不说明中国民众已经被充分动员起来了。这是抗战时期规模最大的一次献金运动。

武汉抗战时期，欧洲战事尚未展开，中国人民抗日战争是世界反法西斯战争的主战场。武汉和全国人民的英勇抗争与浴血奋战，使原本观战的西方主要国家逐渐改变对日和对华政策，世界正义力量直接来武汉支援抗战，多国进步人士从武汉奔赴抗战前线，国际公正舆论从武汉传向全国，增强了中国人民抗击法西斯的勇气、信心和决心。

武汉抗战是正义与邪恶、光明与黑暗、进步与反动的较量。虽然武汉最终沦陷了，但是，中国军民并未屈服。中国军队尤其是中国共产党领导的新四军在武汉周边坚持对日斗争，给日伪在武汉的统治以沉重打击，也给沦陷之中的武汉民众以鼓舞和希望。1945年9月18日，华中日军在武汉向中国军队投降。历史又一次昭示：正义必胜，和平必胜，人民必胜。

铭记历史，缅怀先烈，珍爱和平，开创未来。武汉抗战时期，涌现出众多的抗日英雄，留下了众多的抗战遗址。2014 年、2015 年、2020 年，民政部、退役军人事务部先后公布了三批著名抗日英烈和英雄群体名录，与武汉有关系的英烈有官楚印（新四军豫鄂挺进纵队路东总队政治委员）、郝梦龄（国民革命军第 9 军军长）、高志航（中国空军驱逐机部队司令兼第 4 航空大队大队长）、张自忠（国民革命军第 33 集团军总司令）、项英（新四军副军长兼政委）、杨学诚（新四军第 5 师鄂皖兵团政治委员）、叶辅平（新四军军需处处长）、王祯祥（国民革命军陆军第 12 军第 20 师副师长）、冯安邦（国民革命军第 42 军军长）、朱炎晖（国民革命军第 94 军第 185 师第 546 旅旅长）、范荩（国民革命军第 87 军第 198 师副师长）、刘家麒（国民革命军第 9 军第 54 师师长）等人，其中项英、杨学诚、刘家麒是武汉人，其他英烈在抗日战争期间或在武汉工作，或在武汉牺牲。同时，在国务院公布的三批国家级抗战纪念设施、遗址名录中，八路军武汉办事处旧址纪念馆、中山舰博物馆名列其中。

历史是最好的教科书，也是最好的清醒剂。在中国人民抗日战争暨世界反法西斯战争胜利 80 周年之际，品读武汉抗战遗址，重返历史现场，忆昔抚今，对于加深武汉抗战历史记忆，揭露日本军国主义者的侵略暴行，颂扬中国军民团结御侮的英勇壮举，凸显武汉会战是抗日战争中的战略转折点，昭示中国共产党在抗战中的中流砥柱作用，进而丰富和弘扬伟大抗战精神的深刻内涵和时代价值，使其成为谱写中国式现代化武汉篇章的精神坐标和动力源泉，具有重要的历史意义和现实意义。

编 者

2025 年 6 月 12 日

# 目　录

## 第一篇　浴血山河：抗战烽火遗迹



## 第二篇　战时首都：抗战机关旧址

## 第三篇　名流云集：抗战名人故居



## 第四篇　血证如山：日军暴行遗址

## 第五篇 不朽丰碑：抗战纪念场所

# 第一篇

## 浴血山河：抗战烽火遗迹

在日本全面灭亡中国的计划中，武汉是其觊觎的重要目标。九一八事变后，日本持续增兵武汉，并在汉口日租界内不断举行军事演习。武汉地方军事当局积极应对，1932年11月，即制定了《歼灭日人在汉武力计划》，抗战全面爆发前后，又在武汉周边及城内修筑了多处军事设施。忻口战役、台儿庄战役中，武汉军民积极支持抗战，郝梦龄、刘家麒、王铭章等抗战英烈的灵柩和遗骸路过或归葬武汉，一次次激发了民众的爱国热潮。1938年1月，中国军队和日军即在武汉上空开始了激烈的空战。随后开始的武汉会战是抗日战争战略防御阶段规模最大、时间最长、范围最广、歼灭日军人数最多的一次大会战。武汉会战后期，中国军队在岱家山、白浒山的战斗，捍卫了中国军队和武汉城市的尊严。武汉沦陷后，中国共产党领导的新四军第5师在新洲涨渡湖、黄陂姚家山、江夏梁子湖等地建立了抗日根据地，对日军在武汉及华中的殖民统治形成有效牵制，并取得了侏儒山战役的胜利。武汉地区的抗日烽火遗迹，既体现了抗日战争的长期性和全面性，又彰显了中国共产党领导的敌后战场的重要作用。

# 武汉上空的鹰：中国抗日空军烈士墓

中国抗日空军烈士墓，位于洪山区石门峰名人文化公园内，紧邻武汉抗战纪念园，里面埋葬着12位在武汉空战中英勇殉国的空军烈士。1938年武汉保卫战中，中国空军和日本航空兵进行了多次空战，年轻的中国空军英勇顽强、技术高超、敢打敢拼，沉重地打击了日军的嚣张气焰，但也有数十名空军将士血洒长空。烈士遗骸最先安葬在武昌青山矶头和桂子山，后迁往石门峰。2015年，中国抗日空军烈士墓修葺一新，旁边还修建了中国抗日空军英烈纪念碑，它们一起组成了“保卫大武汉中国空军英烈墓园”。中国空军英烈墓园立意深远，不仅承载了中国空军在中国人民抗日战争和世界反法西斯战争中的壮烈记忆，也成为武汉的一张城市文化名片。

## 中国空军：誓将碧血捍长天

1937年七七事变后，日本悍然发动全面侵华战争，从海陆空三个方面对中国发动了全面进攻。当时，中日两国国力差距较大，尤其是空中力量对比悬殊。但是，中国空军将士不怕牺牲，豪气干云。

抗战全面爆发时，中国空军体系化建设尚处于初建阶段，中国空军仅有飞机600多架，其中作战飞机305架。七七事变后，为适应作战需要，中国空军进行了机构调整，在航空委员会下新设立空军前敌总指挥部，统辖9个大队和4个独立中队，以及笕桥航校暂编大队、空运队。除独立第33中队为驱逐机中队外，独立第13中队、独立第18中队、独立第20中队均为轰炸机中队。独立第20中队共有9架轻型轰炸机，驻扎在汉口王家墩机场。

相比之下，当时日本的工业体系健全，飞机制造业更是达到世界先进水平，可与美国、苏联和德国等一流强国相匹敌。淞沪会战中，中国空军击落日机约230架，击毙日军飞行人员327人，但中国空军战损飞机90余架，非战斗损失达100多架，剩余可用飞机仅81架。到日军准备进攻武汉时，中国空军处于明显的劣势。

中日空军之间巨大的差距，并没有动摇中国空军保家卫国的决心，他们随时准备血洒长空。1938年《中国的空军》杂志第16期刊载了空军“二一八”空战烈士巴清正在战前2月16日写给友人的遗书。遗书中他已抱定必死信念：“每当黄昏薄暮时候，使我旧念丛生，复兴民族，收复故土……人生不免一死，不过时间长短耳，战争不免牺牲，亦关时间长短耳。弟生来不甘落后，自勉之心有超于人，又何况我等仇耻，累累皆是！”

1938年，中国空军在苏联空军志愿队的配合下，不畏日军的炮火，奋勇飞向长空，与日机展开厮杀。7月2日，在武汉出版的《全民周刊》第2卷第5号发表社论《中国空军万岁》，文中写道：“在这十一个月空战史中，不仅我民族健儿创造了最优秀的战斗记录，同时也为我民族创造了万古长存的民族气节，中国空军将士勇敢的战斗意志，与可歌可泣的牺牲精神，不仅提高了前方各线将士抗战的情绪，起了伟大的模范作用，对于后方民众，无形的也起了牺牲小我共赴国难的雄心，很大的积极作用，这一精神上的影响与收获是不能用数字计算的。”

## 武汉空战：彪炳史册的辉煌战绩

1938年春，日本航空兵开始对武汉进行疯狂轰炸的同时，也对武汉地区的中国空军基地进行了大规模空袭，企图摧毁中国空军的抵抗力量。中国空军在苏联空军志愿队的支持下，英勇地抗击日军。从2月到8月，中日空军在武汉上空进行了多次空战，大的空战就有4次。其中，“二一八”空战、

1938 年武汉“二一八”空战后，建功的部分中国空军将士合影

“五三一”空战在汉口、滠口上空进行；“四二九”空战在武昌上空进行，后扩展到汉口上空；“八三”空战在武昌上空进行。武汉空战是中国抗日战争史上乃至世界战争史上最著名的空战之一，在中国抗战史上写下了壮丽的一页。

在 1940 年出版的《抗战三周年》中，中国空军前敌总指挥周至柔发表《抗战三年来之中国空军》一文，文中写道：“武汉上空有名之‘二一八’‘四二九’‘五三一’‘八三’四次大规模空中战，击落敌最精锐之九六式驱逐机三十八架，九六式重轰炸机十二架，使敌举以自夸之海军航空队，遭受空前之大损失”，空战之外，“我空军在此时期间，亦举动运用，在每一要地，均取得局部之优势，昼夜不断轰炸长江敌舰，摧毁敌之主要补给线，共炸沉敌舰三十三艘，炸伤一百零九艘，并出奇袭击南京、芜湖、安庆等敌空军基地，炸毁敌机数十架”。1938 年 5 月 22 日，中国共产党领导的《解放》周刊第 39 期于“四二九”大捷后发表时评，特别“向空军将士致崇高的敬礼”。

除在空中奋勇抵抗并击退日军进犯，配合打击其地面部队，摧毁军用设施外，中国空军还成功地进行了一次远征日本本土的飞行。5 月 19 日，中国空军第 14 中队队长徐焕升、第 19 中队副队长佟彦博，分驾 2 架携带有《告日本工人书》《告日本各党政人士书》《告日本人民书》《告日本中小工商业人士书》传单的“马丁 B–10”重型轰炸机，从汉口机场秘密起飞，经南昌、衢州，至宁波加油后跨海直飞日本本土。20 日凌晨抵达日本九州上空，在长崎、福冈、佐贺等城市上空遍撒数以吨计的传单，并侦察了日本军港及机场情况。传单写道：“尔国侵略中国，罪恶深重。尔再不驯，则百万传单，将一变为千吨炸弹，尔再戒之。”

中国飞机远征日本使得“日本全国骚动，惊恐万分”，被认为是“日本有史以来外国飞机进入其本土空前的奇迹”，大长了中国军民的志气。东征凯旋的空军勇士在汉口受到各方的热烈欢迎，中共中央及八路军代表特别献

1938 年 5 月 20 日，中国空军第 14 中队队长徐焕升完成远征日本任务后凯旋，降落在汉口王家墩机场

上绣有“德威并用，智勇双全”的锦旗。周恩来致辞说：“我国的空军，确是个新的神鹰队伍，正因为他们历史短而没有坏的传统，所以民族意识特别浓厚，而能建树了如此多的伟大成绩，这更增加了我们的敬意。”

## 武汉石门峰：空军英烈永垂不朽

武汉空战中，中国空军损失惨重，数十名空军将士为国捐躯。1938 年，为纪念在空战中殉国的空军将士，武汉各界两次举行隆重的公祭仪式。

1938 年 2 月 21 日，武汉各界举行万人集会，祝捷献旗，追悼“二一八”武汉空战大捷中牺牲的 5 位飞行员：李桂丹、李鹏翔、吕基淳、巴清正、王怡。中共中央和第 18 集团军代表周恩来、陈绍禹、秦邦宪、董必武、叶剑英等共同参加了追悼会，并送挽联“为五千年祖国英勇牺牲功名不朽，有四万万同胞艰辛奋斗胜利可期”，表达了全民对空战英雄无限的崇敬与追思。空军第 4 大队 5 架驱逐机系上黑白纱带，在武汉上空盘旋数匝，特示哀悼。

1938 年 6 月 5 日，武汉各界在汉口总商会礼堂举行了声势浩大的公祭大会，悼念空军张效贤、杨慎贤、陈怀民、孙金鉴四烈士，烈士家属和在汉的党政军民 2 万余人参加致祭。陈绍禹、周恩来、秦邦宪代表中共中央敬挽“捐躯报国”，朱德、彭德怀以第 18 集团军代表的身份发出慰唁电，称赞烈士“精忠神勇”，新华日报社也敬挽“民族之光”。《新华日报》《武汉日报》等在汉重要报纸，均以大幅版面报道了公祭情况。

6 月 5 日公祭大会后，陈怀民等四烈士遗骸埋葬于武昌青山矶头，其他烈士遗骸多埋葬于武昌桂子山等地。后来，陈怀民等烈士遗骸先后迁到武昌桂子山，10 多名空军烈士的坟墓较为集中地归葬在一起。20 世纪 50 年代初期，因筹建华中师范大学，桂子山的坟墓被迁往各地。除陈怀民坟墓由其家属认领迁往石门峰外，其他烈士坟墓被当作无主坟迁往石门峰。

抗日英雄终究不会被遗忘。20 世纪 80 年代中期，武汉地区文史工作者开始寻找武汉抗战中的空军烈士墓及其主人。2005 年，华中师范大学中国近代史研究所和《长江日报》联合发出寻访公告，发动社会力量寻找空军烈士墓。经过社会各界的努力，终于找到并修复了中国抗日空军烈士墓。因种种原因，烈士遗骨中只有陈怀民为人所知，其他烈士的姓名和生平均不清楚。石门峰名人文化公园联合华中师范大学中国近代史研究所，多次前往南京、重庆、成都、台湾等地，遍寻各种历史资料。经过 8 年的艰苦寻找，终于找到了其余 11 位烈士的姓名和生平，并于 2012 年对外公布。

12 名抗日空军烈士分别是：1938 年 1 月 4 日牺牲的中尉分队长宋恩儒、少尉飞行员张若翼，在 2 月 18 日空战中牺牲的上尉大队长李桂丹、上尉中队长吕基淳、少尉飞行员巴清正、少尉飞行员李鹏翔、少尉飞行员王怡，在 4 月 29 日空战中牺牲的少尉飞行员陈怀民，在 5 月 31 日空战中牺牲的分队长张效贤、中尉飞行员孙金鉴、中尉分队长飞行员杨慎贤，7 月 21 日牺牲

中国抗日空军英烈纪念碑

的中队长安家驹。他们牺牲时的平均年龄刚刚超过 23 岁。

2015 年抗战胜利 70 周年之际，中国抗日空军英烈纪念碑在石门峰中国抗日空军烈士墓前落成。纪念碑特意采用了颇具历史感的铁锈色，总体为倒三角斜四面体造型，代表飞行器与机翼，挺拔向上，象征着中国空军烈士英勇不屈的抗战精神。纪念碑整体长 22 米，高 9 米，碑体上方是安葬在此的 12 位空军飞行员的浮雕，表面有 3 处类似飞机中弹的“弹孔”设计，右侧正面书有“中国抗战空军英烈永垂不朽”的醒目大字。纪念碑左后的围墙上为著名历史学家冯天瑜题写的“保卫大武汉中国空军英烈墓园”。右侧依墙体建有长廊，以展板简介了 1938 年武汉大空战的情况，并逐一介绍了烈士生平。墙体上还以多媒体形式滚动播出纪录片《抗战史上的今天》中有关武汉空战的历史影像。正后方的山包上，一片葱绿簇拥着的是烈士墓冢。

2011 年 3 月，中国抗日空军烈士墓被武汉市人民政府核定公布为市级文物保护单位。同时被公布为武汉市文物保护单位的还有南湖飞机场指挥中心旧址，该旧址位于武昌区南湖街道办事处恒安路75号，始建于1936年3月，是南湖飞机场指挥中心。南湖飞机场曾是国民政府航空委员会的空军基地。而武汉抗战期间中国空军的主要飞机场之一的王家墩机场（当时也称汉口机场），在城市发展中现已成为武汉中央商务区，只能从当时的文字记载和老照片中窥其一斑。第 4 大队飞行员龚业悌在其所著的《抗战飞行日记》中记载，其第 21 中队就驻扎在王家墩机场。

2015 年 8 月，长眠在石门峰的李桂丹、吕基淳、陈怀民三位英烈，作为武汉空战中牺牲的中国空军飞行员代表，入选民政部公布的第二批著名抗日英烈和英雄群体名录。

（张均）

# 异国英烈血洒武汉：苏联空军志愿队烈士墓

苏联空军志愿队烈士墓，坐落在汉口解放公园东北隅，位于朝梅岭和夕桂山之间，庄严肃穆。在和煦的晴日，三三两两游园的人们不时走进墓园，凝望碑文，了解这段尘封的历史。80多年前，苏联空军志愿队跨越茫茫天山、飞过黄河长江，投入中国抗日战场，以血肉之躯书写了一段值得永远怀念的雄壮国际史诗。

## “Z行动”志愿队紧急来华

抗战全面爆发后，中国空军给予日军沉重打击，但是自身也损失惨重。淞沪会战后，中国空军完全丧失了制空权，急需寻求外来援助。1937年8月21日，《中苏互不侵犯条约》签订，奠定了苏联军事援华的政治基础，中苏双方立即就军事援助的具体事宜展开协商，中方提出聘请苏联飞行员。8月27日，蒋介石在会见苏联驻华全权代表时，明确请求苏联允许“苏联飞行员以志愿者身份加入中国军队”。9月9日，中国军事代表团在莫斯科与苏联代表举行第一次谈判时，提出了所需志愿者的具体人数。

随后，蒋介石不断致电驻苏大使和军事考察团，表达了中方对苏联援助物资尤其是对作战飞机的急迫需求。9月16日，蒋介石致电考察团，“此间待驱逐机最急”，要其与苏方“转商提前派驱逐机五六十架应用”。第二天，蒋介石又询问第一批飞机何时可以到达兰州，以及送飞机到兰州的飞行员如何返苏的问题。4天后，蒋再发电催促，“驱逐机第一批能否提前出发应用？甚急也”。

与此同时，苏联为应对来自日本的侵略压力，实现自身的战略利益，对中方的要求都积极给予满足。军事考察团团长、国民政府军事委员会参谋次长杨杰在1937年9月11日的日记中写道："对于所需各物，尽量一次给与，且开价极低，一切愿望中国胜利之热诚处处表现。"与苏联援助西班牙的军事行动代号为"X行动"相似，苏联对华的秘密军事援助，在苏联内部文件中标为代号"Z行动"。"Z行动"的具体内容包括苏联对华武器援助、对华军事技术援助、派遣军事顾问、挑选和派遣空军志愿队等一系列行动。为了组织空军援华志愿队，苏联红军总部专门成立了一个选拔委员会，由志愿者自己申请，或者由上级领导动员申请，或者由上级领导直接征求意见，然后由选拔委员会考察甄别。入选人员一般都有一定的战斗经验、飞行技术，专业素质过硬，同时也都经过了严格的政治审查。

入选队员首先在莫斯科集中，然后经南北两路入华。南线阿—兰线为主要线路，途经阿拉木图、伊宁、石河子、乌鲁木齐、哈密、酒泉、武威到兰州。其中，阿拉木图是苏联援华物资和人员的主要集散地。北线自伊尔库茨克经蒙古乌兰巴托、达兰扎达嘎德到兰州。

苏联空军志愿队有自己的指挥体系，志愿队的最高领导为空军总顾问，负责向中国空军输送和移交所购苏联飞机、督导训练中国空军技术人员事宜及指挥志愿队作战，总顾问下有参谋长、副参谋长、一般专业性顾问、副顾问（即政委）和轰炸机大队、战斗机大队大队长。志愿队员每4到6个月进行轮换。中方安排人员驻扎在志愿队，协调中苏双方的行动。武汉会战时期，志愿队总顾问先后为雷恰戈夫、日加列夫。驻扎汉口机场的轰炸机大队大队长先后有波留宁、赫留金、斯柳萨列夫。布拉戈维申斯基、尼古拉延科出任战斗机大队大队长。

1937年10月，由飞行员和机械人员组成的第一批苏联空军志愿队前往中国参战，并负责开通从阿拉木图经兰州到汉口的航线。航线全程海拔高低起伏，气象各异，异常凶险。首批战斗机大队队长库尔丘莫夫、远程重型轰炸机大队队长卡杜克都牺牲于途中。陆上同时开通了全长 2925 公里的国际运输线，援华物资大多分拆装箱，通过卡车由苏联运至兰州。中国空军也派遣飞行员到兰州，接收从苏联购买的飞机，接受整训，熟悉苏联飞机性能，以尽早投入战斗。1937 年 11 月，中国空军首个苏联志愿大队成立。时任国民政府空军顾问的美国人陈纳德称，苏联空军"派来四队战斗机、两队轰炸机，装备都很完全，准备抵抗日本"。

根据 1941 年 3 月 4 日《中华民国政府行政院对外贸易委员会关于动用苏联贷款向苏购买军火武器的账略》记载，自 1938 年 3 月到 9 月，中方实际动用苏方信用贷款，从苏联购入的飞机数量为 477 架。其中，СБ 式飞机 142 架，И–16 式飞机 94 架，И–15 式飞机 222 架，УТИ–4 式飞机 8 架，ДБ–3 式飞机 6 架，УТ–1 式飞机 5 架。ДБ–3 为重型轰炸机，СБ 为轻型轰炸机，И–15、И–16 是战斗机，其他两类为教练机。自 1937 年到 1941 年，苏联一共向中国派遣各类空军志愿人员（包括飞行员、领航员、射击士、机械师等）共 3665 人。

## 在武汉上空并肩战斗

1937 年 10 月底，首批苏联空军志愿队轰炸机大队在武汉短暂停留后，11 月就与中国空军一道投入南京前线，到 12 月才被迫转至南昌。1938 年 1 月至 5 月，志愿队轰炸机第 1 大队驻汉口、南昌，战斗机第 1 大队、第 2 大队驻南昌、汉口、广州，3 个大队总共拥有各类飞机 118 架。

1938 年 1 月 2 日，中苏飞行员首次轰炸了南京的日军。《拉贝日记》当天写道："今天中国轰炸机首次飞到南京上空，对此我们虽然充满忧虑，却等待已久。" 1 月 27 日，志愿队再次分别从南昌、汉口起飞，轰炸了已被敌占领的南京机场。南京沦陷后，中国空军前敌总指挥部也移驻到了汉口。

苏联空军志愿队参加了武汉空战中的全部战斗。1938 年 2 月 18 日，日

在1938年武汉“四二九”空战中牺牲的苏联空军志愿队队员舒斯特尔

机袭击汉口，中苏空军先后从王家墩机场、孝感机场起飞迎敌，与敌机在岱家山、滠口等地上空激战12分钟，共击落日军战斗机13架、重型轰炸机1架，取得武汉空战的首次大捷。此后，3月14日、15日，日军木更津航空队两次夜袭汉口，但因夜间难以进行大规模的空战，中国军队只能派2—3架战斗机在探照灯的配合下进行防御。

1938年4月29日是日本的“天长节”，中方准确判断出日机将于当日空袭武汉，于是提前在汉口、孝感集中了51架飞机迎敌，其中有苏联空军志愿队的飞机23架。此次空战中，中国飞行员陈怀民以身为弹、舍生取义的故事广为人们所熟知。同样的壮举也在苏联空军志愿队中上演。年龄比陈怀民大两岁的苏联空军志愿队队员舒斯特尔，在空战中拼死与敌机相撞，血洒长空。舒斯特尔所在分队的分队长乌斯佩斯基大尉，也在这场战斗中牺牲。

1938年5月31日，日本第12航空队再次派出由18架轰炸机、36架战斗机组成的机群，一路从南京、芜湖出发，由东向西空袭武汉。因途中遇到云层，日机之间失去联系，轰炸机返航。当天12时，30架日军战斗机先后飞抵汉口空域，但立即遭到了早已在空中守候的中苏战斗机的攻击。这次空战中，苏联空军志愿队击落日机8架。战斗中，苏联空军志愿队队员古边科以螺旋桨切断日机的机翼，日机坠毁，而他自己则驾驶飞机平安返航。

苏联空军志愿队除了联手中国空军全力阻击日军西犯外，还主动出击轰炸日军机场、舰船和占领区。1938 年 2 月 23 日，苏联空军轰炸机大队队长波留宁带队从汉口出发，远程奔袭台湾，对日军的松山机场实施了毁灭性轰炸，摧毁敌机近40架，烧毁足够敌机使用3年的汽油储存，给日军以极大震慑。

在侵华日军气焰最为嚣张、中国在国际上孤立无援、抗日战争最为艰难的时期，苏联空军志愿队有效增强了中国的空中力量，为中国人民抗日战争的胜利做出了不可磨灭的贡献。

## 每一个战士都是英雄

先后被派至中国的苏联空军志愿队队员达 3000 余人，很多人在来华途中就付出了生命，更多的人则是在对日抗战中英勇献身。1937 年 11 月 11 日，斯大林在会见国民政府军事考察团时特别讲道："此次苏联飞机飞到中国途中，已有二十余架失事。"苏联空军志愿队在中国壮烈牺牲者达 200 多人，其中有 100 多人牺牲于武汉抗战时期。其中，轰炸机大队大队长库里申科（葬于重庆）、战斗机大队大队长拉赫曼诺夫（葬于南京）等人是其杰出的代表。目前，武汉、南京、重庆、兰州、贵州等地都有苏联空军志愿队烈士墓或者纪念馆。武汉苏联空军志愿队烈士墓是其中较有影响的烈士墓之一。

武汉抗战时期，由于时局混乱，苏联空军志愿队烈士遗骸被埋葬在汉口万国公墓。新中国成立后，为了缅怀苏联空军志愿队的英雄事迹，纪念其不朽功勋，武汉先后两次修建苏联空军烈士墓。1951 年 11 月，武汉市政府在汉口原"万国公墓"内埋有苏联空军志愿队烈士骨骸处修建了烈士墓，并建成苏联空军志愿队烈士纪念碑与墓碑。当时的《长江日报》在头版对烈士墓的奠基典礼进行了详细报道。1956 年 3 月，在汉口解放公园内，重新修建了苏联空军志愿队烈士陵园。

在苏联空军志愿队烈士陵园正中，矗立着高 8 米的纪念碑，碑座四面镌刻中苏两国国徽浮雕，碑的正面刻有“苏联空军志愿队烈士墓”，背面是“在中国人民抗日战争中牺牲的苏联空军志愿队烈士永垂不朽”的题词。碑前有大花坛，两边为宽阔的混凝土墓道，道旁植有龙柏、雪松。纪念碑后是烈士墓。墓呈长方形，高约3米，宽32.6米，墓冢由花岗石砌成。墓两侧各有台阶20级，直登墓顶。墓穴内并排放着长1.6米、宽0.4米的长方形红漆木棺，棺内安放烈士骨骸。墓前壁中嵌有烈士姓名碑，上面用中、俄两国文字刻有碑文以及烈士的姓名、出生年代和牺牲时间。两旁各镶有记事碑一块，分别用中、俄文镌刻，记述了苏联空军志愿队与中国人民共同抵御日本侵略的历史，以及他们在武汉保卫战中发挥的重要作用。

对于英雄，尤其是帮助过自己的英雄，中国人民都给予最高的礼遇和最深的怀念。1979年，苏联空军志愿队烈士墓被列为湖北省第一批文物保护单位。2019年，烈士墓又被国务院核定公布为第八批全国重点文物保护单位。2014年9月1日，我国公布了首批著名抗日英烈和英雄群体名录。1938年

苏联空军志愿队烈士墓

7月3日武汉会战中轰炸长江安庆江面日舰，中弹重伤后不幸牺牲的马尔克·尼古拉耶维奇·马尔琴科夫，以及1939年10月14日受命轰炸汉口机场返程时不幸遇难的格里戈里·阿里莫维奇·库里申科，均入选了名录。马尔克·尼古拉耶维奇·马尔琴科夫就埋葬在解放公园苏联空军志愿队烈士墓中。

长期以来，由于种种原因，关于苏联空军志愿队的历史大多是粗线条的描述。近年来，随着相关档案的披露和研究的深入，许多细节逐渐清晰。2013年，在武汉保卫战75周年之际，长江日报社立项跨国探访苏联援华空军志愿队的事迹，根据查访到的资料，并依据俄罗斯驻华大使馆提供的《苏联空军志愿队烈士名册》，基本弄清了志愿队在华牺牲人员的基本信息，确定1937年至1941年在中国牺牲并葬于中国的苏联空军志愿队烈士，共214人。

2015年，经中华人民共和国外交部和俄罗斯联邦驻华大使馆共同确认，除15位埋葬在武汉解放公园苏联空军志愿队烈士墓中的烈士外，新发现14位苏联空军志愿队成员在1938年和1939年的武汉空战中牺牲。中俄两国共同决定，在2015年9月3日抗战胜利纪念日之前，将这14位烈士的名字增刻到解放公园苏联空军志愿队烈士墓的墓碑上。如今，苏联空军志愿队烈士墓的墓碑上分两行镌刻着烈士的中文和俄文名字，并标注了他们的生年和牺牲日期。第一行一共15人，第二行一共14人，这29名烈士中，年纪最大的32岁，最小的才24岁。

2016年，在纪念中国人民抗日战争暨世界反法西斯战争胜利71周年之际，武汉辛亥革命博物馆和俄罗斯中央卫国战争纪念馆联合主办的“武汉上空的鹰——纪念苏联空军志愿队特展”在辛亥革命博物馆展出。展览以抗战时期的武汉保卫战为主线，分为“团结抗战、保卫武汉”“来华助战、鹰击长空”“苏联英雄、永垂不朽”“共谋发展、友谊长存”4个部分，展出珍贵档案、历史图片200余幅，苏联空军志愿队亲属代表团捐赠的84件（套）

志愿队物品，以及葬于武汉苏联空军志愿队烈士墓或曾在武汉战斗过的苏联空军志愿队队员的飞行皮包、飞行地图、照片等实物。

2020 年 10 月 1 日，在解放公园内的苏联空军志愿队烈士纪念碑附近，国内首家“苏联空军志愿队陈列馆”正式对外开放。

（张均）

# 保卫武昌的最后防线：白浒山炮台

白浒山，位于现武汉东湖高新技术开发区左岭镇境内，海拔只有150米，山下就是长江由北向南转为由西向东的拐弯处。白浒山扼守长江，地势险要，素有“汉门锁钥”之称，自古以来就是军事战略要地。武汉抗战时期，中国军队修建了白浒山炮台，与附近的左岭古姆山炮台、葛店平顶山炮台互为犄角。1938年10月，武汉沦陷的前几天，中国军队在白浒山与日军进行了激烈的炮战，在中国抗战史上写下了可歌可泣的一页。2011年3月21日，白浒山炮台被列为武汉市文物保护单位。

## 中国军队在白浒山的工事

早在抗战全面爆发前，武汉地方军事当局为了保卫武汉，就制定了一系列城防计划方案，构建武汉城防战备系统，并进行了相应的军事准备。在武汉城防战备计划中，白浒山是一个非常重要的军事据点。根据《武汉城防作战计划》和《武汉城防实施计划》，武汉城防体系是要构建一个全长约100公里的环形要塞，白浒山是东部起点；武汉江防的第一道防线是田家镇、半壁山，第二道防线是鄂州西山，第三道防线就是白浒山、阳逻、青山，其中白浒山炮台以江防为主兼及陆防。城防计划的江南区设置白浒山—青山—张公祠的江岸警戒线，江防炮兵区署在武汉有4个炮兵群和龟山炮兵，其中第一炮兵群包括白浒山、阳逻、青山3个炮兵阵地，其主要任务是“拒长江下游敌舰之侵入及登陆动作，三处相为犄角，适成梯次火力衔接，发挥最大之威力，而为武汉重要之屏障”。

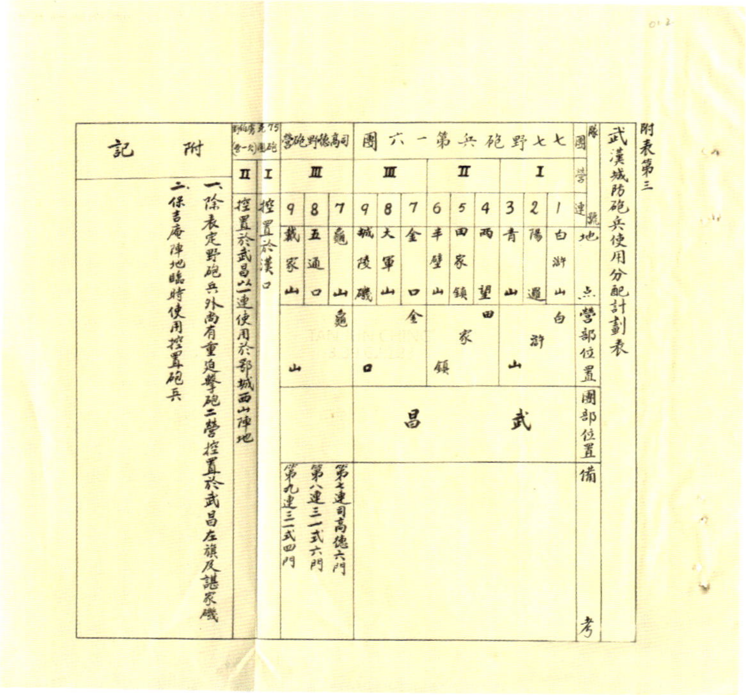

附表第三

武漢城防砲兵使用分配計劃表

| 團 | 營 | 連號 | 地點 | 營部位置 | 團部位置 | 備考 |
|---|---|---|---|---|---|---|
| 七七野砲兵第一六團 | I | 1 | 白滸山 | 白滸山 | 武昌 | |
| | | 2 | 陽邏 | | | |
| | | 3 | 青山 | | | |
| | II | 4 | 兩望 | 田家鎮 | | |
| | | 5 | 田家鎮 | | | |
| | | 6 | 半壁山 | | | |
| | III | 7 | 金口 | 金口 | | |
| | | 8 | 大軍山 | | | |
| | | 9 | 城陵磯 | | | |
| 司高德野砲營 | III | 7 | 龜山 | 龜山 | | 第七連司高德六門 |
| | | 8 | 五通口 | | | 第八連三一式六門 |
| | | 9 | 戴家山 | | | 第九連三二式四門 |
| 克虏伯75野砲團(参一式) | I | 控置於漢口 | | | | |
| | II | 控置於武昌以一連使用於鄂城西山陣地 | | | | |

附記

一、除表定野砲兵外尚有重迫擊砲二營控置於武昌左旗及諶家磯

二、保吉庵陣地臨時使用控置砲兵

在武汉地方军事当局制定的《武汉城防实施计划》附表“武汉城防炮兵使用分配计划表”上，白浒山名列第一

1938 年初，白浒山的炮兵阵地工事构筑完成，包括 4 个炮兵掩体、1 个观测所和 1 个人员掩蔽部，各工事之间有地下交通壕互通。白浒山上下矮树林茂密，炮位设置在山边角落，与江面垂直，经过伪装，非常隐蔽，钢筋水泥交通壕四通八达，可以直接通往各弹药库、观察所、指挥台，壕洞盖上土石 1 米高，就算中了弹也不至于倒塌，坚固可靠。白浒山脚下还开凿了一个很大的山洞，既可以屯兵，又可以储存充足的粮食和战略物资。

另外，在通往武汉的武（汉）黄（石）公路边的鄂城葛店、左岭新桥分别构筑了 6 座、4 座重机枪掩体，和白浒山阵地一起组成一个闭锁堡垒群。在白浒山下游 4 公里处，有葛店平顶山炮台，这里除驻扎炮兵外，还配备有两个连的步兵。距离白浒山炮台以南 9 公里的方向，还有古姆山炮台，沿山挖有战壕，驻有守军，指挥所设在古峰寺内。当时左岭境内的防御，可谓是山山相依，堡堡相连，“川”字形门户浑然天成，横亘在武汉东部的水陆要道上。江面水雷密布、山头炮台高耸、公路地雷密布、军民严阵以待，这里就是保卫武昌的最后一道防线。

1938 年 10 月下旬，日军抵达武汉近郊。10 月 20 日下午 3 时，蒋介石亲赴白浒山，视察阵地工事。10 月 24 日，蒋介石正式下令放弃武汉，军事委员会发表声明，宣布“中国军队自动退出武汉”。中国军民从陆路、水路不同方向撤离武汉，当时长江江面每天有上百艘船只运送中国军民和物资离开武汉，严家湖附近也有数十艘军民船只运送中国军队，日军不断进行骚扰和轰炸。为了掩护中国军民撤退，也为了中国军人的尊严，中国军队在白浒山与日军展开了激战。

当时，白浒山炮台归武汉警备区武汉江防司令部管辖。武汉会战开始后，武汉警备区设黄鄂区（黄石—鄂州）海军炮台，建有 2 个总台，第 1 总台设在葛店，下设 3 个分台。第 2 总台即设在白浒山，总台台长程维贤，总台副刘孝均，观察员许金良。第 2 总台下设 2 个分台：第 1 分台台长陈赞汤，配置 4.7 寸口径大炮 2 尊；第 2 分台台长游伯宜，配置 3 寸口径大炮 2 尊。炮战开始时，驻守白浒山的是炮兵第 45 团。此外，国民革命军第 94 军（军长郭忏）第 55 师（师长李及兰）驻守葛店，可以相互支持。

## 白浒山炮战给日军以沉重打击

1938 年 10 月 22 日，日军占领鄂州。23 日，日军占领新洲，抵达武昌，随即对白浒山炮台发起攻击。

10 月 23 日早上 9 点 10 分，日军第 13 航空队组成“白浒山炮台攻击队”，从南京基地起飞，向白浒山炮台进发。日军第 13 航空队属于日本海军第 2 联合航空队，武汉会战前后曾多次对武汉进行空袭和轰炸，给武汉人民造成了重大人员伤亡和严重财产损失。在进攻白浒山的战斗中，日军第 13 航空队又派出海军少佐上山任指挥官，带领第 1 大队（指挥官高原中尉）和第 2 大队（指挥官小川中尉），共 18 架战机，一路轰炸白浒山，一路轰炸武昌火车站。

10 点 45 分，日机抵达白浒山上空，马上发动了对白浒山炮台的空袭。日机第 1 大队轰炸白浒山南侧平地炮台时，遭到中国军队 9 门高射炮的轰击。5 分钟后，日机第 2 大队第 2、第 3 小队共 6 架战机向白浒山山顶高角炮台发起攻击。日机第 1 大队见攻击南侧炮台无法得手，随即加入了对白浒山山顶高射炮台的攻击。白浒山炮台中国守军猛烈还击，但仍被炸毁 9 门高炮，山顶西侧的炮台与机枪阵地也遭到破坏。11 时 10 分，日机第 2 大队第 1 小队 3 架战机又飞至白浒山上空，中国守军猛烈开火。日机于是从侧面发起对白浒山高射炮台的轰炸，中国守军始料不及，遭轰炸后转入炮兵掩体。日机随即飞往武昌火车站上空，对火车站货车群狂轰滥炸。

日军在 23 日对白浒山炮台的攻击中，共投掷各型炸弹 144 枚。日军狂妄地吹嘘自己的“战绩”：白浒山炮台攻击队，冒着猛烈的高角炮台炮火，轰炸炮台阵地一带，造成相当大的损失，功绩显著。似乎白浒山炮台不堪一击，拿下它易如反掌。日军显然低估了中国军队的战斗力。

10 月 24 日，日军攻陷黄陂，气焰更盛。日军波田支队先遣队及高品支队沿段家店、华容镇、江桥镇路线，向白浒山炮台方向急进。波田支队是日本统治台湾期间驻扎在台湾的一支守备部队，因时任指挥官波田重一而得名，支队组成人员大多数为日本九州岛南部出生的青年。1938 年 5 月，波田支队 1 万多人被编入日军华中派遣军序列。武汉会战后期，波田支队作为溯江进攻武汉的主力，凭借武器装备上的优势，在长江上横冲直撞，自诩“陆上鱼雷”。但刚踏入武汉境内，就遭到了白浒山炮台中国军队的迎头痛击。

24 日黄昏，波田支队先锋队到达江桥镇时，白浒山炮台及附近观音山阵地的中国守军突然开火，猛烈炮击日军，打乱了日军的阵脚。日军慌乱中急忙后撤十余公里，负责侦察的日军炮兵伍长田中四郎也被炸死了。原来，白浒山炮台的中国守军虽在23日遭到日机轰炸，但凭借坚固的要塞工事，并未丧失战斗和攻击能力。晚上10时30分，波田支队一部行进至华容镇附近，因道路遭到破坏而暂停向武昌城区的突进。正当深夜日军放松警惕之时，白浒山炮台中国守军集中20多门重炮、野炮、山炮和迫击炮等，一齐开炮，对进入炮台射击范围内的护国寺及华容镇附近日军进行了持续猛烈的炮击，大量炮弹落入华容镇以东水域，使波田支队损失惨重。

白浒山炮台中国守军的炮击给了嚣张的日军有力的一击。24日深夜11点，日军下达《一四五号独立攻城作战命令》，命令：以波田支队为先锋，当晚占领张公祠，并在华容镇至葛店、白浒山公路沿线两侧构筑作战阵地；独立攻城重炮兵第2大队做好准备，压制白浒山炮台，并准备轰击严家湖畔及长江上的中国船只；气球队准备升空，观测白浒山炮台中国军队的情况，及时传递信息给炮兵队；长江上的军舰一并参与对白浒山的炮击和进攻。日军调动多方力量，对白浒山炮台中国军队展开了一场海陆空立体攻击战。

日军还调来独立攻城重炮兵第2大队增援，驻扎在江桥镇，加入对白浒山炮台的作战。该大队配备有八九式150毫米野战加农炮，该炮自重10吨以上，射程18公里以上。还有4门四五式240毫米口径重型榴弹炮，该炮全重达到38吨，能发射200公斤穿甲重炮弹（日方称“破甲榴弹”），这种榴弹炮威力巨大，不仅射程远，还能穿透钢筋水泥工事，几乎能摧毁当时中国军队的所有防御工事，一颗炮弹形成的冲击波有一个足球场那么大。九一八事变中，日军炮击沈阳北大营就使用了这种被称为“恶魔之炮”的榴弹炮，打响了侵略中国的第一炮。这对白浒山炮台来说是一次严峻的考验。

25日凌晨3点，白浒山炮台中国守军又向日军波田支队发动了炮击。日军表现得非常凶顽，连夜摸黑构筑工事，为了不让中国军队发现目标，日军禁止使用灯火。中国军队则不断发射照明弹，借以侦察敌情。25日早上5点，日军气球兵升空，开始观察白浒山炮台及其附近的情况。8点，日军完成工事准备工作。日军炮兵也完成了炮击的准备工作，日军利用黑夜中白浒山炮兵炮火的射线及中国守军发射的照明弹，特别是气球兵的空中观察，弄清了白浒山炮台及附近阵地的大致方位。

8时50分，波田支队参谋向重炮兵第2大队下达了作战命令。9时5分，日军开始了对白浒山炮台的攻击，一口气发射了41枚远程炮弹(日方称为“尖锐弹”)，白浒山炮台中国守军迅速还击。中日炮兵你来我往，炮火横飞。相比之下，日军炮火更为凶猛，一时压制了白浒山炮台。但是，中国守军并没有被压倒，短暂沉寂之后，白浒山炮台又对日军展开了炮击。日军气球兵急忙升空，观测白浒山炮台情况。根据气球兵的引导，日军第1、第2中队集中轰击白浒山炮台。这次炮击中，日军使用了远程炮弹和穿甲重炮弹，其中穿甲重炮弹专门用于炮击中国军队的钢筋水泥工事。日军又发射了31枚远程炮弹、3枚穿甲重炮弹，再次压制了白浒山炮台中国军队的炮火。

25日中午，波田支队准备进攻白浒山后方的石灰山。11时左右，日本海军侦察机飞抵石灰山上空，准备开始进攻前的轰炸。白浒山炮台的中国守军对日军发起新一轮攻击。一部分大炮对长江上的日军军舰进行炮击，一部分大炮对日军的炮兵阵地进行炮击，炮台上的高射机枪则对付日军侦察机。日军炮兵立即对白浒山炮台发动轰击。白浒山炮台中国军队在这波炮战中打出了全部的炮弹，也打出了全部的愤怒和仇恨。炮战一个多小时后，中国军队弹药将尽，停止了炮击。

## 白浒山炮台中国守军死战不退

由于吃够了白浒山炮台炮击的苦头，日军决定彻底摧毁白浒山炮台。25日下午1时许，心有余悸的日军大队长万波少佐害怕白浒山炮台会再度开火，下令对白浒山炮台进行以破坏为目的的二次炮击，此次炮击共发射12枚远程炮弹、27枚穿甲重炮弹。这些炮弹全部倾泻到白浒山上，白浒山表面工事被全部破坏，中国守军转入掩体和交通壕顽强战斗。

在中日炮兵激战的同时，日军步兵也在炮兵的掩护下，向白浒山炮台的前沿阵地攻来。11 时，日军第 5 中队的山田小队利用地形掩护，打开白浒山阵地铁丝网一角，攻占东部魏家咀北方无名村落。日军第 8 中队与机关枪中队及步兵炮小队一起，立即向中国守军阵地发起攻击。11 时 30 分，在日军独立机关枪中队、联队炮小队第 7 中队及预备队第 5 中队的攻击协助下，日军第 8 中队攻占中国军队前沿阵地魏家咀。

下午 2 时 30 分左右，日军气球兵发现白浒山东麓有中国士兵出现，原来是白浒山炮台中国守军幸存将士仍在坚守阵地，死战不退。日军集中兵力向白浒山炮台主阵地发起攻击。在日军的强大火力下，白浒山炮台中国守军战至下午 3 时 30 分，抵挡不住，遗留下重炮、野炮等大部分武器，被迫撤离炮台，向西边的葛店退去。下午 3 时 55 分，日军大队长万波少佐第三次命令对白浒山炮台进行炮击，又向炮台发射了 21 枚穿甲重炮弹，最终完全摧毁了白浒山炮台。

日军攻下白浒山炮台后，开始对葛店、观音山、祠李庙等地发起炮击和进攻，并对严家湖畔、观音山北部长江江面上的中国船只进行炮击，对准备撤离武汉的中国军民进行轰炸屠杀。到 25 日傍晚，日军清除了从葛店向武昌进军的障碍。26 日，日军攻入武昌，武昌沦陷。

白浒山炮战，是中国军队为保卫武昌而与日军进行的最后一战。《独立攻城重炮兵第二大队战地日志》记载了日军对白浒山炮台中国守军的表现感到震惊："二十五日拂晓开始，针对其他射程外的我军友军，包括扬子江溯江部队，尤其是波田支队的正面，敌军进行了仿佛示威般的、昼夜不停的恣意攻击"，中国军队同仇敌忾、不知疲倦、愤怒开炮的勇士形象跃然纸上；"由于针对白虎山（白浒山）炮台炮击轰炸的高准确度，使得连日以来针对我军进行猛烈轰炸的敌军在我方的炮击下转为沉默，完全丧失战斗力，因此，有效支援了波田支队的战斗，并使扬子江溯江部队的行动更为轻松，同时，也有效支援了空军的炮击行动”，这虽是吹嘘日军炮战“功绩”之词，但恰恰从反面说明了白浒山炮战在武汉会战中的地位和作用。

1938 年 10 月 28 日至 11 月 1 日，白浒山炮战结束后没几天，日军专门派出调查组，到白浒山炮台实地勘查，查看中国炮台的布防情况，检查日军炮击的命中率，这也印证了白浒山炮战对日军刺激之大。

白浒山今貌

如今，白浒山依旧昂然耸立，但白浒山炮台早已不复存在。登临白浒山，芳草萋萋，群乱飞翔，当年修建的工事似乎仍可以看到大致轮廓。但见山中战壕蜿蜒，掩体随处可见，隐秘处甚至可以发现一些凹槽，想必是当时搭建顶棚搁放梁木或者搁置物品所留下的印痕。想到当年，中国守军在如此狭小的地方与日军激战数日，顿生敬意和豪情。登上白浒山顶，除了树木和杂草外，只有“白浒山炮台”石碑静静俯瞰长江。站在石碑旁，看大江东去，睹城市繁华，不禁感慨：缅怀先烈，珍爱和平！

（邓正兵　余程春）

# 保卫汉口的最后防线：汉口碉堡群

汉口碉堡群，主要集中于江岸区，包括头道街碉堡、建设大道武汉晚报社附近碉堡、张公堤附近碉堡等。2011 年 3 月 11 日，武汉市将这些碉堡统称为“汉口碉堡群”，列入武汉市第五批文物保护单位名单。汉口碉堡群始建于 20 世纪 30 年代，在武汉保卫战中，中国军队在这里与日军进行了激烈的战斗，阻滞了日军进入汉口的步伐。汉口碉堡群是武汉近现代史上众多碉堡中比较具有代表性的，它们不仅见证了近现代史上的两次国内革命战争，还经历了抗日战争的洗礼，具有重要的历史价值；而且，其建筑结构也独具特色，具有重要的文物价值。在近些年来的城市化大潮中，武汉市内的绝大多数碉堡已经不复存在，甚至张公堤附近碉堡的主碉堡蓬字守望台也被拆除，幸存的汉口碉堡群显得尤为珍贵。

## 岱家山碉堡群：阻滞日军进入汉口的步伐

岱家山，原名戴家山，位于江岸区丹水池街道岱家山社区。岱家山与张公堤相连，是汉口东北部一座孤立的小高地。它面对府河、朱家河的河床开阔地，成为从东北方向进入汉口的必经之地，也是拱卫汉口北门的唯一制高点，属兵家必争之地。岱家山碉堡群修筑于 1933 年，与张公堤附近碉堡连成一体，本来就是汉口碉堡群中“张公堤附近碉堡”的一部分。岱家山碉堡群在 1938 年武汉会战末期发挥了重要的军事作用。

岱家山设防情况如下：岱家山的顶上，有黏土筑成的瞭望台——警备汉口区蓬字守望台，地面高 6 米，地下深 2 米，共分 4 层，每层有 7 个机枪射

张公堤附近碉堡之主碉堡——蓬字守望台

击孔和2个步枪射击孔，建筑面积200余平方米，可供一个排的部队驻防，是附近碉堡群的主碉堡，周围有散兵可站立的战壕，以纵横交通壕连接，有40多个射击掩体，水边布有铁丝网，山背后有军营驻军，是一个有独立性的坚固的野战要塞。蓬字守望台周围有各种碉堡10多座，与岱家山相连的张公堤堤坝上也设有射击掩体，瞄向易于敌军上岸的地方。阵地构筑极为巧妙，配置兵力二三十人，防范敌人对岱家山进行迂回包围。

1938年10月中旬，中国方面决定放弃武汉，但是武汉会战中外瞩目，而汉口又有外国人居住区，若中国军队在日军进攻武汉时表现出积极的抗战姿态，会有利于争取国际舆论对中国抗战的同情和支持。于是，统帅部决定在汉口北郊进行象征性的抵抗。到10月24日，汉口留下的最后抵抗和维持治安的全部武装力量为第185师（师长方天）第545旅（旅长周化南）及警卫团、高射炮大队第3连、宪警一部，统归第94军军长、武汉卫戍司令部代理司令郭忏直接指挥。郭忏以第545旅第1090团占领刘家庙、丹水池、谌家矶、岱家山、姑嫂树一线阵地，对江陆两面实施警戒，以第545旅第1089团守备汉口市区，其余部队均集结在江汉路附近待命。

与此同时，日军迅速逼近武汉。10月22日、23日，日军又对武汉进行了轰炸；23日，日军占领新洲；24日，日军占领黄陂。同一天（24日），日军华中派遣军下达攻取武汉的命令。24日夜，日军即派出一小股由步兵、战车、小炮组成的突击队，穿插到达黄陂刘店一带，直指汉口岱家山。同时，中国军队炸断了滠口的铁路桥，挖开了岱家山和道贯泉之间的府河河堤，以图阻滞日军。

10月25日，汉口天气阴沉。日军集中力量猛攻汉口东北门户岱家山。早上4点30分，日军第六师团第23联队、独立山炮兵第2联队即分别从驻地出发，开往集结地彭家湾，准备一同进攻汉口。6点，在黄陂城西端，炮兵联队长原田被叫到第23联队接受命令：汉口附近之敌似已退却，令追击队向汉口突击。由于汉水决堤，铁路桥被炸、道路被破坏，日军前进得很慢。

7点开始，日本海军第15航空队3架轰炸机开始对岱家山狂轰滥炸，中国守军阵地多处被毁，多名人员受伤。9点半左右，日军炮兵第2联队到达集结地彭家湾。10点，日军第23联队进至汉口北面三道桥铁路线，看到桥梁被炸断。中午，日军派工兵到岱家山碉堡对岸的道贯泉，碉堡外面的铁丝网和中国哨兵清晰可见。日军判断，府河河面宽阔，水流湍急，难以架桥，而修复铁路桥又要耗费很多时间，因而决定从道贯泉强渡。为此，日军当即烧杀掳掠，从附近抢来大小民船12条。

下午，日军在滠口的一个野炮兵大队、在徐家墩的一个野炮兵中队、在道贯泉的一个山炮兵大队，为配合强渡部队而设置阵地。傍晚，汉口开始下雨。凄风苦雨中，日军开始了疯狂的进攻。从下午5点25分起，日军炮兵向岱家山碉堡发起猛烈轰击，破坏碉堡群火力点。岱家山碉堡群冒出冲天大火和黑烟。下午6点，日军第23联队第3大队第11中队组织敢死队，登上道贯泉上游的几条帆船和舢板，在猛烈炮火的掩护下，顺流强渡。日军的计划是，先溯航到上游，横渡激流驶往岱家山脚下上岸，而后突击。但出发后始知水深流急，船只迟迟不能靠岸。而岱家山碉堡及其阵地在构筑过程中消除了所有死角，中国军队数挺机枪对着河上的日军船只猛烈开火，日军无法前进。一只舢板侧翻，舢板上的多名日军落水而亡。

于是，日军炮兵开始了对岱家山碉堡的新一轮炮击。这次炮火更为猛烈，一些碉堡被摧毁，蓬字守望台也受到重创。中国军队的火力受到压制，日军趁机划船前冲。下午6点30分，中国守军按指定时间交替掩护撤出战斗。

6点55分，日军敢死队第一批船队驶抵岱家山西侧，开始上岸。同时，日军炮兵轰击岱家山顶及其东面直接妨碍突击的火力点，并对岱家山以西、以东的中国军队据点进行最密集的炮击，支援日军敢死队突击。

下午7点，日军以突击方式占领了岱家山，岱家山碉堡群陷落。中国军队撤出岱家山后，分两路向硚口方向移动。日军炮兵随即将射程延伸，日军第23联队第3大队后续兵力连夜分几批乘帆船渡过府河，开始趁夜侵入汉口市区。中国军队在撤退途中，在忠字守望台、和字守望台、扶轮学校、头道街碉堡等地，继续阻击日军，并与执行爆破任务的兄弟连队会合后，有序撤出市区。26日清晨，中国军队渡过汉水，与敌脱离接触，跳出包围圈与主力会合。

岱家山之战，中国守军以张公堤为依托，以开阔的水面为封锁区，以蓬字守望台为支撑点，面对陆、水、空立体打击，冒着枪林弹雨和毒气，先后击退日军四次大的进攻和强渡，最后不得已撤出战场。中国军队1940年补写的战报记载：岱家山之战，中国军队第94军185师第545旅第1090团投入的兵力为1803人，战死95人，负伤46人，失踪91人。而日本第23联队的调查称，中国守军“兵力约有2000，留下的尸体有500具”。这完全不是“象征性”的抵抗，而是保卫大武汉的拼死之战。

1938年10月26日，日本报纸《朝日新闻》刊发专版《冲进汉口那一瞬间的感动》，报道日军进攻和侵入汉口的情况。文章内容当然是对日军的吹嘘，但从其中“敌人的碉堡突然发射出机关枪来”“对岸的敌人还在碉堡阵地用机关枪扫射抵抗”“火光冲天，惊雷滚滚”等语句中，不难想见中国军队抵抗之英勇及对日军打击之沉重。后来，日本出版的《武汉攻略》有日军攻占警备汉口区蓬字守望台后的照片，照片中的守望台弹痕累累，从中也不难想见当日战况之激烈。

## “武字碉”：令日军忌惮的抗日碉堡

“武字碉”即汉口碉堡群中“武汉晚报附近碉堡”，这座碉堡修筑于抗战全面爆发之前，虽然目前还没有发现中国军队在此与日军战斗的史料，但是它的存在却一度令日军深为忌惮，在沦陷时期它也曾寄托了独特的爱国情怀。

1935 年华北事变后，中国政府在各方面开始进行抗日准备。除了在南京和上海之间修筑国防线之外，中国军政当局也制定了保卫平汉线和长江沿线等战略计划。中国军队为了保卫武汉，进行了一系列军事准备。这项工作包括三部分：从田家镇、半壁山到宜昌的长江沿线重要城镇设立的江防阵地，包括步兵阵地和炮兵阵地；从信阳到汉口的平汉路沿线重要城镇的城防阵地，也包括步兵阵地和炮兵阵地；包围汉口日本租界的阵地，包括碉堡群 4 个、重机关枪掩体 2 个、交通指挥台 9 个。这样一个立体纵深的军事防御系统，在后来的武汉保卫战中发挥了重要作用。

这些工事中，包围汉口日租界的 4 座碉堡较为著名。它们于 1936 年 8 月开始修筑，1937 年 2 月 27 日建成并交付使用。这 4 座钢筋混凝土碉堡是：武字碉——位于杨森花园，鸣字碉——位于赵家条，济字碉——位于纪念塔，时字碉——位于唐家墩。其中，武字碉就是现今武汉晚报社前的那座碉堡。

这 4 座碉堡均为上下两层，高 5.1 米，上层有机枪射口 6 个、步枪射口 12 个，下层有机枪射口 5 个、步枪射口 12 个，碉堡外有宽 8 米、深 3 米的壕沟，壕沟外则是 4 米纵深的铁丝网。碉堡有钢门、橱窗各一个，碉堡外墙涂有绿色迷彩。碉堡群内甚至有水井 1 口。“碉堡设计能容步枪射手二十四人，机关枪共十一挺，每挺三人，共三十三人。其他如瞭望手、通信手、打水造饮等五人，军官二员，总计六十四人。此乃依每碉四面同时射击之计算，战时有三分之二人数约四十人即足用。平时每座碉堡驻守兵一个排，警戒甚严。”

之所以修筑包围日租界的军事工事，也是由当时特殊的历史条件决定的。汉口日租界设立于1898年，到20世纪30年代已经成为日军侵略中国的重要据点。当时中国军事当局视其为日本“经济军事侵略之根据地”，日军于租界各通路和房屋内及其兵营内，均有工事，道路上有铁丝网，平时处置于道旁，并有钢板沙袋等储于室内之准备，于大厦之巅顶，有观测照明之准备。据此，中国军方认为，一旦战争爆发，敌必遮断我南北之交通，以迟滞我军之北进，并扰乱武汉之安宁。因此，必须增筑江防工事，并将敌之租界，以永久工事包围之。按照这个判断，中国在日本租界西北和西南修筑了包括武字碉在内的一系列工事。

1938年武汉会战结束时，中国军队主动撤出武汉。中日军队在武汉市区及附近的战斗不多，武字碉等包围日本租界的阵地似乎没有经历过战火的洗礼。但是，这个碉堡仍有其存在的意义。1938年8月武汉会战中，日军进入武汉之前，日军参谋本部给参战日军下发资料。其中有一张地图上详细标明了汉口日本租界周边中国军队的工事情况，提醒侵入武汉的日军注意。这份地图与上述包围日本租界阵地的情况完全一致，特别是租界周围的四大碉堡赫然在列。武字碉，虽然现在没有发现它抗击日军的史料记述，但是，它曾经让日本军队忌惮防范，间接地也为武汉保卫战做出了贡献。

1941年，伪武汉警备司令部开始调查清理武汉地区各类工事，后编成《武汉核心区工事清册》，共清理武汉各类工事171处。其中汉口有工事86处，汉阳有工事34处，武昌有工事51处，各处工事中原来有字号的按字号编列，原来没有字号的重新编定字号编列。清册中已无“武”字碉堡，但是，看清册中的碉堡位置、颜色、结构等项内容，仍然可以很快找到对应的那个碉堡，那就是该清册中的“族字碉”。

根据《武汉核心区工事清册》的图表记载，族字碉等4座碉堡的情况依次为：抗字碉位于罗家庄、战字碉位于唐家墩、民字碉位于赵家条、族字碉位于杨森花园，4座碉堡“主要射向”均为“四向”，“伪装”均为“灰白色”，“可用程度”均为“可用”，“备注”栏均为“可容一排，有外壕，字号系重新编定者”。对比武字碉档案情况，可以明确认定，族字碉就是1937年的武字碉，也就是现在的武汉晚报社附近的碉堡。

值得注意的是，原先包围日本租界阵地的4个碉堡“武字碉”“鸣字碉”“济字碉”“时字碉”被重新编定了字号，分别为“族字碉”“民字碉”“抗字碉”“战字碉”，内含“民族抗战”四字！要知道，当时可是武汉沦陷时期，虽然目前无法得知编制《武汉核心区工事清册》人员的情况，也不知道他们重新编定这些碉堡字号时的真实心理和目的，但是明眼人一看便知，这些碉堡的字号中包含了抗日情绪，只不过编定碉堡字号的人有意打乱了“民族抗战”四字的字序而已。在这个《武汉核心区工事清册》中，还有几个碉堡的字号也颇含寓意，其中4个碉堡的字号首字便是“建（国）胜利”。

原来，武汉晚报社附近的碉堡在武汉沦陷时期还隐含着抗战建国的寓意。

## 幸运中的遗憾：汉口碉堡群的湮没与误判

汉口碉堡群，记录和承载了抗战历史风云和家国情怀。在近几十年来的城市建设和拆迁大潮中，它能够幸存下来，并被列为武汉市文物保护单位，这体现了它独特的历史文物价值。但是，其中也存在些许遗憾。

武汉在近现代史上曾经三次大规模修筑碉堡。1932至1934年，国民党武汉警备司令部为了防止红军进攻武汉，曾经在武汉周边特别是武汉东北部及张公堤沿线修筑大批碉堡，这批碉堡多为砖混结构，岱家山蓬字守望台就是此时修筑的。1936年8月至1937年3月，在汉口日租界周边修筑了一批碉堡、重机枪掩体、交通指挥台，岱家山及张公堤沿线的碉堡被修整加固，有些地方新修了碉堡，此时新修的碉堡多数已经是钢筋混凝土结构。1948年前后，白崇禧部队为了防止解放军进攻武汉，除了加固武汉原有碉堡外，又在武汉市内外新修了大批碉堡。新中国成立后，这些碉堡逐渐湮没，消失

汉口碉堡群之“武字碉”

在人们的视野之外。近几十年的城市化大潮中，这些碉堡又重见天日，但绝大多数很快被拆除。从 2000 年到 2011 年，武汉市近郊及市内先后发现多处碉堡，曾引发武汉市文史爱好者和广大市民一次又一次的惊呼、寻访、探究、感叹、惋惜……

2003 年 1 月 30 日，《长江日报》发表胡全志的署名文章，文章指出，碉堡是一种用于战争的工事建筑，跟古代城墙的作用类似，在生命学和建筑学上也有一定研究意义的，因为它是某一特定时代的产物。碉堡是一种“可触摸的历史”，对后人真实地了解和剖析历史，有着不可替代的作用。胡文大力呼吁，不要轻易损毁这座不可多得的碉堡，让它留下来。

2009 年 12 月底，岱家山蓬字守望台等碉堡在一片惋惜声中被拆除。岱家山蓬字守望台是张公堤附近碉堡的主碉堡，其高大的体量、独特的历史是其他碉堡完全不能替代的。它的被拆除深深刺痛了武汉广大文史爱好者，也推动了武汉文保部门的努力和作为。2011 年，武汉市终于把汉口碉堡群列为文物保护单位，头道街碉堡、张公堤附近碉堡、武汉晚报社附近碉堡才得以保存下来。而武汉晚报社附近碉堡的命运更为曲折。它曾被认为是 1948 年修筑的反共碉堡，至今武汉晚报社附近碉堡前的小广场上依然有这种文字记载。但是随着研究的深入，学者们已经明确武汉晚报社前的碉堡不是国共内战的军事遗存，而是反抗外敌入侵的抗日堡垒，是中华民族的荣光和丰碑。

（邓正兵　邓博宇）

# “武汉抗战第一村”：黄陂姚家山村

姚家山村，位于武汉市黄陂区西北的小悟山区，北连大悟，西接孝昌，南距武汉市中心约 90 公里。村湾有 600 余年的历史，因人也因地形而得名，村民以姚氏一族为主；四面环山，门前山、赵木山等 9 座山峰环绕耸立，中间平坦，似婴儿的“摇窝”。姚家山村享有“武汉抗战第一村”的美誉，自 1940 年至 1946 年，中共豫鄂边区党委和新四军第 5 师机关常来此驻扎，仅 1943 年就常驻达半年之久。

姚家山村今貌，村前门楼上“武汉抗战第一村”匾额系新四军第 5 师老战士、内蒙古自治区原党委书记、湖北省新四军研究会原会长王群所题

## 三进姚家山

1938年9月至11月，中国共产党召开扩大的六届六中全会，确定了“发展华中”的战略部署。会后，李先念奉命从延安南下，开展敌后抗日斗争。1939年1月，中共中央中原局将留守河南确山县竹沟地区的新四军部队组建为新四军豫鄂独立游击支队（对外称新四军独立游击支队）。该支队在李先念率领下向武汉外围地区挺进，将豫南、鄂中、鄂东三地党组织及其领导的抗日武装统一起来，开辟了豫鄂边区抗日根据地。11月，豫鄂边区人民武装统一整编为新四军豫鄂挺进支队。1940年1月，豫鄂边区军政委员会成立，新四军豫鄂挺进支队改编为新四军豫鄂挺进纵队，李先念任司令员，朱理治任政治委员，刘少卿任参谋长，任质斌任政治部主任。2月，新四军豫鄂挺进纵队所部已达9000人。5月，中共中央书记处给刘少奇、李先念的电报中称赞，“武汉附近新四军挺进纵队（有九个团）的创造，是一个伟大的成绩”。

豫鄂挺进纵队成立之际，国民党正在全国范围内掀起第一次反共高潮。盘踞鄂东的国民党湖北省鄂东行署主任兼鄂东游击总指挥程汝怀部，在制造“夏家山事件”后，其第19纵队又趁新四军配合友军反攻平汉铁路日军之际，对新四军后卫部队发动攻击。1940年1月12日，中共中央中原局和新四军江北指挥部致电朱理治、李先念，指示在日顽夹击的严重形势下，豫鄂挺进纵队除以一部兵力坚持鄂中外，主力应即东进，对程汝怀属下部队及鄂东各县武装，采取积极的攻势，并要求李先念与任质斌均去路东指挥。

为落实中原局指示要求，朱理治、李先念等研究决定，由李先念率主力进击大小悟山。从1940年1月至4月，豫鄂挺进纵队三进三出，成功控制了大小悟山地区。豫鄂边区党委和纵队司令部、政治部机关等首次进驻姚家山村。

1月中旬，李先念率豫鄂挺进纵队第1、第2、第3团队从安陆赵家棚出发，向驻扎在小悟山的程汝怀所属刘梅溪部发动攻击。经过两昼夜激战，李先念率领的第1团队和第2团队第1、第2大队全歼青山口、刘家山的刘梅溪部400余人，第3团队毙伤姚家山、青石板的顽军300余人，共缴枪四五百支。因日军自平汉铁路据点出兵“扫荡”小悟山，国民党顽军分三路从大悟山赶来增援，为避免被敌顽夹击，李先念率军西返。

2月中旬，根据《中共中央关于在山东、华中发展武装建立根据地的指示》精神和《中共中央、中央军委关于目前形势和任务的指示》中“极大发展鄂中与鄂东，以便与全国工作相配合”，“李先念部力争鄂中、鄂东，坚决建立政权，建立根据地，扩大军队至三万以上，坚决消灭程汝怀”的具体要求，豫鄂挺进纵队第1、第2团队和鄂东纵队再次东进大小悟山。驻守该地的刘梅溪部不战而逃，前来投奔刘梅溪的伪军在陈家冲被全歼，缴枪60余支。因严冬大雪，给养困难，加上顽军派兵增援，东进部队再次返回路西。

4月初，根据5日中共中央军委和毛泽东、王稼祥关于华中反摩擦的意见，及8日刘少奇等的进一步指示，豫鄂挺进纵队和豫鄂边区党委决定将整个领导重心东移，并成立平汉路西指挥部，坚持鄂中游击斗争。17日，李先念、任质斌等率纵队第1、第2、第3团队和信应总队东进，分南北两路对大小悟山地区的程汝怀所属三部展开攻击，于18日下午攻克顽军在大小悟山中的最后两处重要据点，俘虏百余顽军，缴获轻重机枪13挺、步枪350余支。

5月1日，侵华日军发动枣宜会战，豫鄂挺进纵队和中共领导的地方武装不断袭击敌后日伪据点20余处，破坏公路百余里，牵制日军西进。然而国民党顽军不思抗战，反而于6月2日纠集万余兵力分数路进攻大小悟山。豫鄂挺进纵队各部与之激战四昼夜，至5日，豫鄂边区党委和豫鄂挺进纵队机关全部转移到平汉路西。但在大小悟山的留守人员和伤病员400余人壮烈牺牲，地方机关、自卫团和抗日民众等500余人惨遭屠戮。此后，为避免摩擦，豫鄂挺进纵队主要在平汉路西发展、活动，配合正面战场作战，开展部队整训、统战工作，进军京山南山、襄（河）西、天（门）西等地，扩大敌后抗日根据地。

1941 年 1 月，以皖南事变为标志的第二次反共高潮达到顶点，豫鄂边区抗日民主根据地面临李宗仁近十万兵力的“清剿”。2 月 12 日，李先念、任质斌致电刘少奇，报告行动计划：“为了以长期斗争，粉碎顽军进攻，决乘顽军尚未布置就绪之际，令新四军豫鄂挺进纵队第一、第九、第二、第三团预先占领大悟山，打开鄂东的局面，然后再回击向鄂北进攻之洪显成部。”17 日，豫鄂挺进纵队第 2、第 3 团和第 1、第 9 团分别从东西两个方向对侵占大小悟山的顽军程汝怀部发起进攻。经三日艰苦战斗，全歼顽军第 19 纵队特务大队，大部歼灭第 19 纵队第 4、第 5 支队，俘获顽军官兵 2000 余人，缴获枪支 1000 余支，完全恢复了大小悟山根据地。豫鄂边区党委和豫鄂挺进纵队司政机关随之二次进驻姚家山村。

4 月，新四军豫鄂挺进纵队整编为新四军第 5 师。8 月下旬，国民党湖北省鄂东保安第 1 旅进犯陂安南地区，中共黄安麻城县委书记田东等人遇害，激起新四军第 5 师广大指战员的强烈愤慨。第 5 师将士主张坚决反击，为死难烈士报仇。31 日夜，新四军第 5 师第 13、第 14 旅全歼鄂东保安第 1 旅第 1 团、黄安县自卫队，及第 1 旅第 2、第 3 团各一部，俘获顽军 1000 余人，缴枪 900 余支。随后，第 5 师师部第三次进驻姚家山村。

## 军民鱼水情

姚家山村作为豫鄂边区党委和新四军豫鄂挺进纵队（第 5 师）司政机关的驻扎地，留下了许多部队关爱村民、群众支持根据地建设的感人故事。

有两件事情是姚家山村人民难以忘怀的。1941 年秋，因遭受大旱，村民家家户户遭遇粮食困难，不得不去山上挖葛根充饥。李先念了解这一情况后，从边区拨了一批救济款和粮食，帮助大家度过灾荒。1942 年 12 月 16 日，日、伪军 1 万余人分多路对大小悟山地区发起“扫荡”，姚家山村村民的房屋几乎全部被烧毁、炸坏。18 日，突出重围后重返根据地的新四军第 5 师全力帮助村民重建家园。他们连夜进山砍树抬石，帮助村民修建房屋，还给村民发放救济款，为被炸身亡的村民姚成义家拨发抚恤金。“五师官兵爱人民，饥渴冷热都过问；今又为我盖新房，恩情永远记在心”的歌谣也因此流传下来。

李先念、陈少敏是豫鄂边区党委和新四军豫鄂挺进纵队（第 5 师）领导集体的主要成员，他们关爱村民的故事至今仍广为传颂。在姚家山村驻扎时，李先念住在村民姚诚台家，留下了“同吃一锅粥”的佳话。村民生活困苦，遇青黄不接时尤甚。一天傍晚，李先念正欲吃晚饭，又像突然想起什么，他问警卫员：“房东还没收工吗？”警卫员朝厨房方向努了努嘴。原来是房东一家看李先念总是将自己从大伙房打回的饭菜，与自己一家人分食，担心因此连累拖垮李先念的身体，所以关起了厨房门准备晚饭。李先念推开厨房门，

1943 年 11 月，新四军第 5 师领导人李先念（右）与郑位三（中）、陈少敏（左）在湖北大悟山白果树湾合影

揭开锅盖，将自己和警卫员的米饭倒进煮着苕叶、蕨根的锅里，然后和姚诚台一家同吃野菜粥。他情深意长地说道："大伯、大妈、诚台、花大嫂，我知道你们想什么，你们可不能把我们当外人呀！我们从老百姓中来，是老百姓自己的队伍，应当有福同享，有难同当。你们这样做，叫我们可不好想啊！"

"陈大姐，为百姓，百姓的事情挂在心；老天久旱不下雨，她睡不着呀吃不进，爬高山，钻密林，起早摸黑把水寻……"这是一首当时在姚家山村脍炙人口的顺口溜。这里唱的陈大姐，即"木兰将军"陈少敏。1943 年，广大边区军民积极投入到大生产运动之中，不料到农历七月时，天气持续晴热，姚家山村遭遇了严重旱情。这可急坏了陈少敏，她起早贪黑奔波在双峰岭，终于在双峰尖的东侧发现了一条小沟。可是这救命的山泉距姚家山村还有几里远，实在是远水解不了近渴。陈少敏又提出挖渠集中引水灌溉的办法，她的想法得到了村民的赞同，村里的男女老少一起行动，仅用了几天的时间，就挖成了沟渠、拦水坝和小水库，山泉水也通过一部部水车流进了干涸的稻田。

姚家山村的老百姓也十分支持新四军第 5 师这支自己的队伍。1942 年农历八月间，国民党顽军进攻边区，新四军第 5 师根据上级命令，需带足两个月的行军口粮炒米粉转移到平汉路西。部队知道村民近几年屡遭自然灾害，粮食歉收，各家存粮很少，就派人去周边采买，然而收效甚微。村民们得知部队库存粮食不足的情况后，主动组织起来，你十斤，我二十斤，凑出几千斤白米借给部队。一百多名青壮年村民还组成一支志愿运输队，为子弟兵运送粮食，有的人坚持运送物资两个多月，最后和部队一起返回村庄。农历十月，新四军第 5 师返回后立即还清了所借的粮食。

姚家山村流传的故事还有很多，如战士们大胜归来将猪肉分别挂在各家门上，农民掩护新四军藏枪于秧田，新四军修复转蓬桥，李先念开荒种菜，陈少敏为同睡一床的老太婆焐脚，密林深处搭建石屋，等等。武汉地区是侵华日军"兵力密度之最"的地区，新四军第 5 师正是由于坚持紧密依靠群众的办法，才能在敌人的“扫荡”和顽军的持续摩擦中，在夹缝里求得生存与发展。到抗战胜利时，新四军第5师建立了拥有5万正规军和30万民兵的武装力量，先后抗击了15万日军和8万多伪军，共歼灭日伪军43700多人，解放了地跨鄂、豫、皖、湘、赣五省边区的9万多平方公里的国土和1300多万人民。

## 老区换新颜

“喋血中原横扫倭寇先烈丹心昭玉宇，描红绿野奋开老区后昆妙手建仙乡”，这副姚家山村门楼上镌刻的对联，呈现了小山村彪炳史册的过往与充满希望的现在。

今天的姚家山村，仍遗存新四军第五师司政机关旧址群，包括司政机关大礼堂旧址、李先念旧居、陈少敏旧居、后勤部旧址（被服厂）、参谋部旧址、印刷厂旧址（边币厂）、枪械所旧址、医务室旧址、造弹厂旧址等。1998年5月，姚家山新四军第五师司政机关旧址被武汉市人民政府公布为武汉市文物保护单位，2007年10月被武汉市人民政府公布为武汉市爱国主义教育基地。

为铭记历史、教育后人，在纪念抗日战争胜利70周年之际，黄陂区在姚家山村建成新四军第五师历史陈列馆。陈列馆为明清徽派建筑风格，总面积2779平方米，展陈面积2400平方米，分为3层，设有1个序厅、6个基本陈列展厅、1个临时展厅和1个多功能展厅，集陈列展示、文物收藏与宣传教育等功能于一体。抗战陈列主题分为“木兰烽火”“怒潮喷涌”“挺进鄂豫”“中原抗战”“战略包围”“辉煌胜利”6个部分，通过大量历史图片和文物，结合现代技术手段制作逼真场景及艺术品，再现了新四军第5师在武汉外围独立自主、不屈不挠、英勇奋战的历史。陈列馆馆藏文物实物500余件，其中各式武器19件，重点展项30项，美术图版200余块，为开

新四军第五师司政机关大礼堂旧址

展爱国主义和国防教育提供了良好素材。

老区人民的付出，历史不会忘记。在实现姚家山村乡村振兴的路上，党和政府持续努力着。新中国成立后，夏世厚（原任警卫团长）、周志坚（原任第 13 旅旅长）、肖健章（原任团参谋长）等受李先念委托，多次亲自到姚家山村看望乡亲们。湖北省政府根据李先念的意见，在姚家山村修建了秋峰寺、南冲两座水库，外加两条水渠和一座水电站，给家家户户装了电灯和自来水。姚家山村门楼上悬挂的“武汉抗战第一村”匾额、“新四军第五师历史陈列馆”馆名，均由中共内蒙古自治区原党委书记、湖北省新四军研究会原会长王群手书。

2012 年，黄陂区招引能人回乡，“武汉抗战第一村”“武汉湿地旅游第一谷”等姚家山红色旅游项目签约。姚家山旅游区建设将新型农村城镇化社区建设与红色旅游、乡村旅游相结合，村内主要为明清徽派建筑风格，建筑大多沿山势而建，围绕数口池塘分布，全村绝大部分居民都住进了石头墙基、白墙黑瓦、飞檐翘角的徽派古式小楼。村民依托景区务工、办农家乐，开展种植养殖，人均收入得到了极大提高，姚家山村进入了快速发展的新阶段。2017 年，姚家山风景区被评为 AAAA 级景区。可以相信，姚家山村的明天一定会更加美好！

（张道旺）

# 华中敌后战场的著名战役：汉南侏儒山战役遗址

侏儒山，位于蔡甸区西部，地处川（汉川）汉（汉阳，今蔡甸）沔（沔阳，今仙桃）三地交界处，因其中北部低矮蜿蜒的丘陵山峦而得名。水陆交织、河湖密布、丘壑纵横的地形地势，使侏儒山有“汉皋西阙，云土东屏”之誉，成为控扼江汉平原、进出武汉的门户。1941 年，新四军第 5 师在这里发动了侏儒山战役，沉重打击了武汉周边的日伪军。侏儒山战役是中共领导的敌后抗日游击战 16 个著名战役之一，与平型关战役、百团大战、黄桥战役等齐名。

## 挺进纵队扬名武汉西大门

武汉沦陷后，抗日战争由战略防御阶段进入战略相持阶段。为适应战局发生的重大变化，加强党对敌后抗战工作的领导，中共六届六中全会决定将党的工作重点放在战区和敌后，大力巩固华北、发展华中。

武汉地区党组织坚决贯彻六届六中全会提出的独立自主地放手发动人民抗日武装斗争的方针，把工作重心放在农村地区，积极在武汉周边郊县创建由党掌握和领导的抗日游击武装。黄陂梅店抗日自卫队、陂安南游击队、汉阳民众抗日游击大队、新洲鄂东抗日游击挺进队等纷纷建立，但这些武装力量较为分散，总体力量也很弱小，在日、伪、顽各方势力盘踞的武汉近郊敌后，时刻面临着被吞并和消灭的危险。

1939 年，国民党先后召开五届五中、六中全会，确立并推行限共、防共策略，破坏抗日民族统一战线，并在全国掀起了第一次反共高潮。进入1939年夏季后，武汉外围地区国共摩擦不断。5月，活动在武昌五里界、流芳岭和汤逊湖一带由共产党领导的樊湖大队，遭国民党军统特务武装袭击，损失3个中队。7月，国民党军队在武昌法泗又袭击了拥有700余人的梁湖大队。

为坚决应对和回击国民党挑起的反共摩擦，巩固和扩大敌后根据地，中原局决定对豫南、鄂东、鄂中的党组织和军队实行统一领导，建立豫鄂边区党委，整编武装力量，组建新四军豫鄂挺进纵队。1940年1月，新四军豫鄂挺进纵队正式在京山八字门成立，下辖5个团队和3个总队。李先念为纵队司令员。

1940年2月，李先念、陶铸率领新四军豫鄂挺进纵队第2、第4、第5团，经汉川汈汊湖，分东西两路南渡汉水，进军武汉近郊，打击盘踞侏儒山的伪和平救国军第82师汪步青部。汪步青原为国民党第82军的一个营长，武汉沦陷后，他在沔阳（今仙桃）汪家场招兵买马当起了土匪，随即被国民党第6战区收编，但不久就投降了日军，进驻侏儒山、永安堡、曲口、水洪口、三羊头、消泗沟、九沟一带。战斗中，挺进纵队一度占领侏儒山街道，毙伤伪营长以下官兵100多人，生俘20余人。

女作家安娥和美国记者艾格尼丝·史沫特莱随军参与了这次战斗，战后专门采访了第5团的战士和团长蔡松云，并向俘虏了解情况。史沫特莱后在英国《曼彻斯特卫报》发表《挺进纵队和矿工》，对豫鄂边区抗日根据地和侏儒山战斗进行了报道："当中国官方在日本侵略者面前逃跑的时候，中国共产党发动组织抗日救亡人员却深入到这个地区，夜晚袭击敌人，他们多么熟悉这里的一切啊！负责这项工作的是一个瘦瘦的青年人，他叫陶铸……我经常看到他穿着一件从日本人手中缴获的军大衣，和队员们同生共死。"

作为挺进纵队成立后的首战，此役虽然未能全歼汪部，但给当地群众留下了深刻印象，对日伪军形成极大震慑，打出了新四军豫鄂挺进纵队的军威，武汉日军因此连续三天下令戒严。同年 8 月，在汉阳的伪第 82 师下属第 165 旅 1500 多名官兵起义反正，与挺进纵队第 4 团合编为新四军豫鄂挺进纵队第 4 支队。

1940 年 5 月，中共中央书记处致电刘少奇、李先念，对新四军豫鄂挺进纵队在武汉近郊积极活动并发展壮大给予了高度评价："武汉附近新四军挺进纵队（有九个团）的创造，是一个伟大的成绩。这次经验证明了一切敌后地区不论在华中或华南，我党均可建立自己的武装部队，并且可以存在和发展。"

## 三打侏儒山

1941 年 9 月，日本中国派遣军第 11 军发动第二次长沙会战，从武汉周边抽调兵力向长沙进犯。刚完成组建的新四军第 5 师根据中央指示精神和边区实际情况，决定乘武汉周边日军兵力空虚的时机，以相当兵力深入武汉近郊汉阳敌后，加紧开辟川汉沔地区，为下一步向以洪湖老苏区为中心的襄南发展建立桥头堡。任务由当时主要在襄西、天汉地区活动的新四军第 5 师第 15 旅具体负责。

日军当时在川汉沔地区驻兵不多，主要依靠伪军守备。汉阳地区的伪军仍是汪步青部。汪步青部在 1940 年遭受打击后，又在日军护翼下有了较大扩充，并换上了伪定国军第 1 师的招牌，该师下辖 3 个团、1 个机枪营和 1 个教导大队，共约 5000 余兵力，还有兵工厂，分布在沔阳的彭家场、西流河、双河口、下汉埠、周家帮，汉川的南河渡以及汉阳的侏儒山、桐山头、永安堡、三羊头、东江脑、水洪口、曲口、窑头沟、消泗沟、九沟一带。

伪定国军名义上虽是一个整体，但其内部派系斗争激烈，互相排斥，矛盾重重，因而各师、团都有很大的独立性。汪步青部内部争权夺利的矛盾也很大。第 15 旅到达蔡甸后，结合地理条件和伪军特点，制定了以政治瓦解为主、军事进攻为辅的策略，歼灭伪定国军第 1 师。第 15 旅首先派出干部，通过伪军亲友及青红帮等各种渠道，渗透到伪 1 师内部，进行分化瓦解，不仅掌握了伪 1 师的总兵力和各据点兵力部署，甚至对排以上伪军官的姓名、经历和社会关系等也都一清二楚。

在政治工作取得明显成效后，1941 年 12 月 7 日，第 15 旅第 44 团和天汉支队各以两个连的兵力，从汉阳的肖家集、索河出发，连夜分两路向侏儒山、南河渡奔袭。其中天汉支队主要负责牵制南河渡据点的伪军，使其不敢出击。第 5 师部队利用获取的伪军口令，顺利通过了他们的三道岗哨，直扑侏儒山东南的伪第 3 团团部，将该团团部及特务连、卫士班歼灭。首战告捷，俘获伪第 3 团军需主任以下官兵 100 余人，缴获迫击炮 2 门、重机枪 2 挺、轻机枪 3 挺、驳壳枪 7 支、步枪 100 余支。

时隔半个月后的 12 月 23 日，第 5 师第二次向侏儒山发起进攻。篣 15 旅第 43、第 44 团及天汉支队一部，由天汉湖出发，经杨林沟渡过汉水，分别到汉阳的索河及汉川的西江亭附近集结。次日拂晓，第 5 师部队分两路同时向侏儒山、南河渡、桐山头进击。第 44 团一举攻占侏儒山南面的将军岭，乘胜向坝上发展，全歼伪军机炮营。第 43 团以一部兵力进攻桐山头，俘获伪军一个连；以另一部兵力进攻裴家山，击溃伪新兵连。南河渡守军一个排在天汉支队的攻击下，持械反正。达成作战目的后，因蔡甸、黄陵矶和大集场的日军在奓山会合向新四军出扰，攻击侧翼，企图截断第 43 团第 1 营的归路，第 5 师主力撤出战斗。

汪步青部遭第 5 师两次打击后，即撤出南河渡、桐山头两据点。仅在永安堡驻有新兵队及后方机关一部，主力集结于九沟至周家帮一线，伪师部驻周家帮，侏儒山驻 1 个营。

1942 年 1 月 7 日，第 5 师第三次向侏儒山发起进攻。第 15 旅第 43、第 44 团及天汉支队全部投入战斗，分两路向侏儒山、周家帮进逼。第 44 团顺利占领侏儒山，伪军一个营仓皇向九沟溃退。与此同时，驻周家帮的伪军第

1 师一部分主力在第 43 团和天汉支队的猛烈攻击下，亦溃不成军，慌忙经西流河向王家场、余家场一线撤退。三天后，第 43 团击溃来犯的伪定国军刘国钧率领的教导团、伪第 2 师李太平部千余人以及沙湖日军一部分，俘获伪官兵 400 余人，毙伤日军 20 余人，并在九沟缴获伪兵工厂的步枪、轻重机枪 4000 余支及大批军用物资。

汪步青在新四军第 5 师三次打击之下，不敢回侏儒山老巢，便在汉沔交界地区收容残部。1 月底，第 15 旅集中第 43、第 44 团及天汉支队全部，发起对汪伪残部的进攻。此后第 5 师师部又令正在汉水北岸活动的第 13 旅一部分部队支援，伪 1 师残部被歼灭 1500 余人，汪步青本人率数十人逃窜。新四军攻打侏儒山干净利索，基本上全歼了汪步青的伪 1 师。

歼灭伪 1 师后，新四军转头迎战增援的日军。新四军把 100 多名日军包围在胡家台的祠堂中。新四军武器简陋，日军依仗武器上的优势负隅顽抗，新四军两次攻入祠堂都被日军反击出来。胡家台久攻不下，战事拖下去对新四军不利。胡家台族长胡坤山见状，就建议新四军使用火攻。胡坤山代表村民表示，为了消灭日军，愿意献出包括祠堂在内的财物。2 月 3 日晚上，新四军用轻重武器对着祠堂一番猛射。在火力掩护下，一些新四军战士从村中搬来柴草，堆积在祠堂周围。新四军在柴草上倒油点火，火焰腾空而起，日军到处乱窜，一片哀号。4 日拂晓，汉川日军 100 余人在 3 架飞机的掩护下，前来解救被围残敌。新四军撤出战斗。胡家台战斗中，除少数日军被增援的部队救走外，大部分死于熊熊大火之中。

在 1941 年 12 月 7 日至 1942 年 2 月 4 日的侏儒山战役中，第 5 师共对敌伪作战 14 次，歼灭伪定国军第 1 师汪步青部，击溃了伪定国军第 2 师 1000 余人，俘伪军 950 余人，击溃日军 7 次增援，毙伤日军 200 余人，并缴获了伪兵工厂的全部设备和大批军用物资。至此，第 5 师在襄南东部开辟了川汉沔地区，完全控制了汉阳之侏儒山、桐山头、永安堡、曲口、三羊头、消泗沟、九沟和沔阳之西流河、周家帮及汉川之南河渡、西江亭等大片地区，摧毁了该地的伪政权。

2 月 21 日，豫鄂边区党报《七七报》特地发表社论《庆祝襄南的伟大胜利》，评述侏儒山战役“拯救了汉阳、沔阳一带广大地区成千成万在敌伪铁蹄蹂躏下的广大人民”。

侏儒山战役是新四军第 5 师建军后第一次开展的带游击性的运动战，在我军历史上有着重要地位。2007 年 3 月 21 日，中央电视台《新闻联播》“红色记忆”专题报道了侏儒山战役。翌日，《人民日报》第 2 版“永远的丰碑”专题刊载。

## 红色历史耀乡梓

“三打侏儒山留迹，百战敌后水写痕”是蔡甸区侏儒山街阳湾村傅湾入口处牌楼的一副对联。从牌楼进来，步行不远就是掩映在一片葱绿中的侏儒

侏儒山抗战纪念馆中反映新四军第 5 师战斗场面的浮雕壁画

山抗战纪念馆和武汉侏儒山战役博物馆。博物馆依傍侏儒山战役的傅家山遗址兴建，占地面积 500 余平方米，为白墙青瓦的古朴徽派四合院风格。

侏儒山战役博物馆由颇具传奇色彩、曾担任新四军第 5 师第 15 旅侦察参谋且本身也是傅湾村民的傅玉和的后人兴建。2010 年，侏儒山战役博物馆方案经过相关部门审批并获得批准。2013 年 4 月 2 日，武汉侏儒山战役博物馆正式落成，并对社会公众免费开放。

山河无言，岁月有痕。博物馆与傅家山抗战遗址、英烈陵、新四军老战士傅玉和故居，以及蔡甸区永安街道桐山头相关遗址等共同构成了侏儒山战役遗址遗迹群。东子山上孤悬山顶已长满野草的残存灰白碉堡、傅家山山头的新四军第 5 师指挥部遗址和将军亭，不时将人们的思绪拉回那个为民族生存而抗争的历史场景。侏儒山走出了一批又一批英雄，被追认为烈士的有 10 余位，被认定为文物保护单位的烈士墓有 5 处。在二打侏儒山时牺牲的第 15 旅副旅长兼第 43 团团长、政治委员朱立文，是新四军第 5 师抗战中牺牲的级别最高的指战员，2014 年 9 月被列入民政部公布的第一批著名抗日英烈和英雄群体名录，侏儒山抗战纪念馆附近的朱立文烈士墓（衣冠冢），被列为汉南区文物

武汉市蔡甸区九真山上朱立文烈士像

保护单位。

值得一提的是，侏儒山街原名侏儒镇、侏儒乡，在一段时期内，因“侏儒”容易引起人们误解，要求改名的呼声一直没有停止过。有人提议将“珠玉”（谐音）、“成功”（侏儒周边有这个地名）、“洪通”（境内有洪北河、通顺河）等作为新名备选，但有关部门还是确定保留侏儒山的地名，以守护红色历史，传承红色基因。武汉侏儒山战役博物馆先后成为武汉市国防教育基地和蔡甸区爱国主义教育基地。2020 年，侏儒山战役遗址所在的阳湾村被中组部列为全国首批红色美丽村庄建设试点村。2023 年 12 月，侏儒山战役遗址被武汉市人民政府公布为武汉市文物保护单位。

（张均）

# 坚守武汉敌后的抗战前哨：新洲涨渡湖抗日根据地旧址

武汉市新洲区，原属黄冈县，1951 年从黄冈县析置新洲县，先后隶属黄冈专署、黄冈地区。1983 年 8 月，新洲县划归武汉市管辖。1998 年 9 月 15 日，国务院批准，撤销新洲县，设立武汉市新洲区。说起新洲涨渡湖，人们首先想到的是其最出圈的“绿水湿地，池杉仙踪”梦幻水上森林景观，

涨渡湖抗日根据地纪念碑

而矗立在距离湿地公园数公里的涨渡湖抗日根据地纪念碑，肃穆无声地标注着其熠熠生辉的另一段历史。武汉沦陷后，涨渡湖抗日根据地顽强扎根武汉东郊 7 年，为鄂豫边区开展敌后武装斗争做出了不可替代的贡献，发挥了显著的战略作用。

## 开辟敌后沿江湖区根据地

1939 年，国民党挑起反共摩擦后，在鄂东地区将矛头对准受中共黄冈中心县委领导的以麻城、黄冈交界的夏家山为防区的国民革命军陆军第 21 集团军独立游击第 5 大队（以下简称“第 5 大队”，大队长为张体学），于 9 月 1 日制造了“夏家山事件”。第 5 大队在付出惨重牺牲后，分路冲破了国民党顽军的围堵。中共黄冈中心县委文祥、漆少川、易鹏等率领第 5 大队第 3 营的一个中队和手枪队，突围到新洲与团风、麻城交界的将军山后，迅速分析了所面临的脱离主力部队、失去上级领导等现实处境，决定从被国民党顽军控制的山区向日军占领的平原和湖区发展，在敌人的近后方放手发动群众，独立自主地开展抗日游击战争，向倒水河、涨渡湖、长江交汇的水网地带前进。

涨渡湖北纳举水河、倒水河，南临长江，汛期时江、河、湖连成一片，形成横亘数十里的水乡泽国，落水季节泥滩、沙洲显露，湖汊河沟交织密布。相对封闭的陆上交通，复杂的水域环境，连绵丛生的芦苇荡，宛如天然屏障，使涨渡湖具备了开展敌后游击战的绝佳条件。

黄冈中心县委在涨渡湖莲湖畈落脚后，积极与当地党组织、党员和进步人士联系，恢复或重建基层组织，宣传发动群众，发展新党员，加强农救会、青救会和抗日自卫队的建设，打击汉奸恶霸，惩治土匪，开展反“扫荡”斗争，很快在涨渡湖东面、举水河和沙河之间属于辛冲的王伏六村等村湾扎下根，并向新洲西北方向的仓埠、李集、孔埠，东面的贾庙山区和淋头畈、王家坊等地以及南面的沿江一带发展。到 1940 年初，即形成了以涨渡湖为中心，东与浠水、罗田，南与鄂州，北与红安、麻城，西与黄陂等地接壤，较为稳固的抗日根据地。中共黄冈中心县委机关设在涨渡湖根据地的莲湖畈、李牌楼湾。

1940 年 2 月 1 日，《中共中央关于目前时局与党的任务的决定》指出："要巩固与扩大各个抗日根据地，在这些根据地上建设完全民选的没有任何投降反共分子参加的抗日民主政权。"根据中央指示精神，鄂豫边区党委在全力开创敌后抗日根据地的同时，积极领导地方党组织在受共产党、新四军控制的武汉周边基本区，展开"三三制"民主政权的建设工作。1940 年 4 月，经民主选举，由开明士绅、农民、知识分子参加的黄冈县宪政促进会在新洲冯铺的汪氏祠成立。12 月，宪政促进会改为黄冈县民主抗日政府，驻涨渡湖，下辖 6 个区：贾庙一带为一区，涨渡湖一带为二区，旧街一带为三区，辛冲一带为四区，孔埠一带为五区，汪集一带为六区。

在开展地方政权建设、发展抗日民族统一战线、坚持进行武装斗争的同时，涨渡湖抗日民主根据地积极落实二五减租和分半减息政策，举办土地登记，实行河湖归公，筑堤挖塘开展农田水利设施建设，促进手工织布印染等家庭手工业和作坊手工业发展，采取一系列措施，发展繁荣根据地经济，保证部队给养，提高人民生活水平，粉碎日伪顽夹击和经济封锁。1943 年，由涂剑光、周质澄创作的诗歌《歌唱莲湖畈》在湖区军民中流传开来，其中写道，涨渡湖根据地"办学校、开工厂，练兵、建设带头忙，在敌伪顽的夹缝里，创建了人间的天堂"。

## 东进南征的战略支点

为了从战略上扭转鄂东地区国民党顽军对新四军的分割"围剿"，打通豫鄂新四军与苏皖新四军的联系通道，开创鄂东、鄂皖边抗日根据地，推动鄂南地区抗日形势的发展，实施对武汉东面和南面的战略包围，新四军豫鄂挺进纵队、新四军第5师先后多次进行东进和南征。涨渡湖根据地立足武汉东大门，处于陂安南与鄂豫皖之间，在新四军第5师东进南征的过程中起到了不可替代的作用。

涨渡湖根据地积极支援新四军东进南征，征粮筹款，组织群众纺纱织布，还通过地下秘密渠道从武汉运回通讯器材、机器零件、西药、染料、纸张等物资供应部队。新四军第5师后勤被服厂、修械所和14旅野战医院即设在沿湖的周边村湾。其中，野战医院本部设在李牌楼湾，在莲湖畈、滨湖咀、陶家大湾分别建有医务所，湖区群众对医院的掩护和支持，使得东进南征中的伤病员能在这里安心治疗休养，医院收治的病人最多时有700多人。被服厂实现了从购布、染色到裁剪、缝制加工一条龙，日产军服300余套，为前线部队提供了保障。

涨渡湖根据地培养的子弟兵更是构成了新四军东进南征的重要力量。1940年3月，新四军第一次东进鄂皖边时，根据地将两个成建制的中队交给豫鄂挺进纵队，与其带来的一个营合编扩充为鄂东独立团，揭开了创建鄂皖边抗日游击根据地的序幕。同年6月，在原鄂东独立团主力转移到平汉铁路以西后，又交出新选拔补充起来的两个游击中队，以及一部分区、乡武工队员，与挺进纵队带到湖区的一个大队，合编为新的鄂东独立团，继续东进。1941年，新四军第5师成立，鄂东独立团编为第5师第14旅第42团，贲冈县抗日游击大队、手枪队和部分区乡武工队合编为第5师第14旅第41团。在1941年9月至1942年3月的第三次东进过程中，新四军第5师依托根据地建立起来的第14旅第41、第42团再次成为东进部队的主力。1942年5月，按照豫鄂皖边区党委和新四军第5师司令部的决定，挥师南征的第14旅，也是以江北湖区为依托，先后8次进行跨江作战，打开了鄂南抗战新局面。

1945年9月，涨渡湖根据地还为连续作战、回师北返的八路军南下支队提供了关键补给。9月26日，八路军南下支队第359旅过江进入湖区后，共停留7天，分驻汪林、殷店、毛集、叶店等沿湖村湾，并在刘集街召开了庆祝南征、北返的胜利大会。根据地全力为南下支队筹粮筹款，赶制棉衣、布鞋、被子。第359旅向大悟山进发时，根据地也专门组织民力为部队运送弹药、物资。

## 鄂豫边区的重要基地

进入1941年后，为配合新战场的开辟，鄂豫边区党委、行政公署的十余个机关和单位也从大悟山区迁驻到组织健全、基础较好、群众抗日热情高的涨渡湖根据地。

鄂豫边区学府洪山公学于1942年春转移到涨渡湖办学。在湖区期间，洪山公学办学规模显著扩大，设立了行政系、教育系和经济系，其中经济系又分银行、会计、税务3个专业班，培养了大批当时急需的军政人才。1943年夏，洪山公学迁移到洪湖后，又在涨渡湖开办边区实验中学，直至1945年。这一时期在湖区的还有：鄂豫边区建设银行第三印钞厂，厂址设在莲湖畈林合湾的陈氏祠堂；建在莲湖畈胡家咀的边区党报《七七报》编辑部和第三印刷厂；常驻汪家集或冯铺等地，负责秘密传递报纸、刊物、文件、各类资料以及转运各根据地之间来往人员的鄂东交通分局（鄂东分兵站）；由边区行政公署派出领导鄂东各县抗日民主政权的鄂东办事处（鄂东专员公署）；以及由鄂豫边区开办的减租减息培训班、财务会计培训班、税收人员培训班、敌工人员培训班、无线电报训练班等各类短期培训班。

1943年春，中共长江地委也在涨渡湖根据地成立，并经常驻在湖区。1942年春到1945年春节前后，由作战被俘和投诚的日本军人组成的在华日本人民反战同盟第5支部，几次进驻涨渡湖地区，常驻在汪大房湾、陶家大湾和程底下湾等地，印制日文反战宣传品，面向第5师敌工干部进行日语培训，开展针对日军的反战瓦解工作。

1943年夏，日、伪、顽夹击进攻涨渡湖根据地，驻在湖区的各单位被迫向下巴河、陂安南、大悟山等地转移。

在涨渡湖根据地驻扎时间最久的是鄂东（长江）税务分总局。1942 年下半年，鄂东（长江）税务分总局在黄冈县中心税务局的基础上成立，隶属鄂豫边区行政公署税务总局领导。机关常驻在莲湖畈、滨湖咀、余家楼、方益渡、王家坊等地。下设有 5 个分局、1 个特税局、30 多个税所、150 多个税卡，按照边区行署财政统一收支制度，负责征收工商税。涨渡湖区是鄂东（长江）税务分总局的主要税源地，一多半税所设在湖区及周围地带。错综复杂、日伪环伺的游击环境，给根据地征税工作带来诸多困难，据名可考牺牲的税务人员就有 102 名。在税务人员不畏艰难、前仆后继的斗争下，即便是日商洋行在其物资过境时也不得不按要求完税，鄂东（长江）税务分总局每月上缴税款达到 100 万元以上，金额一直位居边区各税务分局前三位。税款由边区税务总局直接调拨给第 5 师后勤部，有力地保障了抗日部队的物资供给。中共中央书记处和中原局曾嘉奖鄂豫边区说，鄂豫边区在受多重限制的情况下，还能发展，且财政充裕，是值得学习的。

## 永不磨灭的抗战丰碑

如今，从武汉市区出发，沿江北快速路，过阳逻走柴泊大道，再经 347 国道向北拐进 078 乡道，就进入当年涨渡湖抗日根据地的核心区莲湖村。由中共新洲区委、新洲区人民政府立于 2003 年的涨渡湖抗日根据地纪念碑，就矗立在距离村委会不远处、紧邻乡道的涨渡湖爱国主义教育基地内。这里也是夏家山事件后，第 5 大队大队长张体学与黄冈中心县委分别突围后在莲湖畈会合的地方。

涨渡湖爱国主义教育基地面积不大，但是朴实凝重，松柏夹道，碑体高耸。涨渡湖抗日根据地纪念碑高 9.6 米，意为建立根据地的时间是 1939 年 9 月 6 日，碑宽 1.6 米，碑厚 1.2 米，下宽上窄，碑体呈长方形，碑顶装饰物象征飘扬的红旗。碑体坐西朝东正面大门，碑身有抗战时期曾任中共黄岗中心县委书记、长江地委书记，新中国成立后曾先后担任二机部部长、教育部部长的刘西尧题写的碑名。基座处有中共新洲区委、新洲区人民政府共立的碑文。四周碑墙内嵌有用汉白玉石镌刻的根据地史料。其中，碑南侧为“烈士碑墙”，刻有抗日烈士名录、财税英烈就义传略；碑西侧收录了曾在根据地战斗生活过的陈少敏、栗秀真、陈英等 24 位先辈的题词。涨渡湖抗日根据地旧址后被命名授牌为武汉市首批党史教育基地和“爱国主义教育基地”。2023 年，涨渡湖抗日革命根据地纪念碑被列入新洲区第三次全国文物普查不可移动文物名录。

在莲湖村还存留有“树下军哨”等抗日革命活动旧址 13 处，与根据地有关的实物 100 余件。包括莲湖村在内，涨渡湖地区掩埋有抗战时期牺牲的烈士 500 余位。

涨渡湖抗日根据地革命历史陈列馆

2019年，涨渡湖抗日根据地展览馆在新洲区双柳街莲湖小学落成开馆。2022年，莲湖村入选全国第三批红色美丽村庄建设试点。以此为契机，新洲区在莲湖村深入打造红色教育基地，丰富红色美丽村庄内涵。村内建有红色纪念广场，广场正中以红色建材拼接出五角星图案。在广场一侧，立有反映涨渡湖军民抗战群像的浮雕。正对浮雕的广场另一侧，总高3层、体量颇大的涨渡湖抗日根据地革命历史陈列馆已完成硬件建设和一楼的布展，二楼税史陈列馆也已基本完工。陈列馆门楣和栏杆上的红色五星装饰与广场地面上的五星拼图、飘扬在广场旗杆上的五星红旗、纪念碑碑身上镌刻的红色碑名相互辉映，拉近了时空的距离，展现了红色基因的传承。

（张均）

# 砥柱鄂南：江夏梁子湖抗日根据地旧址

梁子湖，位于湖北省东南部、武汉市江夏区东部、鄂州市西南部，是湖北省第二大湖泊，湖水面积仅次于洪湖。梁子湖以梁子山为界，分为东梁子湖和西梁子湖，东梁子湖在鄂州市境内，西梁子湖在江夏区境内。武汉沦陷后，中共武昌区委在江夏保福祠筹建、后在白云寺正式成立梁湖抗日游击大队。后来，新四军第 5 师第 14 旅在江夏、鄂州的梁子湖周围开展敌后游击战，建立了咸（宁）武（昌）鄂（州）抗日根据地。梁子湖抗日根据地遗迹众多，武汉境内有位于江夏梁子湖风景区内的保福天子山烈士纪念碑。鄂州境内有张家楼房、公山碉堡、七星山革命烈士纪念碑等遗址。2020 年 9 月，国务院公布第三批国家级抗战纪念设施、遗址名录，鄂南抗日根据地指挥中心旧址（位于鄂州市鄂城区沙窝乡麻羊垴）入选。

## 保福祠附近的抗日斗争

保福祠，位于江夏区南部梁子湖西南角，东、北、西三面环湖，呈半岛形，紧靠粤汉铁路。这块面积不到 20 平方公里、人口不足 6000 人的弹丸之地，在全民族抗战时期，它既是日军的“强化治安”区，日军在其中心地段建有据点，同时也是中国共产党领导的抗日游击武装、地下抗日力量、新四军第 5 师等力量活动的重要地区。

1937 年冬，葛达等人到汉口八路军武汉办事处听取董必武的指示后，回乡成立了“抗日乡村工作促进会武昌县保福祠分会”，积极宣传抗日救国。在武汉保卫战中，地下党员涂继文将路过保福祠的国民党部队一支 20 余人的溃军拦截，发放路费遣散，收缴了 16 支步枪、1 挺轻机枪、1 支手枪，还有若干手榴弹、子弹。他们以这批武器为基础，成立了 30 余人的游击队，这是地下党组织在保福祠组建的第一支抗日武装。

1938 年 8 月，中共湖北省委直接领导的中共武昌区委成立。省委秘书长王翰宣布：武昌区委由萧子南、王健民、潘斌、王水等四人组成，其主要任务是在武汉沦陷后将区委移至保福祠一带农村，发动群众，开展敌后游击战争。10 月 22 日，武昌区委领导人和党员胡传经、许大鹏、舒江皋、况公仆等于保福祠会合，当即就用保福祠共产党员掌握的枪支组建了一支小游击队。随后，中共武昌区委王健民、王水、况公仆等在武昌保福祠、舒安和鄂城涂家垴一带发动群众，收容国民党部分溃兵，收缴涂家垴商会埋藏的枪支，成立了梁湖抗日游击大队，活动于江夏、鄂州间的梁子湖畔，方圆 200 余里。

1939 年 9 月，梁湖抗日游击大队遭国民党“湘鄂赣挺进第 8 纵队”廖义华支队袭击被打散，余部转至江北鄂豫边区新四军中。梁湖大队受挫后，保福祠的党组织转入地下。1940 年 4 月，中共金水工委派王源与保福祠地

梁湖抗日游击大队

下党接上关系，成立了保福祠地下区委。

1942 年 8 月，中共咸（宁）崇（阳）蒲（圻）中心县委书记罗通、副书记李平派王源、方针等人组成咸武鄂工作团，到保福祠与地下区委接头，决定在保福祠地区扩大党的组织，深入发动群众，扩建人民武装，创建抗日根据地。1943 年 7 月，在保福祠地区设立了咸武鄂军事指挥部，组成了粤汉挺进支队。

由于新四军第 5 师主力有一部分在保福祠及其周围活动，连续多次打退了顽固派的进攻，基本上肃清了这个地区敌伪顽杂牌土匪武装，为建立、巩固和发展以保福祠为中心的抗日根据地创造了条件。随着抗日武装斗争的节节胜利，保福祠地区党的建设得到迅速发展，保福乡有党员 200 多名。84 个自然村中，有 79 个村建立了党组织，大村有支部，小村有小组，村村有党员。党员在支部领导下统一行动，群众在党员的带领下共同行动，党的号召在保福祠地区能快速得到响应。

保福祠地区三面靠湖，一面靠粤汉铁路和金贺公路。为了保卫来往的新四军主力部队和咸武鄂党政机关的安全，保福祠区委做了大量的工作。如在通往外地的水陆要道上安设了 14 个哨位，日夜监视敌人的行动；根据战争的需要，普遍建有民兵组织，站岗放哨，盘查过往行人，负责通讯联络；充分发挥人民战争的威力，保护新四军干部战士的安全；坚持做好敌伪工作，争取到山坡街的日军翻译林白（朝鲜人）为抗日军民传递情报；设立交通站，一些交通员穿越敌伪封锁线与顽军盘踞区，准确及时地把情报信函转送到目的地；将敌伪的乡保政权变成“白皮红心”的抗日政权，这些两面政权，在安排新四军的伤病员，筹办粮食、食盐、西药、被服、军鞋等物资方面，作为颇多。

从 1943 年至抗战胜利，保福祠根据地是新四军第 5 师主力部队在鄂南山地作战的补给线。这里办起了被服厂，建设了修械所，设立了治疗所。几年间，部队在这里临时休整，兵员在这里补充，伤员在这里医治，枪支在这里修理，不论环境多么险恶，保福祠人民都圆满地完成了任务。

保福祠根据地的独特作用，是由其独特的地位决定的。当年新四军第 5 师的干部和小规模的部队，在深入鄂南山地日军前线阵地时，走的路线就是从黄冈汪家集一带过江，穿过日军在葛店、新店、豹子澥一带的据点，经覃公庙至保福祠，保福祠是落脚点。同样的，从鄂南山地咸崇蒲根据地的中心地带西岭、挂榜山去驻地大悟山，也要在保福祠落脚。保福祠地区，是新四军第 5 师指战员自江北进入鄂南山地的安全走廊，他们亲切地说："我们又回家了，在'碉堡'里可以睡个安稳觉。"

## 梁湖抗日游击大队的崛起

中共武昌区委筹建梁湖抗日游击大队选址时，考虑到保福祠虽有很好的群众基础，但离敌人据点太近，缺少战略纵深，没有回旋余地，区委最终把发展抗日武装的地方改为鄂城涂家垴。

王健民、王水到达涂家垴后，走访了设在白云寺内的经馆，结识了爱国学生鲁伯英和当过红军连长的王甦。通过王甦又找到了当过红军的刘守信，同时了解到涂家垴一带地方士绅的情况。武昌区委随即在涂家垴召开群众大会，鲁伯英等人带头表示要拿起枪杆子打击日本侵略者，保家卫国。会后，王健民、况公仆等人把收藏的 50 多支枪集中到白云寺。后又收缴了涂家垴镇商会的 30 多支枪，游击队共有 150 多支枪，其中机枪 4 挺。

1938 年 11 月，武昌区委在白云寺举行大会，宣布梁湖抗日游击大队成立。梁湖抗日游击大队下辖 3 个中队，王水任大队长，王甦任第 1 副大队长兼第 1 中队队长，潘斌任第 2 副大队长兼第 2 中队队长，况公仆任第 3 副大队长兼第 3 中队队长，鲁斗南为参谋长兼军需主任，大队部设在白云寺。梁湖抗日游击大队公开宣布成立后，即张贴布告，明确宣布建队宗旨：抗击日寇，铲除汉奸，维护农商，保境安民。

1939 年 5 月，梁湖抗日游击大队为建立广泛的抗日统一战线，在领导人员和驻地不变的条件下，受编为湖北省第 1 区保安司令部直属国民自卫队第 1 大队，仍简称“梁湖大队”。从此，武昌区委领导的梁湖大队，驰骋于梁子湖畔，与日伪顽杂展开了一场场惊心动魄的战斗。

梁湖大队首先为民清除湖匪，接着武力驱逐梁子湖上的日艇，使湖民可以安心捕捞和生产。1938 年 12 月到 1939 年初，梁湖大队在金贺公路上三次伏击日军。1939 年 4 月，在徐家桥伏击日军，歼灭日军十余人。7 月，又在保福祠智歼日军 8 人。

梁湖抗日游击大队虽仅存在了一年时间，但其英勇的战绩却深深地留在人民心中。当地至今仍流传着一首赞美梁湖游击队的歌谣：

梁湖游击队，胆大有智慧。保卫老百姓，专打敌顽伪。
梁湖游击队，神兵从天回。山林是我家，草地当床睡。
梁湖游击队，成群又结队。敌人吓破胆，碰得粉身碎。

## 新四军第 5 师战斗在梁子湖畔

“扬子江头淮河之滨，任我们纵横的驰骋。深入敌后百战百胜，汹涌着杀敌的呼声。”就在梁湖抗日游击大队解散后不到两年，高亢激昂的《新四军军歌》开始飘荡在梁子湖畔、天子山下。新四军第 5 师第 14 旅，在旅长罗厚福、政治委员张体学的领导下，多次奉命飞渡长江，开辟和坚持了鄂南抗日根据地，完成了从南线包围武汉日军的战略任务，进而使鄂南战场成为八路军南下支队向华南挺进的桥头堡和后方基地。

1941 年春，新四军鄂南独立第 5 团成立，第一次在鄂南公开打出了新四军的旗帜。独立第 5 团很快发展到 200 多人枪，在团长王甦、政委黄全德的领导下，进一步发展和巩固了鄂城、武昌沿江根据地。在武汉郊外和粤汉铁路两侧伏击日军，破坏交通，捉汉奸，惩密探，打差船，夺敌货，使日军受到严重威胁。

1941 年 9 月，鄂南中心县委书记李平带领新四军第 5 师的一支小部队开辟鄂南抗日根据地，第一次来到保福祠。当时这里环境险恶，日军和伪军驻扎在保福祠周边的山坡、贺胜桥、湖泗桥一带，随时来保福祠“扫荡”；国民党顽军、别动队、土匪武装等反动力量犬牙交错，经常来此窜扰。1942 年 8 月，咸武鄂工作团与保福祠地下党组织的艾凤林等取得联系，成立了咸武鄂抗日游击大队，李飞鹏任大队长。不久，又成立了咸武鄂政务委员会，况公仆任主席。1943 年 6 月，党组织在这里重建了咸武鄂根据地，由雷同担任咸武鄂工委书记兼武装指挥部指挥长。

新四军第 5 师第 14 旅政治委员张体学

咸武鄂抗日游击大队在地方党组织和民众的支持下，卓有成效地在敌伪顽的夹缝里进行了一系列战斗：设计除掉国民党军统外围组织“梅花团”团长卢应永，李平率部在天子山痛击顽军第 18 支队，在墨斗山重创国民党地方顽匪徐少山部，在保福祠全歼顽军廖义华部一支突击队，策动伪军周筱山部舒海清中队新兵反正，剪除盘踞在五里山的顽匪情报组，在傅家山活捉军统行动组长等。通过这些战斗，咸武鄂抗日游击大队在敌人眼皮底下扎了根，扩充了队伍，站稳了脚跟。

1943 年，国民党掀起了第三次反共高潮。军统特务武装盛瑜部的挺进军支队长马钦武长期盘踞在大（冶）鄂（城）、武（昌）鄂（城）一带，一贯与共产党、新四军为敌。这次，马钦武奉命率 3 个大队 1600 余人，偷袭新四军麻羊垴、保福祠根据地。鄂东地委书记、第 5 师第 14 旅政委张体学亲率两个突击团的主力七八百人围攻马钦武部。经过一天的激战，歼敌百余人，重创马部，夺回了鄂东根据地。随后又三次反击马部顽军，全歼一个大队，活捉大队长，马钦武狼狈逃回鄂城鲊洲老巢。

1945 年 7 月，马钦武不甘心失败，继续负隅顽抗。他自恃兵士多、武器好，以月山为大本营，大兴土木修筑工事，在岛四周水域暗置滚钩、自制水雷，凭借险要地势作困兽之斗。张体学率领由第 5 师第 14 旅改称的江南独立第 2 旅首克月山，捣毁了马钦武的司令部，歼敌 700 多人。接着强攻鲊洲，封锁唯一进出通道，采用“瓮中捉鳖”的战术，全歼马钦武部。马钦武侥幸漏网，只身乘船而逃，窜到日伪湖北省保安第 1 旅旅长袁四正部驻豹子澥的连部。马钦武通过电话向袁四正请求救援，请求袁四正拉他一把。此时，正好鄂豫边区党组织派人来做袁四正的策反工作，袁四正决意弃暗投明，便谎称答应解救马钦武，给他设下了“鸿门宴”。马钦武不知是计，酒杯未落，枪声骤起，马钦武仰面倒在血泊之中，受到了应有的惩罚。

月山战斗结束后，湘鄂赣边区党委、行署和军区领导机关迁到梁子镇六十口邱家湾，并建有综合医院、被服厂、兵工厂、军需供应站，成为湘鄂赣边区巩固的后方基地。

在抗日战争的烽火中，江夏保福祠一带作为梁湖抗日游击大队的核心活动区域，鄂南敌后抗战的重要战略支点，承载着中国人民伟大抗战精神的民族基因。如今，在江夏梁子湖风景区保福天子山上，建有武汉市天子山爱国主义教育基地。基地位于水波潋滟、风光旖旎的梁子湖畔，内有天子山革命烈士纪念碑、烈士陵园、抗日烈士浮雕。整个建筑庄严肃穆，四周苍松翠柏环绕。纪念碑在葱郁的森林掩映中巍然耸立，仿佛在向来此瞻仰的人们讲述那段波澜壮阔的抗战岁月。山下纪念馆中设有红色文化展厅、烈士事迹陈列室，是缅怀革命先烈、进行爱国主义教育的红色基地。在这块红色土地上，诞生了武汉南部第一个农村党支部，建立了苏维埃政权，留下过董必武、彭

天子山革命烈士纪念碑

德怀、叶挺、张体学等老一辈无产阶级革命家的光辉足迹。基地建成开放后，年均吸引 3 万人次游客前往参观并接受红色教育，已成为武汉市著名的爱国主义教育基地。

（严如月　严耀开）

# 第二篇

## 战时首都：抗战机关旧址

1937 年 12 月，日军占领南京，国民政府移驻重庆，但财政部、外交部等重要政府机关和军事委员会等军事统帅机构迁驻武汉办公。中共中央长江局和中共代表团依托八路军驻武汉办事处全方位开展抗战工作。全国各党派、爱国民主人士及文化界人士会聚江城，1937 年 12 月至 1938 年 10 月，武汉成为实际上的战时政治中心和全国抗战枢纽。中共中央长江局、八路军驻武汉办事处、新四军军部、新华日报社、国民政府军事委员会政治部第三厅等机关旧址，见证了中国共产党在武汉抗战中的历史贡献；国民政府军事委员会、国民参政会、珞珈山军官训练团等机构的遗迹，反映出国民党在武汉抗战时期比较积极的抗战姿态；“文协”、“工合”总部、中国电影制片厂、汉口第一临时保育院等旧址遗迹，则表现了文化界及社会各界在武汉抗战时期的积极作用。

# 风云际会的“红色枢纽”：八路军武汉办事处旧址

武汉市江岸区长春街57号，梧桐掩映，一幢青灰色的四层小楼静默伫立。方正的轮廓、西式砖木结构的外墙，与周围的欧式建筑形成微妙的反差。这座看似低调的建筑，却是抗战时期风云际会的“红色枢纽”——公开的八路

八路军武汉办事处旧址纪念馆

军武汉办事处与秘密的中共中央长江局机关驻地旧址纪念馆。1938 年的硝烟早已散去，纪念馆内，复原的办公室里，我们仿佛还能看见周恩来辛勤工作的身影；简朴的办公桌上，叶剑英批阅过的电文复制件静静陈列；建筑外墙隐蔽处，当年为应对空袭而加厚墙体的痕迹依然可辨……

## 风云际会中应运而生

1937 年 7 月 7 日，卢沟桥事变爆发。次日，中共中央通电全国，呼吁国共两党合作抗日。7 月 17 日，蒋介石发表“庐山谈话”，宣示抗战决心。8 月 22 日，国民政府军事委员会宣布将红军主力改编为国民革命军第八路军（后改称第 18 集团军），由朱德任总指挥、彭德怀任副总指挥。经中共代表周恩来等反复交涉，9 月 22 日，国民党中央通讯社公开发表了《中共中央为公布国共合作宣言》。次日，蒋介石发表谈话，实际上承认了共产党的合法地位。至此，国共两党实现第二次合作，以国共合作为主体的抗日民族统一战线正式形成。

1937 年 8 月红军改编后，八路军首先在西安设立办事处，随后在南京、太原、上海等地设立办事处。这些机构初期主要负责联络友军、采购物资、接待进步青年。随着上海、南京相继沦陷，国民政府迁都重庆，武汉成为战时首都，战略地位凸显。1937 年 9 月，董必武受中共中央委托抵达武汉筹建八路军办事处，初期秘密租用汉口府西一路安仁里 1 号作为办公地点，那里原为华商李紫云的宅邸，地处法租界边缘，较为隐蔽。1937 年 11 月中旬，南京办事处人员西迁武汉，次月初与武汉办事处合并为“第 18 集团军驻武汉办事处”，通称“八路军武汉办事处”，简称武汉“八办”，由钱之光担任处长。为扩大影响力，中共通过宋庆龄斡旋，经公开协商后，租用原日租界中街 89 号（今长春街 57 号）大石洋行办公。这座建筑由日本商人大石正次郎于1917年建造，原为三井洋行仓库，后改为商业写字楼，砖混结构的坚固墙体和隐蔽的地下室为机要工作提供了便利。

武汉“八办”呈“回”字形布局，主楼四层，两侧附楼三层，西面为两层楼房。一楼设接待室、传达室、警卫室及仓库，负责物资调度与安全警戒；二楼为长江局秘书处、组织部、宣传部，兼周恩来、董必武办公室；三楼为会议室和叶剑英住房；四楼为电台室、机要科、食堂，周恩来邓颖超、王明、博古等人的住房。庭院中央的天井既能采光又可通风，屋顶花园则是重要的外交场所。董必武特别指示在楼梯转角处设置暗格，用于藏匿机密文件。

中共中央长江局负责人和新四军负责人在八路军武汉办事处合影。左起：张云逸、叶剑英、王明、秦邦宪、周恩来、曾山、项英

1937 年底至 1938 年 10 月，周恩来、王明（陈绍禹）、秦邦宪、董必武、叶剑英、李克农、邓颖超、罗炳辉等在这里领导中共中央长江局和八路军武汉办事处的工作。1938 年 1 月下旬，新四军军部迁往南昌后，由武汉“八办”代办新四军武汉办事处的一切工作。10 月底，武汉沦陷，“八办”工作人员全部撤离。

## 明暗交织的双重使命

八路军武汉办事处作为全民族抗战初期中国共产党在国统区的重要枢纽，肩负着明暗交织的双重使命。在公开层面，它以物资转运与人才输送为核心，通过运输通道，将军需物资以及海外华侨捐赠的药品、通迅器材等高效转运至前线。同时，办事处设立陕北各学校的“招生委员会”，以《新华日报》为媒介吸引全国青年，并创新性地开展文化动员，激发数百名青年奔赴延安。通过成立中华全国文艺界抗敌协会，广泛团结国内各界进步文化名流，使武汉成为抗战文化宣传的中心。

对内，武汉“八办”作为中共中央长江局的秘密驻地，承担着更为重大的战略使命。1937 年 12 月上旬，中共中央政治局会议决定成立中共中央长江局。由于长江局不是公开组织，故隐蔽在武汉“八办”内办公。在组织建设方面，长江局直接指导长江流域各省党组织的工作，使区域内党员人数快速递增。军事协调上，周恩来在此会见白崇禧献策游击战术。这种明暗交织的运作，使武汉“八办”在武汉抗战的烽火岁月中谱写了特殊历史节点的战略传奇。

## 抗战时期“八办”的故事

中国战场是世界反法西斯战争的东方主战场。1938 年武汉抗战时期，一批关注和援助中国抗战的国际友人抵达武汉后，纷纷来到八路军武汉办事处，通过八路军武汉办事处了解中国共产党及其领导的八路军、新四军，支持和帮助中国共产党及其敌后战场的抗战。

1938 年 9 月，印度援华医疗队抵达武汉时，周恩来在武汉“八办”举行的欢迎宴会上，特意向柯棣华等医生展示埃德加·斯诺《西行漫记》中描述过的延安景象。医疗队最终携带武汉“八办”秘密筹措的药品和便携式手术器械奔赴延安，柯棣华后来在战火中学会了中文，成为晋察冀军区白求恩国际和平医院首任院长，因细致、耐心地关怀战士而被伤员们亲切地称为“黑妈妈”，直至 32 岁殉职时仍保持着共产党员的坚贞信仰。

荷兰纪录片大师尤里斯·伊文思为拍摄《四万万人民》辗转来到武汉，通过宋庆龄与武汉“八办”建立联系，在完成拍摄后，他将自己携带的摄影机及部分胶片托付给武汉“八办”转交延安——这台机器后来成为延安电影团的首批设备，拍摄了毛泽东撰写《论持久战》等时刻的珍贵影像。

美国记者艾格尼丝·史沫特莱驻武汉“八办”期间，亲历了惊心动魄的战争时刻。她在《中国的战歌》一书中详细记述了 1938 年 6 月 11 日武汉大空袭的场景：当日军轰炸机群逼近时，周恩来在防空洞内借着摇曳的烛光召开紧急军事会议、部署工作。她不仅用打字机记录下当时武汉的备战状态，还协助武汉“八办”筹建了战时孤儿收容所，她募捐来的美制救护车后来成为新四军首支机动医疗队的重要装备。

叶剑英负责长江局的军事统战工作，他在中共长江局“友军工作组”的公开活动中，通过与川军邓锡侯、刘文辉，滇军龙云的代表张冲等人的沟通交流，积极了解国民党军队的动态，并努力巩固统一战线。叶剑英与宋庆龄、何香凝交往密切，并积极接触海外华侨，抗战时期海外华侨捐献了大批钱物，这与叶剑英的努力是分不开的。叶剑英也因此在当时同周恩来、董必武并称为“中共外交三骑士”。

## 红色记忆的当代传承

1944 年，八路军武汉办事处原址在日军占领期间被美军飞机炸毁。1977 年，湖北省委启动修复工程，工作人员通过走访老同志、查阅史料，历时一年多完成了原貌复建。1979 年 3 月 5 日，八路军武汉办事处旧址纪念馆正式开放，由叶剑英题写馆名。2013 年，纪念馆被列为第七批全国重点文物保护单位。2020 年 10 月，国家文物局联合湖北省、武汉市文旅部门启动纪念馆建馆以来最大规模的修缮，采用“修旧如旧”理念，收集汉阳百年老木修复梁柱，并于 2021 年 5 月加入数字化展陈方式后重新开放。

今天的八路军武汉办事处旧址纪念馆以新貌面向世人，其占地 1776.96 平方米，建筑面积 2624.68 平方米，为日式风格砖混结构建筑，四面围楼、中设庭院，主楼四层，北侧二层，空中楼梯直达顶层，院内保留原貌花坛与喷水池。

空间功能分区鲜明：一楼是复原的八路军办公室、副官室及主题展厅，2025 年在《大武汉 · 1938》主题展基础上更新推出的主题陈列《英雄城市抗战烽火》，展陈内容分为“共赴国难”“中流砥柱”“大江洪波”“敌后抗战”四个单元，重点打造“献金运动”“生活书店”“侏儒山战役”等经典场景；二楼长江局会客室按尤里斯 · 伊文思的纪录片画面复原，墙面悬挂马克思、列宁、孙中山的肖像及战时地图，多媒体屏同步播放历史影像；三楼会议室重现了 1938 年“孩子剧团”欢迎会场景，复原了周恩来题写“救国、革命、创造”标语的抗战教育场景；四楼机要科与电台室新增 20 世纪 30 年代复古电话机互动装置，观众可聆听老同志的口述录音，体验收发报声效系统。纪念馆的展陈体系体现了文物与科技的对话。据统计，八路军武汉办事处旧址纪念馆现存馆藏文物 4857 件（套），其中国家一级文物 8 件，包括：周恩来抗战时期使用的灰色暗花丝织围巾（邓颖超 1985 年捐赠）、延安生

1938 年，周恩来在八路军武汉办事处内留影

产的羊毛毯，董必武所用过的由旧毛裤改制的毛背心和皮质公文包，特殊历史符号“第十八集团军第八路”铜质证章（编号 259）、抗敌宣传二队队徽等。

2024 年 3 月 5 日，八路军武汉办事处旧址纪念馆建馆 45 周年之际，“为了正义与和平——武汉抗战中的国际友人特展”开展。特展展出 50 余件实物展品、近200张珍贵历史照片及视频资料，通过美籍主教吴德施捐赠的医疗器械、艾格尼丝·史沫特莱的战地笔记等，勾勒出国际反法西斯统一战线的武汉篇章。

如今，八路军武汉办事处旧址纪念馆积极发挥其社会功能，突破传统展陈模式，打造多元教育场景：屋顶花园定期举办“国际友人对话”沉浸式演出，还原1938年周恩来为吴德施饯行的场景；“刀锋印记　青山如故——武汉抗战木刻版画艺术展”以黑白木刻还原“献金运动”“七七少年剧团”等历史片段，并结合AR技术让观众体验版画创作；面向少年儿童，开设“红色密码”课程，开展莫尔斯电码教学、抗战家书诵读，带领孩子们感受那段历史岁月，年均接待观众13.5万人次。

## 永不褪色的精神地标

八路军武汉办事处旧址的存在，恰似一块镌刻着民族精神密码的活化石。在这里，周恩来案头的煤油灯映照着统一战线的深邃智慧，叶剑英的铅笔勾勒出军事统战的锋芒，屋顶花园的电台天线编织起国际反法西斯同盟的经纬。它既是国共合作时期“抗日烽火中的一面旗帜”，也是全球化视野下文明互鉴的早期样本——它让柯棣华的医者仁心、伊文思的镜头语言、史沫特莱的战地笔触，共同熔铸成超越意识形态的人类精神丰碑。

当数字化展陈与青灰砖墙形成时空对话，AR技术复现木刻版画呈现的革命呐喊时，这座建筑以“记忆容器”的姿态，将历史的物质遗存转化为当代的精神资源。它提醒我们，真正的历史传承不在于对文物的静态膜拜，而在于激活那些深藏于砖缝间的精神基因——既有发动广大民众，团结一切可团结的力量抗战的智慧隐忍，又有拒绝国民党派员插手、保持部队独立性的理性锋芒；既有“兄弟阋于墙，外御其侮”的政治胸襟，也有“肤色不同而热血同红”的人类情怀。这种多维度的精神谱系，恰如周恩来手书的“胜利可期”，既是对特定历史时刻的预言，更是对永恒人类价值的守护。而今，我们触摸暗格机关的机巧、聆听莫尔斯电码的韵律，是在与历史进行一场超越时空的哲学对话：真正的抗战精神，从来不是固化的符号，而是流动在民族血脉中的创造基因与文明自觉。

（杨俊）

# 威震江南的起点：汉口新四军军部旧址

汉口新四军军部旧址纪念馆，坐落于武汉市江岸区胜利街 332—352 号，这座始建于 1901 年的建筑，原本是日本大阪商船株式会社汉口支店店长的私人宅邸。作为汉口日租界首批西式建筑之一，它既有日式木构的轻盈灵动，又融入欧洲古典主义对称美学的庄重沉稳，占地面积达 1074 平方米，两层楼高，采用周边砖墙和局部木柱承重结构，外墙以细石混凝土砂浆粉饰，精心雕琢着雕花、线脚等装饰。这里是新四军诞生的摇篮，承载着新四军先辈的拼搏奋斗与牺牲奉献，每一寸土地都浸透了他们炽热的鲜血与辛勤的汗

汉口新四军军部旧址纪念馆外观

水，每一块砖石都铭刻着他们坚定的理想与崇高的信念。

## 烽火催征：国共合作下的军事擘画

1937 年卢沟桥事变后，中共中央审时度势，提出将南方八省红军游击队改编为抗日武装的战略决策。周恩来、叶剑英等中共代表与国民党展开了长达三个月的艰苦谈判，围绕军队编制、指挥权、防区划定等核心问题展开博弈。国民党当局虽迫于全国抗日形势同意改编，但试图通过限制编制规模、压缩军费、要求派员参与指挥等手段削弱中国共产党对军队的控制。面对这些限制，中共始终坚守“党指挥枪”的根本原则，坚决拒绝国民党派员，并提出以叶挺为军长的折中方案。叶挺作为北伐名将，既非中共党员，又具有强烈的抗日决心，最终成为双方都能接受的人选。

1937 年 9 月 28 日，国民政府军事委员会铨叙厅发出通报，任命叶挺为国民革命军陆军新编第四军（简称“新四军”）军长。11 月 3 日，叶挺赴延安，毛泽东、张闻天等中共领导人听取了他的汇报，最后确定叶挺任军长，军队暂驻武汉，全军编为 2 师 4 旅 8 团，由叶挺向国民政府提出。此次会议还达成重要原则：新四军必须坚持中共领导，实行政治委员制度，部队行动须经中共中央批准。毛泽东特别强调：在抗日民族统一战线的旗帜下，既要保持独立性，又要善于团结一切可以团结的力量。

## 艰难筹备：红色火种在此点燃

叶挺从延安抵达武汉后，首要任务便是为新四军军部寻找一处既能隐蔽办公又便于联络的办公场所。他亲自率队考察汉口日租界，以其独特的军事眼光，充分考虑了地理位置、交通便利性和安全隐蔽性等多重因素，最终选定大和街 26 号的一栋日式建筑。这栋建筑原为日本侨民在汉口日租界的住宅。1937 年卢沟桥事变后，汉口日租界内的日侨陆续撤离，其房产被国民政府查封。这栋二层小楼紧邻八路军武汉办事处，方便与八路军办事处和中共长江局联络交流。这栋砖木结构的建筑虽不显宏大，却具备完善的办公空间与通信设施，是凝聚抗日力量的理想场所。

1937 年 12 月 23 日，项英率新四军干部抵汉后，与叶挺连夜召开会议，确定军部机构的设置：司令部下设参谋处、军需处等四部门，政治部辖组织部、战地服务团等单位，并明确拒绝国民党派员要求。12 月 25 日，叶挺主持召开首次干部大会并发表讲话，勉励大家要树立信心、团结一致、抗战到底。项英则着重强调政治建军原则，要求全体官兵“坚决服从党的领导”。这次会议确立了新四军军部的基本架构。

1938 年 1 月初，新四军军长叶挺（左三）、副军长项英（左四）、参谋长张云逸（左二）、副参谋长周子昆（左一）与中共中央东南分局副书记曾山（左五）在武汉合影

新四军军部成立后，积极推进部队整编工作。在整编过程中，新四军创造性地采用了“化整为零，聚零为整”的策略，既保持了部队的战斗力，又适应了抗日游击战的需要，为新四军东进敌后奠定了坚实基础。在短短月余时间里，新四军军部完成了南方 8 省 14 个地区游击队的整编方案，将分散的游击队整编成正规部队；与国民党当局反复交涉，争取军费；制定东进抗日战略，派遣先遣支队侦察敌情。叶挺更以其特殊身份穿梭于国共两党高层。面对蒋介石时，因蒋反对新四军按照八路军的方式配备编制，请拨军费也不允，叶挺曾愤而提出辞职。后蒋又要叶挺与陈诚商量解决，叶挺为部队争取合法地位和权利作出了极大努力。

## 转战南北：汉口的灯塔从未熄灭

1938 年 1 月 4 日，汉口码头寒风凛冽，项英率新四军军部的干部登上开往九江的客轮。此次战略转移，既是战局演变的必然选择，也是国共博弈的微妙平衡。随着南京失守、徐州会战临近，武汉成了日军下一个进攻目标，国民党当局出于控制的目的，要求新四军军部南迁江西。叶挺、项英权衡利弊后，决定将指挥中枢迁至南昌——这座毗邻南方游击区的城市，既能摆脱武汉的政治漩涡，又便于就近指挥部队整编。转移过程中，新四军巧妙地运用了“明修栈道，暗度陈仓”的策略，既完成了战略转移，又保持了部队的完整性。

在汉口军部的最后十数日，叶挺与项英打了一场争分夺秒的“撤离战”。一方面，项英率队秘密转移核心文件与机要设备，将参谋处作战地图、政治部宣传资料等装箱起运；另一方面，叶挺留在武汉继续与国民党军政部交涉。1 月 28 日，《新华日报》刊出新四军军部启事：“本军奉命即行整编出发，军部当即移驻南昌，前大和街念六号军部即行结束。”这场转移不仅是地理空间的迁移，更是战略重心的调整——南昌军部迅速健全参谋、政工、后勤系统，完成四个支队 1.03 万人的整编，为 4 月东进抗日奠定了基础。转移过程中，新四军展现出高度的组织纪律性和战略执行力。

汉口新四军军部的短暂存在，恰似一粒火种播撒在华中大地。1938 年 8 月，新四军军部迁至安徽云岭，在此后的三年间指挥部队创建华中抗日根据地，兵力发展至 9 万余人。1941 年皖南事变后，中国共产党在江苏盐城重建新四军军部，陈毅、刘少奇领导新四军浴血奋战，最终以 31 万雄师迎接抗战胜利。尽管数易驻地，汉口新四军军部作为“新四军摇篮”的光荣永存。

## 旧址新辟：抗战精神永不褪色

1938 年 1 月，新四军军部迁往南昌后，汉口的新四军军部旧址改为新四军驻汉办事处，由八路军武汉办事处代办相关事务。此后，新四军驻汉办事处维系着新四军与各方的联系，继续为抗日斗争提供支持和保障。

武汉沦陷后，此建筑转为民居，逐渐湮没于市井。新中国成立后，该地先后用作学校、机关单位，建筑本体因年久失修而破损。改革开放后，随着文物保护意识的提升，1982 年，汉口新四军军部旧址被列为武汉市文物保护单位。1992 年，汉口新四军军部旧址被列为湖北省文物保护单位。

2006 年，武汉市人民政府启动全面修复工程，复原了叶挺、项英办公室及参谋处、政治部等场景，并辟为汉口新四军军部旧址纪念馆对外开放。2013 年，国务院将其公布为第七批全国重点文物保护单位。

如今，汉口新四军军部旧址纪念馆这座历经战火与岁月洗礼的建筑，已成为传承红色基因的重要载体，向世人讲述着那段波澜壮阔的抗战历史。纪念馆分为 A 栋和 B 栋，两栋建筑各有其展示重点，共同呈现新四军的历史风貌。

其中，A 栋主要负责展览功能，包含两层楼和四个展区，设有“汉口新四军军部历史陈列”展览，通过 30 多件珍贵文物和 200 多张照片，结合声、光、电等现代科技手段，生动地呈现新四军的历史。展览分为三个部分："成立汉口军部，完成部队集结""挥师东进敌后，转战大江南北""坚持华中抗日，五师战功卓著"，全方位、立体地展现了新四军军部的成立与迁移过程，以及新四军在抗战中取得的辉煌战绩，特别是第 5 师在华中抗日战场上取得的显著成就。走进展厅，观众仿佛能穿越时空，回到那个战火纷飞的年代，感受那段激情四溢的历史，亲身体验新四军战士们战斗的英勇和无私奉献的精神。

B 栋展馆更加侧重场景复原，让观众更直观地感知新四军将领们的工作与生活环境。一楼复原了会议室、政治部、副官处、参谋处、军需处和军医处等办公区域，逼真的场景和陈列展品再现了当年军部紧张而有序的工作氛围，每一张桌椅、每一份文件，都仿佛在诉说着当年的忙碌与艰辛。二楼则复原了新四军将领们的办公室兼卧室，这里曾是叶挺、项英、张云逸、周子昆、曾山等将领以及归国参加抗战的郭沫若等人工作和生活的地方。走进这些房间，我们仿佛能够看到他们挑灯夜战、商讨战事的情景，触摸到那段历史的温度。房间里的陈设简单而朴素，让人不禁对这些革命先辈肃然起敬。在这里，抗战精神跨越时空，代代相传，激励着后人在新时代的征程中奋勇前行，永不言败。

（韩郑冉）

# 民族呐喊的铅字丰碑：汉口新华日报社旧址

汉口新华日报社旧址，位于武汉市江汉区民意一路的大陆里 4—9 号，建筑为二层里弄式民房，砖木结构，建筑面积约 1200 平方米。当年，新华日报社在这里租用 6 幢房屋，并买下一家已停刊报纸的印刷厂，作为编辑部、印刷厂和工作人员宿舍。1938 年 1 月 11 日，《新华日报》在此创刊。《新华日报》是当时中国共产党在国统区唯一公开出版的大型机关报，是当之无愧的坚持抗战、团结和进步的重要舆论阵地。新华日报社旧址原房屋至今完好，现为居民住宅。1983 年 4 月，新华日报社旧址被武汉市人民政府公布为武汉市文物保护单位。

## 艰难创刊，吹响“抗战到底”号角

作为中国共产党在国统区公开出版发行的第一份全国性政治机关报，《新华日报》的创办并非易事，而是经历了一个较长的酝酿、提出、谈判和筹备过程。1937 年卢沟桥事变爆发后，国共开启了第二次合作。以周恩来为首的中共代表团与国民党当局谈判时，提出了在国统区公开出版发行中国共产党党报的要求。1937 年 10 月，周恩来领导潘梓年等人开始在南京筹备办报。后因上海、南京战局紧张，筹备人员转移至武汉，继续为办理报纸登记手续奔波。12 月 21 日，周恩来等人在武汉与蒋介石会谈时，再次提出办报事宜，蒋介石最终同意。

1938 年 1 月 11 日，经过积极筹划和紧张筹备，《新华日报》正式创刊，吹响了战斗的号角。经过多次修改，最后由秦邦宪定稿的《新华日报》发刊词庄严宣称：“本报愿在争取民族生存独立的伟大的战斗中作一个鼓励前进的号角。为完成这个神圣的使命，本报愿为前方将士在浴血的苦斗中，一切可歌可泣的伟大的史迹之忠实的报道者记载者；本报愿为一切受残暴的寇贼蹂躏践踏的同胞之痛苦的呼吁者描述者；本报愿为后方民众支持抗战参加抗战之鼓动者倡导者。”发刊词还强调“加强我们内部的团结，巩固抗日民族统一战线外，别无方法与途径。这是挽救时局和复兴中华的关键”，道出了新华日报社办报的宗旨。

虽然《新华日报》成功创刊，但其发行内容受到国民党当局的严格管控。为突破国民党的舆论封锁、动员全民抗战，《新华日报》采取了灵活多样的传播策略，将抗日救亡的声音渗透至社会各阶层。除在武汉三镇设立发行处，

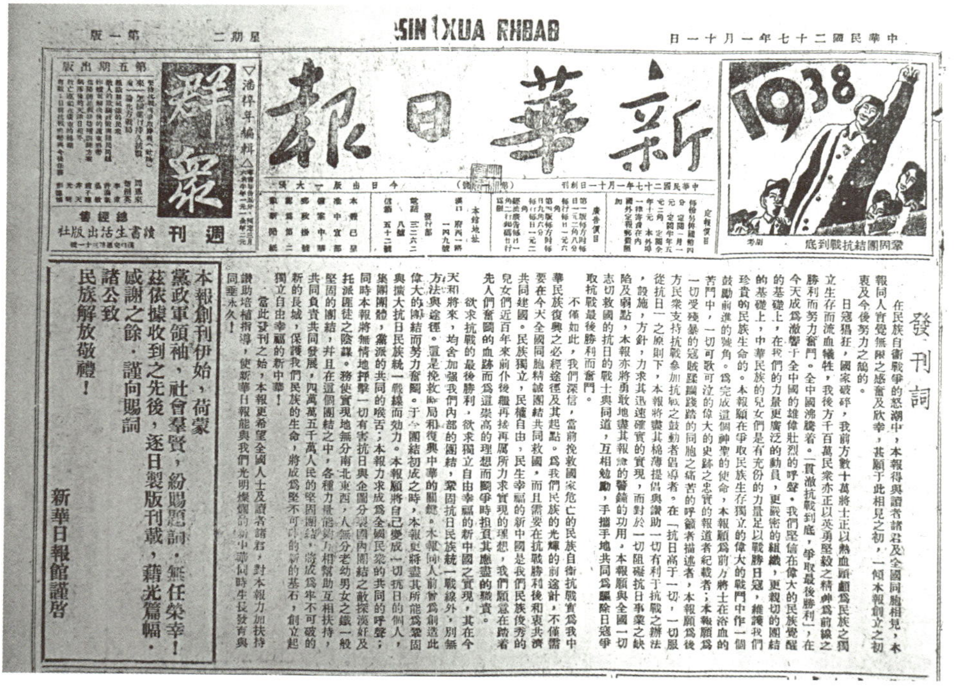
中華民國二十七年一月十一日 星期二 第一版

新華日報

鞏固團結抗戰到底

群衆 週刊

發刊詞

在民族自衛戰爭的怒潮中，本報得與讀者諸君及全國同胞相見，本報同人實覺無限之感奮及欣幸，甚願于此相見之初，一傾本報創立之初衷及今後努力之鵠的。

日寇猖狂，國家破碎，我前方數十萬將士正以熱血頭顱爲民族之獨立生存而流血犧牲，我後方千百萬民衆亦正以英勇堅毅之精神爲前線之勝利而努力奮鬥。全中國沸騰着。「貫澈抗戰到底，爭取最後勝利」，在今天成爲激響于全中國的雄偉壯烈的呼聲。我們堅信在偉大的民族覺醒的基礎上，在我們的力量更廣泛的動員，更嚴密的組織，更親切的團結的基礎上，中華民族的兒女們是有充份的力量足以戰勝日寇，維護我們珍貴的民族生命的。本報願在爭取民族生存獨立的偉大的戰鬥中作一個鼓勵前進的號角。爲完成這個神聖的使命，本報願爲前方將士在浴血的苦鬥中，一切可歌可泣的偉大的史跡之忠實的報道者紀載者；本報願爲一切受殘暴的寇賊蹂躪踐踏的同胞之痛苦的呼籲者描述者；本報願爲後方民衆支持抗戰參加抗戰之鼓動者倡導者。在「抗日高于一切，一切服從抗日」之原則下，本報將盡其棉薄提倡與讚助一切有利于抗戰之辦法，設施，方針，力求其迅速確實的實現，而對於一切阻礙抗日事業之缺陷及弱點，本報亦將勇敢地盡其報律的警鐘的功用。本報願與全國一切志切救國的抗日的戰士與同道，互相勉勵，手攜手地共同爲驅除日寇爭取抗戰最後勝利而奮鬥。

不僅如此，我們深信，當前挽救國家危亡的民族自衛抗戰實爲我中華民族復興之必經途徑及其起點。爲我們民族的光輝的前途計，不僅需要在今天全國同胞精誠團結共同救國，而且需要在抗戰勝利後和衷共濟共同建國。民族獨立，民權自由，民生幸福的新中國是我們民族優秀的兒女們近百年來前仆後繼再接再厲所力求實現的理想，我們願意在踏着先人們奮鬪的血跡而爲這崇高的理想而鬪爭時担負其應盡的職責。

欲求抗戰的最後勝利，欲求獨立自由幸福的新中國之實現，其在今天和將來，均舍加强我們內部的團結，鞏固抗日民族統一戰線外，別無方法與途徑。這是挽救時局和復興中華的關鍵。本報同人前曾爲創造此偉大的團結而努力奮鬪。于今團結初成之時，本報更將盡其所能爲鞏固與擴大抗日民族統一戰線而効力。本報願將自己變成一切抗日的個人，集團團體，黨派的共同的喉舌；本報力求成爲全國民衆的共同的呼聲；同時本報將無情地抨擊一切有害抗日與企圖分裂國內團結之敵探漢奸及托派匪徒之陰謀。務使實現地無分南北東西，人無分老幼男女之鐵一般堅固的團結，并且在這個團結之中，各種力量能夠互相幫助互相扶持，共同負責共同發展，四萬萬五千萬人民的堅固團結，將成爲牢不可破的新的長城，保護我們民族的生命，將成爲堅不可摧的新的基石，創立起獨立自由幸福的新中華！

當此發刊之始，本報更希望全國人士及讀者諸君，對本報力加扶持讚助培植指導，使新華日報能與我們光明燦爛的新中華同時生長發育與同垂永久！

本報創刊伊始，荷蒙黨政軍領袖，社會羣賢，紛賜題詞，無任榮幸！茲依據收到之先後，逐日製版刊載，藉光篇幅。感謝之餘，謹向賜詞諸公致民族解放敬禮！

新華日報館謹啓

1938 年 1 月 11 日，《新华日报》在汉口创刊。图为该报创刊号

在报摊和书店公开售卖，利用铁路、航运网络向全国辐射外，中共地下党员、进步青年还组成秘密发行网，将关键的社论散发到前线。1938 年 3 月，中共中央长江局在汉口福新里 8 号秘密设立的战时书报供应所正式运作，该所伪装成民营文化机构，成为抗战文化传播的重要枢纽。战时书报供应所直属长江局，由周恩来等直接指导，钱俊瑞担任所长，通过公开销售与地下翻印相结合的方式，联合其他进步团体，向全国输送《新华日报》、毛泽东《论持久战》及其他进步书籍杂志，将抗战宣传渗透至前线、工厂及沦陷区，日均分发图书数千册。至 1938 年 10 月武汉沦陷前，累计传播书刊超 50 万册份，极大地鼓舞了抗战士气。战时书报供应所撤离时，其人员与设备转移至重庆、桂林，融入其他机构，延续文化火种。《新华日报》不仅是中共舆论阵地的缩影，更以“纸弹”助力构建抗日民族统一战线，展现了思想动员的隐蔽力量。

## 呐喊动员，助力保卫大武汉

《新华日报》创刊以后，从内容到版面均与国民党的官方报纸及其他民营报纸截然不同，呈现出鲜明的特色，深受民众喜爱，他们高兴地说：“这是一面红旗树立起来了！”并亲切地称《新华日报》为“我们的报纸”。

1938 年 1 月 13 日，《新华日报》发表社论《怎样保卫大武汉？》，提出“保卫大武汉”的响亮口号。社论指出，“必须迅速地进行直接保卫大武汉的工作”，阐述中国共产党对于保卫大武汉的抗敌军事主张和动员全民抗战的思想，提出“欲保卫武汉，必须先从远后方去牵制和打击敌人，从野战中去消灭敌人，这才能争取时间，加强起大武汉的防卫力量，建立起新的军备，以准备决定胜负的战斗”。

6 月 11 日夜，日军趁大雨突袭安庆，武汉会战正式打响。12 日，《新华日报》发表社论《保卫大武汉》。社论在分析抗战的总体形势后指出：“提出并强调保卫大武汉的口号，在目前紧急的时机，有特别重要的意义。不过所谓保卫大武汉，不是把武汉当作一个孤城来死守，武汉的存亡是决定于前面野战军的胜败，只有争取第三期抗战的胜利，而武汉才能保持。”同时，对保卫大武汉提出六点意见。15日，在武汉的中共代表团通过《新华日报》发表了《我们对于保卫武汉与第三期抗战问题底意见》，提出了保卫武汉和有效地开展第三期抗战工作的详细方案。

8月11日下午5点，武汉三镇各界民众汇集武汉公共体育场，举行了声势浩大的歌咏大游行。次日，《新华日报》报道：由于九江失陷，武汉告急，《保卫大武汉》的歌声充满了街头里弄，雄壮有力的歌曲拨动了人们的心弦。10月21日的第283号报纸开始出版半张，且是采用手摇印刷机印刷的。当时武汉即将沦陷，街市上已呈现混乱局面，敌机不断轰炸市区，报馆被毁

1938年9月9日，武汉各界拥护国联援华制日运动大会召开。图为新华日报社员工参加会后的游行活动

坏，无法工作。当日的报眼是大号黑体的战斗口号："我们不应自馁，我们要在持久战中，把已经陷入泥沼的敌人葬埋下去！"22日的第284号报纸，报馆地址更改为五族街。两则紧要启事更为醒目，一是继续告知八路军办事处迁湘，二是公告《新华日报》重庆版日内出版。当日的报眼大字口号是："现在保卫武汉的战斗，已临到最后关头。我们保卫武汉固然重要，而产生新的力量坚持长期抗战更为重要。"

在抗战烽火中，在民族危难的关头，《新华日报》如同插在国统区的一面鲜艳的号召全民保卫武汉、保卫家乡、保卫祖国的旗帜。在武汉保卫战期间，《新华日报》作为中国共产党在武汉国统区的"喉舌"，通过新闻舆论动员民众投身武汉保卫战。中国共产党以《新华日报》为平台，在战时消息、抗战动员、抗战募捐等多方面，协同《中央日报》等媒体，共同开展武汉保卫战的动员工作。

## 以笔为枪，报人奔赴抗战前线

《新华日报》创刊初期，采编力量捉襟见肘。编辑部打破常规建制，总编室三位核心领导率领精锐尽出，以笔为枪，直抵前线。总编辑华岗东渡长江，在皖南丛林中建立起东南前哨；副总编章汉夫北渡黄河，在豫北战壕里架起第一战区观察哨；国际版编辑何云穿越日军封锁线，在太行山麓建立起华北通讯站。在战地前线，国内新闻编辑石西民乔装成商贩，突破重重封锁潜入苏南，成为首位常驻新四军根据地的战地记者；名记者陆诒迎着徐州会战的硝烟，在台儿庄的残垣断壁间写下近30篇鲜活生动的报道。这些呈现抗战风云的文字让广大民众更好地了解前线实况，推动抗日宣传，传递了抗战的精神。

陆诒是《新华日报》第一任采访部主任，在《新华日报》上发表百万字，记录了抗战时期一个个惊心动魄的战役，被誉为"抗日战争时期三位出色记者之一”。《新华日报》在武汉创刊时，曾与陆诒在《大公报》共事的范长江力荐他担任《新华日报》编委兼采访部主任，他没有丝毫犹豫，欣然同意。《新华日报》对这位资深的年轻记者极为重视，特意在普海春餐馆设宴欢迎他，博古、凯丰、潘梓年、华岗等人出席。入职当月，陆诒便奔赴前线，1月27日，他的首篇战地报道《北线动态》就在《新华日报》刊出。

陆诒在其回忆录《战地萍踪》中记录了他1938年2月8日乘坐火车奔赴战地前线的细节。3月中旬，中国军队在台儿庄与日军展开激战。4月4日陆诒抵达徐州，当晚便和范长江一同拜见第五战区司令长官李宗仁，并连夜写成报道《胜利前夜的台儿庄》。次日，他们搭乘军车采访了汤恩伯、孙连仲等司令官，下午便要求前往台儿庄前线。6日夜，他目睹了台儿主战役的胜利时刻。7日清晨，胜利消息传来，他和范长江立刻前往前沿阵地，未熄的余烬中，现场之惨烈，令他震撼不已。12日，《新华日报》发表了陆诒的战地通讯《踏进台儿庄》，其中写道：“四月六日晚间九点半，我军重炮弹击中了敌人的弹药库，动摇了敌阵，前锋部队冲进台儿庄寨子，手榴弹如雨下，展开白刃战，把原来困守台儿庄一角之残敌七八百人解决了！只有一小部分，狼狈地向台儿庄近郊退却。”台儿庄战役中，4月1日晚敢死队的成功夜袭，奠定了台儿庄战役胜利的基础。此次夜袭的57名敢死队员中，44人为国捐躯。陆诒在4月13日、15日《新华日报》发表的战地通讯《满怀兴奋上前线》和《鲁南会战》中，对敢死队奋勇杀敌的事迹进行了首次报道，震撼人心。此后，陆诒扎根台儿庄外围战场，持续跟踪采访，直至5月徐州会战打响。在这3个月的时间里，他陆续发回近30篇电讯稿及战地通讯，让后方民众得以知晓前线战事。

武汉失守前，新华日报社先后派出记者37人次赴前线采访，数量居国统区各报之首，他们大多前往国民党军队的正面战场，刊发的战地新闻及时且丰富，9个月共刊发了100多篇战地通讯。

## “新升隆”号，血色江涛上的新闻火种

武汉会战后期，国民政府决定弃守武汉，撤往重庆。在这紧要关头，叶剑英建议吸取南京撤离时缺乏交通工具的教训，提前筹备。周恩来对此高度重视，安排长江局秘书处秘书长李克农落实。李克农迅速通过统战关系，订租了泰昌公司1909年4月制造的总吨位334吨的民用轮船“新升隆”号。1938年10月下旬，周恩来决定让八路军驻武汉办事处和新华日报社的大部分人员乘船先行撤往重庆。

10月22日下午，大批已装箱的印刷设备、成捆的文件等物资搬上了“新升隆”号，新华日报社53名工作人员、八路军武汉办事处大部分工作人员和警卫战士、东北抗日联军第4军军长李廷禄及其秘书李西林、加拿大援华护士简·尤恩及其他一些转移人员在李克农率领下登船。22日晚，“新升隆”号溯江缓行而上，23日上午8点多行驶至距武汉85公里、今洪湖市嘉鱼县燕子窝江面。当时，敌军已得知武汉国民政府将西迁，在空袭武汉的同时加强了对上行船只的封锁。潘梓年让项泰通过船上的广播通知大家提高警惕，为防范空袭只少数人留守，其余人全部上岸。下午3时许，距离敌机空袭过去一个多小时后，部分人员以为警报解除便陆续返船。正当返船的人员在船舱休息时，4架敌机再度返回在轮船上空盘旋，围绕“新升隆”号轮船连续轰炸、扫射。炸弹炸中船头，撕裂江面，“新升隆”号前舱被炸毁后燃起熊熊大火，甲板被机枪扫射，铅字盒在烈焰中炸裂，油墨与鲜血混作赤潮。一小时后，“新升隆”号化作焦骸，25人殉难，50余人负伤。江风呜咽，铅字沉沙，未竟的新闻与生命共葬于波涛。李克农、王炳南和王安娜等部分人因在岸上，没来得及返船，逃过了空袭。隐藏在土坑里的王炳南和王安娜，不顾危险，用携带的照相机拍下轮船遭敌机轰炸的惨况，留存下敌军血腥屠杀的铁证。

“新升隆”号被炸，船上的印刷设备、随行衣物行李等全被烧毁，伤员缺医少药，同志们只剩随身穿的单衣，而燕子窝距重庆还有 1300 公里。24 日凌晨，撤退工作大队部紧急召开会议，决定克服困难，继续西撤，从燕子窝徒步行进，再乘小木船到达峰口，从峰口乘民船航行 6 天到达公安。在公安，《新华日报》总馆人员乘轮船取道沙市、宜昌，最后乘客轮前往重庆。撤退的同志由潘梓年和李克农率队，日夜兼程，最终于 11 月 23 日前全部抵达重庆。

如今，嘉鱼江畔仍立有一碑——“新升隆轮遇难烈士永垂不朽”。碑文无声，却是这段惨烈历史的见证。这场江涛中的惨案，已化作中国新闻史上最悲怆的史诗——它告诉后人，烽火年代，每一行铅字都可能是用鲜血写就的战书。

（李银燕）

# 武汉会战军事指挥的中心：国民政府军事委员会旧址

国民政府军事委员会旧址，位于武昌区武珞路45号（原湖北省图书馆）。该建筑于1935年6月奠基开工，1936年9月竣工。其造型庄重、风格鲜明，为新旧交融、中西合璧的典范之作。1937年12月15日，国民政府军事委员会（以下简称“军事委员会”）移至武昌，军事委员会及其办公厅、军事处、总务处、秘书处、高级参谋室、机要室设于此处，直到1938年10月武汉沦陷。在这长达10个月的时间里，国民政府军事委员会驻此指挥抗战，

国民政府军事委员会旧址（原湖北省图书馆）

这里遂成为武汉会战军事指挥的中心。1995 年，武汉市政府将该楼定为“武汉市优秀历史建筑”。2002 年 11 月 7 日，湖北省人民政府将其列为文物保护单位。2013 年 3 月 5 日，国务院将其列入第七批全国重点文物保护单位。

## 迁汉前军事委员会的演变

国民政府军事委员会肇始于广东国民政府时期的军事委员会。1925 年 6 月，《中国国民党中央执行委员会关于政府改组决议案》规定设置军事委员会，掌管全国军务。7 月 5 日，军事委员会正式成立并颁布《军事委员会组织法》，直属于国民政府。《中华民国国民政府军事委员会组织法》规定军事委员会“受中国国民党之指导与监督，管理，统率国民政府所辖境内海陆军、航空队及一切关于军事各机关”，内设秘书厅、海军局、航空局、军需局、参谋团、政治训练部及兵工厂等机构。至此，军事委员会初具规模。随后，由于国民政府内部矛盾激化，军事委员会几经波折，多次遭到裁撤。

1932 年 1 月，国民党中央政治会议决议重设军事委员会，任命蒋介石为委员长。2 月，军事委员会迁到洛阳，正式恢复办公。3 月，国民党四届二中全会第二次会议通过了《国民政府军事委员会暂行组织大纲》，明确了设立军委会的目的在于“捍御外侮，整理军事，俟抗日军事终了，即撤消之”，并规定“军事委员会直隶于国民政府，为全国最高军事机关”。至抗战全面爆发，军事委员会的机构设置未有太大变化，但为了抗战需要，也增设了一些机构。为发展空军，1933 年航空署改组为航空委员会，直属军事委员会；1934 年 4 月，增设铨叙厅，专管全国陆军人事和奖惩事宜。

抗战全面爆发后，1937 年 8 月 11 日，国民党中央政治会议第 51 次会议召开，根据战时需要决定设立国防最高会议，作为全国国防最高决定机关。8 月 12 日，国民党中央执行委员会第 50 次会议上，提议推举蒋介石为陆海空军大元帅。8 月 16 日，国防最高会议正式决定，由国民政府明令特授蒋介石为陆海空军大元帅，统帅全国军队。8 月 27 日，国民党中央执行委员会常务委员会又秘密决议授权蒋介石组织大本营（对外不公开），蒋决定以军事委员会代行其职权，行使陆海空军最高统帅权，并统一指挥党政。蒋介石认为中日尚未宣战，不宜组织战时统帅部，决定不另设大本营，转而对军事委员会进行扩编，设分掌军令、政略、国防工业、国防经济、国防宣传、民众训练的第一至第六部，以及国家总动员设计委员会、后方勤务部、卫生勤务部等机构。9 月，又增设了工矿、农产、贸易三个调整委员会。通过这次扩编，军事委员会的部门增多、职权扩大，部分职能转向战时领导体制。

## 军事委员会迁至武汉

1937 年 11 月，淞沪会战结束后，日军占领上海，南京门户洞开，处于日军的直接威胁之下。11 月 16 日，国防最高会议常务委员会第 31 次会议决议，确定国民党的党、政、军机关西迁原则：中央党部及国民政府迁至重庆，军事委员会由委员长临时指定地点。同时对政府组织机构进行了一些调整：军事委员会委员长的职权扩大为“统帅陆海空军并指挥全国军民，负国防之全责”；将原直属国民政府的参谋本部、训练总监部、军事参议院等机构移归军事委员会管辖，行政院军政部作战指挥权划归军事委员会，海军部整体移交军事委员会管辖。

1937 年 11 月 20 日，国民政府主席林森抵达武汉后发表了《国民政府移驻重庆办公宣言》，随即前往重庆。但这时全国的政治、军事中心并不在重庆，而在武汉。12 月前后，国民党的党、政、军各重要机关先后迁入武汉，其重要人物及在野的各党派领袖、文化界知名人士纷纷云集武汉，八路军办事处、中共中央代表团及长江局也都设在武汉。当时的武汉已成为全民族抗战的中心、实际的“战时首都”。

早在 11 月中旬，以中央、中国、交通、农民为代表的各家银行已由上海迁到武汉。21日，各国驻华使节均赴武汉。22日，国民政府行政院副院长兼财政部部长孔祥熙到汉视事。同日晚上，立法院院长孙科一行也抵达武汉。23日，监察院院长于右任抵达汉口。30日，外交部开始在汉口特三区管理局办公。12月1日，教育部部长王世杰抵达武昌。国民党中央党部、内政部、经济委员会、建设委员会、侨务委员会、邮政储金总局先后迁到武汉。到1937年底，虽然国民政府已正式宣告移驻重庆并在重庆办公，但这时迁到重庆的只是部分机关，那些重要职能部门如外交、政治、经济、财政、交通、后方勤务等部门，因为与战事密切相关，大多暂时迁到了武汉。而那些已经迁到重庆并宣布在重庆办公的部门，为了方便工作，仍在武汉设立了办事处。

1937年11月20日晚，国民政府军事委员会参谋总长兼军政部部长何应钦，偕内政部部长何键、湖南省政府主席张治中、贵州省政府主席吴鼎昌，以及邵力子、熊式辉、周佛海等人，乘“长兴轮”离开南京，转赴武汉，于22日晚10时半抵武昌。23日，汪精卫带曾仲鸣由南京抵武昌。11月30日，冯玉祥一行抵达汉口，后转到武昌居住（12月曾短暂离汉）。12月14日，蒋介石由庐山坐飞机飞到武昌。其他国民党的重要人物如李宗仁、徐永昌、白崇禧、张群、王宠惠、陈立夫、朱家骅等人，也先后来到了武汉。与此同时，八路军驻南京办事处从南京迁到武汉，共产党的重要人物如周恩来、董必武、王明（陈绍禹）、秦邦宪（博古）、吴玉章、叶剑英等人也来到了武汉。第三党（中华民族解放行动委员会）的章伯钧、彭泽湘，救国会系统的沈钧儒、邹韬奋、李公朴、张申府、王造时、黄炎培、杜重远、沙千里，妇女界领袖沈兹九、曹孟君、刘清扬，文化界知名人士茅盾、老舍等，均留在武汉或来往于武汉与其他各地，从事着抗战的各种工作。一时间，武汉三镇机关林立，政要云集，名流汇聚，以致一切公私建筑，均有人满为患之感。

在这些迁至武汉的机构中，最为重要的无疑是国民政府军事委员会。军事委员会武汉行营原来设址在武昌平阅路，武汉卫戍总司令部位于东厂口第二女子中学（今武珞路），军事委员会及其办公厅、军事处、总务处、秘书处、高级参谋室、机要室位于湖北省立图书馆（原湖北省图书馆），军令部第一厅暂驻平阅路武汉行营，军令部第二厅位于中正路（今解放路）湖北公路局，军训部位于张之洞路 18 号，军政部位于大朝街湖上园（今复兴路），政治部位于熊廷弼路女子中学，国民党中央党部宣传部位于武昌路 1 号（今胭脂路胭脂坪），中央军官学校驻昙华林 43 号。军事委员会委员除阎锡山住在汉口银行公会外，大多居住在武昌城内。

蒋介石在 1938 年武汉会战期间，主要驻跸于中正路（今解放路）上的湖北省政府大院内，有时也在军事委员会大楼办公，在这两个地方，都遭遇过日机的轰炸。

## 军事委员会在武汉改组

在武汉抗战期间，国民政府为进一步满足战时需要，决定调整军事指挥机构，促使军事委员会由平时体制向战时体制转变。1938 年 1 月 17 日，国民政府公布了《修正军事委员会组织大纲》。随后，军事委员会各部、院、会、厅等组织条例和内部编制相继制定。根据该大纲规定，军事委员会设委员长 1 人，委员 7 至 9 人，由中央政治委员会选定，由国民政府特任之。此外，参谋总长、副参谋总长、军令部、军政部、军训部、政治部各部长及军事参议院院长为当然委员。委员长统率全国陆海空军，并依《国防最高会议组织条例》“指挥全民，负国防之全责”，各委员则“襄赞委员长，筹划国防用兵之大计”。

调整后，军事委员会下辖机构主要有：军政部、军令部、军训部、政治部、军法执行总监部、后勤部、海军总司令部、航空委员会、军事参议院、铨叙部、办公厅等。各部、院、会、厅除办公厅处理军事委员会日常事务外，还分别管理国民政府的陆海空军的动员、训练、教育、军纪、军需、伤亡官兵抚恤、铨衡考绩及奖惩等事宜。各部、院、会、厅、室均设上（中）将级主官、中将级次官。其中军政部、军令部、军训部、政治部是最重要的职能部门。在人事方面，蒋介石继续担任军事委员会委员长，其他则安排调整为：何应钦任参谋总长兼军政部长，白崇禧任副参谋总长兼军训部长，徐永昌为军令部长，张治中、陈诚先后为政治部长，陈调元为军事参议院院长。除以上人物为军事委员会委员外，委员还有冯玉祥、阎锡山、李宗仁、陈绍宽、程潜、李济深、唐生智。

改组后的军事委员会，与“军委会—战区—兵团”三级指挥系统相呼应，作为军事委员会委员的阎锡山、李宗仁、程潜，先后分别兼任各战区司令长官，使军令得以及时传达和认真贯彻，有利于集中统一指挥。经过改组，军事委员会实现了由平时到战时领导体制的转变，基本适应了抗日战争的需要，在徐州会战、武汉会战等重大战役中发挥了重大作用。

1949 年后，军事委员会旧址长期作为湖北省图书馆使用，昔日紧张繁忙的抗战中枢变为安静祥和的文化殿堂。进入新世纪以后，面对人民群众日益增长的文化需求，湖北省图书馆因扩大规模，另择武昌沙湖南新址建设新馆。2007 年 5 月，湖北省图书馆新馆建设工程正式立项，2012 年 12 月，新馆投入使用，湖北省图书馆正式搬到沙湖之滨的公正路，老馆则于 2023 年 11 月交付给武汉旅游集团管理。为加强对旧址的保护，2023 年底，旧址保护修缮项目被国家文物局批准立项，旧址修缮后计划打造为武汉文学馆，由武汉市文联负责日常运营。

（王兵强）

# 培养抗战将官的大学体育馆：<br>珞珈山军官训练团旧址

在武汉大学，有一座古朴而典雅的半圆形建筑，其屋顶有三层孔雀蓝琉璃瓦，每层之间都有一排透亮的窗户，配以黄色墙面，显得气派庄严。这就是位于校园中轴线西端，紧邻四区操场的武汉大学体育馆——宋卿体育馆。宋卿体育馆的名字与民国大总统黎元洪有关。黎元洪字宋卿，生于黄陂，热心武汉教育事业，黎元洪去世后，其家人继其遗志，捐款助建了这座体育馆，校方为表感激，即以“宋卿”二字为该馆命名。

武汉大学宋卿体育馆旧貌

宋卿体育馆位于狮子山西南麓，于1936年7月动工兴建，1937年初竣工，建筑面积约2748平方米，是当时全国规格最高的大学体育馆，它使武汉大学的体育场馆条件领先全国高校，也代表了民国时期武汉地区室内体育馆建筑的最高水平。宋卿体育馆曾见证过武汉大学历史上的诸多重大事件，1938年武汉抗战时期，国民党在国立武汉大学校园内举办珞珈山军官训练团，曾在该体育馆开展训练活动，蒋介石亦曾在此对参训军官点名训话。2001年，宋卿体育馆被确定为第五批全国重点文物保护单位。

## 战时将官研究班

1938年1月，蒋介石委派桂永清开办"军事委员会战时工作干部训练团"，地址就选在武汉大学珞珈山。该团是为抗日战争培养方方面面的干部人才，包括军事干部、武装警察、军事教官和政工干部等。由于学员人数较多，桂永清函电武汉大学校长王星拱，请求再拨校舍，武汉大学只好腾出实习工厂应急。军事委员会战时工作干部训练团共开办了两期，第一期（第一总队和直属女生大队）于1938年7月毕业，第二期（第二总队及学员大队）同年8月毕业。

与此同时，蒋介石也计划开办军事委员会军官训练团，命军令部主办，由万耀煌（时任国民革命军第15军团军团长兼武汉卫戍副司令）负责。1938年2月初，万耀煌拜访了总参谋长何应钦、军训部长白崇禧、军令部长徐永昌、军事委员会办公厅主任贺耀祖及武汉卫戍总司令陈诚，"报告奉委经过，请指示办法"，对军官训练团的筹办事宜进行多方磋商。经蒋介石同意后，军官训练团的名称最终定为"军事委员会战时将官研究班"，简称"将官班"，由军事委员会直接主管。

当时，武汉是军政重心所在，大小机关部队留守遍布武汉，城内外各营房则为各部队驻扎，城内外大中小学校多为各机关占用，几乎找不到宽阔的空地。同时，训练场所的要求比较高，必须交通便利，警戒容易，防空方便，有教室宿舍等设备，由于时间紧迫，一时难以寻觅到合适的场所。经过多方询问与踩点，最后选择武昌武胜门外农业专门学校为班址，并加以修葺，使楼上教室可容 120 人，宿舍也可容 120 人，恰可够用。

2 月 25 日，军事委员会战时将官研究班在武昌成立，万耀煌为主任，下设教育长，由周嵒出任，指导教务、总务两处。每期学员人数为 120 人，每三周为一期，进行短期训练。3 月 1 日，将官研究班学员分乘大卡车至珞珈山武汉大学，在此地举行了开班典礼，参加开班典礼的还有贺衷寒负责的政工人员训练班，以及桂永清负责的战时工作干部训练团的全部教官和学员。3 月 20 日，在湖北省政府大礼堂举行将官研究班第一期结业典礼，并为学员颁发证书，第一期训练宣告结束。

## 战时军官训练团

军事委员会战时将官研究班的受训人员都是高级军官，学员基本为各部队军、师长及军师以上的参谋长，其对部队的直接影响有限。对此，万耀煌与林蔚商议，扩大组织，在训练高级军官的同时，也调训中级军官。林蔚深为赞成，当即签报蒋介石。蒋介石表示同意扩大受训人员的规模，并决定筹建“战时军官训练团”替代“战时将官研究班”。1938 年 2 月 15 日晚，蒋介石召集白崇禧、熊式辉、张治中、陈诚、万耀煌等共进晚餐，席间指示“速筹办军官训练团”，由白崇禧主持，陈诚正式负责，万耀煌为副。陈诚答复事多太忙，无暇兼顾。蒋介石即指示：“你负名义，武樵（万耀煌，字武樵）负实际责任。”随后，陈诚指派方天、戴之奇、韩汉英、李扬敬、刘绍先等九人为战时军官训练团筹备委员，计划在战时将官研究班结束后，利用原班人马接办军官训练团。

在战时将官研究班的训练如火如荼进行时，军官训练团的筹备工作也在紧锣密鼓地开展。3 月初，陈诚在东厂口武汉大学旧址召开了军官训练团筹备会议，决定召集各部队营长以上指挥官受训。在此期间，万耀煌主张将“战时将官研究班”合并到“战时军官训练团”中。蒋介石同意“合并办理”后，陈诚随即再次召开筹备会议，“决定将官班并入军训团，为召训之一部分”。

战时军官训练团受训学员急剧增加，原来的校舍难以容纳，不得不重新选址，经过多方沟通与商议后，决定借用珞珈山武汉大学的校舍作为主要场地，因而，此次军官训练团又被称为“珞珈山军官训练团”。武汉大学的校舍不仅宽敞宏伟，而且地处武昌郊区，不易遭到敌机轰炸，其绝佳的地理位置与环境让万耀煌称赞不已：“此地岗峦起伏，森林茂密，滨临东湖，湖光山色，气象万千，值此暮春四月在此举办重大训练，确有天时、地利、人和之美。”同时，由于将官研究班原来的班址武昌武胜门外农业专门学校距离珞珈山较远，不方便训练的开展与管理，于是也迁到武大附近的东湖中学。

珞珈山军官训练团由蒋介石亲任团长，何应钦、白崇禧、徐永昌等兼任副团长，副团长不负实际责任。团长下设教育长、副教育长各一人，秉承团长意志总揽全团行政，并执行国民政府军事委员会的有关命令，负责处理全团日常事务。陈诚兼任教育长，名义上负责一切；万耀煌为副教育长兼将官研究班主任，负实际责任。由于原将官研究班教育长周嵒赶往前线指挥所部作战，万耀煌也无法兼顾将官班，由王东原为将官班副主任，负将官研究班实际责任。训练团本部下设两大系统，一为办公厅，综合人事、经理、卫生、警卫等业务，韩汉英为办公室主任；一为教育委员会，负教育训练事宜，李扬敬为主委。此外，周亚卫为总教官，德国顾问担任应用战术课程讲授。

珞珈山军官训练团主要分为将官班和校官班，凡未直接参战之部队，副军长、师长、旅长、团长甚至营长等都要抽调前来受训。训练团共举办了将官班3期（2、3期在东湖中学举办）、校官班3期，另有党务班1期、陆军空军联络班1期；将官班每期受训120人左右，校官班每期受训1000余人。将官班人数少、阶级职务较高，且已有成规，教官都是第1期原班人马，驾轻就熟，采用自治的方式管理，注重由内启发；校官班人数众多，受训学员学历、出身各异，构成较为复杂，其管理方式也比较严格，“对于生活管理，小至理发、指甲、纽扣、一针一线，无不详密规定”。教授内容多样，如军事、政治、经济、外交、教育等，注重爱国教育。军事方面有战术、兵棋、沙盘和化学战、空战常识等，而学习时间仅有一个月。由于时间短、内容多，每日白天有十多个小时的功课，晚间还有两到三小时的时事报告，学习安排紧张而充实。

珞珈山军官训练团校官班第1期和将官班第2期学员都在4月11日、12日报到，并在13日完成编队，少数将官编入校官班担任队职，将官班则选梁华盛为队长。从开学起，每日清晨、傍晚举行升降旗仪式，都由万耀煌亲自主持，其重视程度可见一斑。

5月6日，校官班第1期和将官班第2期举行结业典礼，由蒋介石亲自主持，颁发文凭并训话、聚餐，会后学员分别返防。5月13日，校官班第2期和将官班第3期学员来团报到后开始编队。将官班学员都是少将以上的师旅长、参谋长，共编为3个分队。其中，96师师长赵锡光为第一分队队长，107师师长段珩为第二分队队长，49师师长李及兰为第三分队队长。校官班则编为两个大队。但在训练开始时，随着武汉外围战事逐渐紧张，每天都有部队来电或派专人来团，请求令该部在团学习人员返回前线。有的学员才来团学习了两天，为了抗战不得不立即返回原部队。受训学员数量因此有所减少。

在将官班第3期结束后，以法肯豪森为首的德籍顾问被迫离开训练团返回德国，由德国顾问主讲的战术课程一时无人接替，将官班第4期不得不暂缓办理。与此同时，前线战事更加吃紧，学员大多不得不先行离开返回战场，校官班在第 4 期完成后也宣告暂停。

## 豪华的教师队伍

珞珈山军官训练团的教师多为陆军大学教师及其毕业生，还聘请有外籍顾问，其中以德籍顾问法肯豪森最为著名。此外，训练团不定时约请周恩来、郭沫若、冯玉祥，及国民政府各部部长、各兵种负责人来给学员演讲，注重实际问题的解决要领。在战场上立有功勋的将领，如孙连仲、池峰城等，也被从前线接回来，报告实战经验。此外还经常邀请名流学者前来演讲。主讲者对自身的要求十分严格，陈立夫受邀前来演讲时，“做半日之长的训话”而不言疲惫，德籍总顾问法肯豪森上课迟到几分钟即当堂道歉。

在珞珈山军官训练团众多授课教师中，周恩来无疑最为耀眼。据时任第 32 军补充旅少校参谋主任陈家珍回忆，他看到课程预定表上有周恩来的“通信问题”课时，不觉喜出望外。4 月上旬的一天上午，周恩来着一身青色中山装走进教室，微笑着向学员们点头示意后即开始授课。虽然周恩来没有带任何教材，也很少在黑板上写字，但他口若悬河，滔滔不绝，深入浅出，讲解清晰易懂，深深地吸引着在场的 500 多名学员。周恩来指出，中国军队在军事上存在着许多缺点，尤其在通信方面更为突出。他强调，“通信保密问题是关系到胜败及民族存亡的问题，全体军人，必须提高警惕，特别要注意通信保密”。周恩来的讲授振聋发聩，学员鼓掌连绵不断。

周恩来还讲授了“游击战”课。“游击战”课程本来原定由第 129 师师长刘伯承讲授，但因战况紧张，刘伯承不能前来，故由周恩来代讲。与讲授“通信问题”课一样，周恩来依旧“讲得极为精彩，生动、扼要”，使众多学员不由得惊叹：“他是个政治家、外交家，而对军事方面这样精深，真出乎一般同学意料。”周恩来认为游击战是对付拥有装备优势的日军的一种主要的制胜方法，在敌后战场尤其如此，应该注意灵活性、特殊性，“决不可生搬硬套，拘泥以往战例”。他还概括出游击战的五个要点，其精辟的讲述引起学员们的阵阵掌声和欢笑声，使“游击战的战法，在同学们脑海中有了较深刻认识”。周恩来在授课之余，还带领学员参观台儿庄战利品陈列展览，在喻家山参观步炮兵射击及战车攻击，在参观时鼓励学员们奋勇杀敌。

对于大多数学员而言，国民党教员中最受欢迎者非冯玉祥莫属。冯玉祥当时是军事委员会副委员长，主要进行爱国教育。他的讲演方法很特殊，常常用问答的方式进行。例如，冯玉祥第一次讲演时，一开始就问学员：“今天我们坐的地方在古代战国时期是哪一国？”学员们异口同声地回答：“楚国。”然后他又接着问：“楚国有一个爱国者，他经过努力，终于恢复了祖国，他是谁呢？”学员们回答说：“申包胥。”冯玉祥便反问道：“对了，现在在座的一共有1000多人，难道就没有一个申包胥吗？”学员们斗志昂扬地说：“有！”除了采取这种诱导的方式激励学员奋进，冯玉祥还经常讲述平、津、沪、宁沦陷后，日军的奸淫屠杀抢掠，以及沦陷区人民生活在水深火热之中的惨状，以此引起共鸣，激发学员们保家卫国的决心。冯玉祥也捶胸顿足地分析国民党军队失地千里，节节败退的原因，认为“我国军队战斗力差，射击纪律不好是一个主要原因”，虽使部分学员无地自容，但大多数学员表示认可并进行反思。最后，冯玉祥往往演唱他早年练兵时编的射击军纪歌，有声有色，赢得了一阵又一阵的热烈掌声。

1938年3月底4月初，国民党在珞珈山武汉大学召开临时全国代表大会，提议设立“中央训练委员会”，负责全国政治、军事、经济、教育机关、公务人员及学校教职员的思想训练事宜。5月1日，中央训练委员会正式成立，并准备成立中央训练团。陈诚在召集主要人员研究后，决定以军事委员会军官训练团改编，另行研究新编组。6月10日，由于长期抗战的需要，万耀煌再次请示蒋介石，建议将军官训练团改称为“中央训练团”，作为一个常设机构。7 月 7 日，中央训练团成立，隶属于国民党中央党部，蒋介石仍兼任团长，“战时军官训练团”宣告结束。在武汉会战期间，中央训练团继续在武昌珞珈山等地进行训练活动，武汉沦陷前夕迁往湖南。

（王兵强）

# 中国各党派第一次政治协商：国民参政会旧址

国民参政会旧址，位于武汉市江岸区洞庭街74号。1938年7月6日至15日，国民参政会第一届第一次会议在此召开，斯时名人云集，国民政府要员与各党派及民主人士、社会名流齐聚一堂，共商国是。蒋介石、汪精卫、张伯苓、冯玉祥、孔祥熙、居正、于右任、张群、何应钦、王宠惠、何键、陈立夫、翁文灏、张嘉璈、陈绍宽、史良、邓颖超、吴玉章、张君劢、曾琦、黄炎培、陶希圣、陈诚、邵力子、朱家骅、钱大钧等人先后出席会议。此次会议的召开是武汉抗战史上的大事，《群众》周刊1938年7月9日第2卷第5期发表社论称，此次会议是“中国政治开始趋向民主的标志”。它为各党派、社会人士提供了一个参政议政的平台，巩固了抗日民族统一战线，对调动全国人民团结抗战起到了一定的积极作用。

## 国民参政会的由来

早在1937年7月，中共中央在发表的时局宣言中，就要求国民党改革政治机构，吸收各党派及民主人士组成民意机关。同年8月，中国共产党在《抗日救国十大纲领》中提出：“召集真正人民代表的全国大会，通过真正的民主宪法，决定抗日救国方针，选举国防政府。”第三党建议把战时民意机关定名为“全民救国代表大会”，并列出其应拥有的六项权力。一些爱国人士也纷纷发表文章，指出：“民族解放的抗战必须以民众的意志为基础，必须以民众的力量为后盾。所以为保障抗战的胜利计，必须有反映民意的机关。”中国共产党、其他党派及社会爱国人士的呼吁，无疑对国民党当局形成了较大的压力。

1937 年 8 月，国民政府决定在国防委员会下设立“国防参议会”，以“把各党派的有力分子，集中于此会议中，共策国是”。国防参政会延揽了各党派的重要人物及各界知名人士，如中共代表毛泽东，青年党的曾琦、左舜生、李璜，国社党的张君劢，军事专家蒋百里，外交人物颜惠庆、施肇基、罗文干，前北洋政府司法总长张耀曾，国民党内不同派系的代表甘介侯和徐谦，教育界知名人士马君武、张伯苓，社民党的杨赓陶，救国会的沈钧儒，职教社的黄炎培，乡建派的梁漱溟、晏阳初，时任北大校长的蒋梦麟，以及胡适、傅斯年、陶希圣等人。

对于国民党的这种进步，中共和其他在野党派纷纷表示响应和支持，但国防参议会既无组织条例，也无职权规定，而且国防参议员数量极少、遴选范围狭窄，无法发挥民意机关的作用。对此，社会各界人士希望国民党能建立真正的民意机关，达到动员全民族抗战的目的。1938 年初，邹韬奋指出：“中国抗战至今，在实际上只动用了军事的力量，全国整个的民众力量还未尽量发动起来。”3 月 1 日，中国共产党在《对国民党临时全国代表大会的提议》中正式提出：“为增强政府与人民间的互助，为增强抗战救国的效能，全国民意机关的建立已经成为刻不容缓的当务之急。民意机关的形式或为更为扩大的国防参议会，或为其他的形式均无不可，最重要的在于此机关要真能包括各党派、各军队、各有威望的群众团体的代表，即包括能代表四万万五千万同胞公意的人才。”同时，此机关“要真有不仅建议和对政府咨询的作用，而且应该有商量国事和计划内政外交的权力”。

由于中国共产党及各民主爱国人士要求建立抗战民意机关的呼声日高，1938 年 3 月，国民党临时全国代表大会通过的《抗战建国纲领》规定：“组织国民参政机关，团结全国力量，集中全国之思虑与识见，以利国策之决定与推行。”3 月 31 日，临时全国代表大会正式通过《设国民参政会案》，明确指出国民参政会是在非常时期设立的，其职权和组织方法由中央执行委员会妥订法规。

4 月 7 日，国民党五届四中全会通过《国民参政会组织条例》，共有 15 条规定，构建了国民参政会的基本框架。其中第一条即开宗明义地阐述了设立国民参政会的目的："国民政府在抗战期间，为集思广益，团结全国力量起见，特设国民参政会。"条例规定，"在抗战期间，政府对内对外之施政方针，于实施前，应提交国民参政会决议"。6 月 16 日，对《国民参政会组织条例》第三条进行修正，将参政员名额增加到 200 名。7 月 1 日，颁布《国民参政会议事规则》《国民参政会秘书处组织规则》，对国民参政会的组织原则加以完善。

1938 年 6 月 17 日，国民党中央执行委员会任命汪精卫和张伯苓分别担任国民参政会正、副议长。同日，国民政府公布第一届国民参政会参政员名单，囊括了各党派民主人士与社会名流，既有中共党员毛泽东、陈绍禹、秦邦宪、董必武、吴玉章、林伯渠、邓颖超，也有青年党的曾琦、左舜生、李璜、余家菊、陈启天、常乃惠，国社党的张君劢、罗隆基、胡石青、徐傅霖、梁实秋，第三党的章伯钧，救国会的沈钧儒、陶行知、王造时、史良、张申府，职教派的黄炎培、江恒源、冷御秋及村治派的梁漱溟等人。

## 第一届第一次会议在汉口召开

1938 年 7 月 6 日至 7 月 15 日，国民参政会第一届第一次会议在汉口两仪街上海大戏院（现洞庭街 74 号）举行，此次会议共召开了 10 次大会。7 月 6 日上午举行会议开幕仪式。下午，第一次会议正式举行，参加会议者除了议长汪精卫、副议长张伯苓及 120 位参政员外，还有国民政府行政院院长孔祥熙、司法院院长居正、监察院院长于右任、行政院副院长张群、军政部部长何应钦、外交部部长王宠惠、内政部部长何键、教育部部长陈立夫、经济部部长翁文灏、交通部部长张嘉璈等人。会议听取了秘书处会务报告、行

1938年7月6日至15日，国民参政会第一届第一次会议在汉口两仪街上海大戏院召开。图为与会代表在大门前合影

政院副院长张群的政治报告及军政部部长何应钦的军事报告，讨论并通过了各审查委员会委员人选。

7月7日至14日，国民参政会先后举行了第二次至第九次会议，会议听取了国民政府各部部长的工作和情况报告，通过了一系列推动团结抗战的提案和决议，同时积极参与和推动“七七献金”运动。

7月15日上午，国民参政会举行第十次会议。大会选举了驻会委员会委员，讨论了大会宣言草案，提出了修正意见。下午举行休会典礼，共有千余人参加。

对于国民参政会的召开，中国共产党及其他党派人士给予了充分支持与肯定，寄予了热切期望。1938年7月5日，汉口《新华日报》刊载毛泽东等人的文章《我们对于国民参政会的意见》，认为“在目前抗战剧烈的环境中，国民参政会之召开，显然表示着我国政治生活向着民主制度的一个进步，

毛澤東先生致大會電文

國民參政會汪議長精衛先生，張副議長伯苓先生，暨全體參政員先生勛鑒：當此抗戰週年，全國上下精誠團結，再接再厲，誓驅强寇，而敵人進攻，亦正有加無已之際，國民參政會，恰於此時開幕，民意攸宣，國人同慶。澤東備員一席，因齒病及瑣務羈身，未能親聆諸公崇論宏議，就管見所及，凡有利於抗戰建國諸大端，已托其他同志，幷案詳陳，効其棉薄。寇深禍亟，神州有陸沉之憂；民衆發舒，大難有轉旋之望。轉旋之術多端，竊謂以三言爲最切：一曰、堅持抗戰；二曰、堅持統一戰綫；三曰、堅持持久戰。誠能循是猛進，勿餒勿輟，則勝利屬我，決然無疑。値茲本會開幕之日，謹電馳陳，並向諸兄致民族革命敬禮！

毛澤東微

毛澤東

1938 年 7 月 7 日，《新华日报》刊载《毛泽东先生致大会电文》

显然表示着我国各党派、各民族、各阶层、各地域的团结统一的一个进展”。7 月 7 日，毛泽东在《致国民参政会电》中，认为对日战争应该坚持三点：“一曰，坚持抗战；二曰，坚持统一战线；三曰，坚持持久战。”汉口《大公报》发表社评认为：“我们相信这个统一团结的表示，在精神上给予敌人的打击，不啻十万大兵！这是国民参政会的最大收获，也是我们国家的极大成功！”第三党领导人章伯钧指出，参政会之召集，“可正告敌人：中国将继续抗战到底，争取最后胜利，以击破敌人新的引诱阴谋”。其他各党派和进步人士也都给予了高度评价。

## 各党派协商议政的最高咨询机关

国民参政会由国民政府组织，由国民党、共产党及其他抗日党派和无党派人士组成，它既不是一个完全民意机关，也并非实施宪政的权力机关，而是全国最高咨询机关，是为适应抗战需要而设立的政治参与机构。国民参政会作为国共两党共同努力的结果，在中国共产党的推动下，它从抗日民众的民主呼声中产生，其本身就代表了民意。汉口《新华日报》社论刊载了文章《论国民参政会的职权和组织》，对国民参政会进行了评述，认为：国民参政会，在原则上是相当民意机关的初步形成，但尚不是普遍民主国家的代议机关，……但为增强抗战力量，增强政府与民众间的互相信任，相互帮助，使中央政府的法令和意旨，能够正确和迅速地下达和执行，使人民的呼声和建议，能够及时地反映，战时的相当民意机关的建立，是十分恰当和需要的。通过国民参政会，各阶层各党派可以借此宣传自己的政治主张，及时反映抗战时期人民的疾苦和愿望，可以说国民参政会是当时相当能反映民意的机关，它为全国的各党派、各阶层、各民族、各地域的团结提供了一个平台与场所，使全国各族人民能够联合起来。

在全国民众的积极支持和各界的共同参与下，国民参政会第一届第一次会议通过了一系列有利于抗战和民主的法案。在会上，中共参政员陈绍禹领衔提出了《拥护国民政府实施抗战建国纲领案》，号召全国军民积极赞助政府，为实现《抗战建国纲领》而努力奋斗。这一提案充分表现了中共对于加强国共合作抗战的诚意，反映了绝大多数参政员的心声。该提案一经提出，就得到全体参政员的一致拥护，有67位各党派领袖和无党派知名人士联署，成为本次会议中联署人数最多、代表性最广的提案。

第一届第一次参政会闭幕后第三天，刚刚参加完会议的参政员黄炎培写下了题为《国民参政会开幕》的诗："经邦策士书千上，报国忠魂骨一堆。稍见民情开啧室，谁量物力到謻台。隔垣有意迎邻耳，立帜何心逞辩才。杖逐曾惟一夸父，天遗处处邓林材。"字里行间无不流露出强烈的爱国情怀及对武汉国民参政会召开的赞许。

国民参政会的出现，不仅显示了中国人民的团结，还影响到国际舆论，改变了中国在世界上的形象。第一届第一次国民参政会在汉口召开之时，英、美、法等国均派员入席旁听，并认定中国将会在世界反法西斯战争中强有力地钳制日本，挫败法西斯势力霸占全球的野心。苏、美、英、法等国因此加强了对中国道义上和物质上的支援。苏联《真理报》称赞："国民参政会乃巩固与扩展统一战线一重要阶段，在进一步团结国内各势力，以武力抵抗日本侵略者上具有重大意义。"可见，国民参政会在武汉召开，也在一定程度上增强了中国全民抗战的力量。

（王兵强）

# 文化抗战的战斗堡垒：第三厅旧址

武汉市武昌区昙华林历史文化街区内的武汉市第十四中学，背靠凤凰山，其前身为建于清末的文普通中学堂，是湖北地区近代第一所公立普通中学。进入校园，沿着郭沫若路向前走，映入眼帘的就是名为《在太行山上》的主题雕像。在学校的东区一角，有一座占地200平方米的两层砖木结构楼房，坐北朝南，外墙黑白相间，楼梯斜侧。这栋小楼，在抗战时期是国民政府军事委员会政治部第三厅的驻地，被誉为“武汉文化抗战的中心”。第三

第三厅旧址今貌。旧址广场上的雕塑表现的是1938年4月周恩来、郭沫若、冼星海、桂涛声等人在武昌昙华林冼星海住所听其试唱《在太行山上》的场景

厅受中共中央长江局和周恩来的直接领导，以“文化动员全民抗战”为宗旨，系统整合了戏剧、音乐、美术、文学等各界力量，以多种大众艺术形式，让文化成为激发民族意识的重要力量源泉，在文化宣传、抗战动员方面发挥了重要作用。

## 群英荟萃的“名流内阁”

1938年2月19日，国民政府在武汉成立军事委员会政治部，陈诚任部长，周恩来以中共代表身份出任副部长。政治部主要下设秘书处、总务厅、第一厅、第二厅、第三厅等部门。4月1日，第三厅成立。第三厅专司宣传，郭沫若任厅长，阳翰笙任主任秘书，汇聚了田汉、冼星海、徐悲鸿等百余位文化精英。周恩来通过秘密党小组（成员包括郭沫若、阳翰笙）和基层党支部（书记冯乃超），确保了中共对第三厅的实际领导。这支队伍以军事编制运作，郭沫若被授予中将军衔，成为穿军装的文化战士。

第三厅下设第五、第六、第七处，每个处下面又设三科。其中，第五处为一般宣传处，胡愈之任处长，负责文字宣传，包括编写抗战标语、传单、报刊文章等，编印《前敌》《士兵》等周报，传递抗战信息。第一科为文字编撰科，徐寿轩为科长，负责撰写各种形式的抗战宣传文字。第二科为群众动员和一般宣传科，张志让为科长，负责组织并发动民众，编写制作抗日教育资料，协调其他部门与组织、团体。第三科为印刷发行科，尹伯休为科长，负责调研基层，提供数据支持，调配物资印刷相关材料。抗战期间，第五处编印了大量通俗抗战读物分发给前线士兵和后方民众。

第六处为艺术宣传处，田汉任处长，负责统筹戏剧、音乐、电影、美术等艺术的抗战宣传。第一科为戏剧音乐科，洪深为科长，负责组织抗敌演剧队和歌咏活动。第二科为电影科，郑用之为科长，负责摄制抗战影片并巡回放映。第三科为美术木刻科，徐悲鸿为科长（未到任，由吕霞光负责），主管抗日宣传画创作及木刻版画展览。抗战期间，第六处组织了声势浩大的“抗战扩大宣传周”等宣传活动，冼星海、桂涛声等人并组织创作了《在太行山上》等经典作品。

第七处为国际宣传处，范寿康任处长，负责国际宣传和对敌宣传工作。第一科为对敌宣传科，杜国庠为科长，负责对日军进行反战宣传。第二科为国际联络科，董维键为科长，负责国际宣传，对外传播中国抗战实况。第三科为辑译资料并研究敌情科，冯乃超为科长，负责收集翻译外文资料，研究敌情，同时协助日本反战作家鹿地亘开展“在华日本人民反战同盟”的工作。抗战期间，第七处通过刊发世界语刊物《中国导报》、召开外国记者招待会等方式开展国际宣传，并组织对日军的心理战，在前线投放反战传单，并在战俘中开展反战教育。

第三厅下属机构三处九科正式编制共有 300 多人，还附设有多个宣传团队，包括 10 个抗敌演剧队、5 个电影放映队、4 个抗敌宣传队、1 个电影制片厂、1 个漫画宣传队以及孩子剧团等抗战团体，加上勤杂和警卫人员，总数 3500 多人。

武汉抗战时期，第三厅在郭沫若的统一领导和号召下，不仅组织十分健全严密，更将当时文艺界的半壁江山延揽其中。除各处、各科领导人员之外，还有著名文艺工作者金山、冼星海、傅抱石、石凌鹤、赵丹、郑君里、程步高、张曙、张乐平、李可染、史东山、沈同衡等人云集第三厅，可谓人才济济，盛况空前，故第三厅享有“名流内阁”之称。

## 群情激荡的民众动员

第三厅成立之初，周恩来提出要把武汉的宣传工作扩大到全国去，武汉要做全国宣传工作的模范。希望通过系统性宣传唤醒民众的抗战意识。第三厅成立后的第一项工作，就是在周恩来和郭沫若的领导下，开展第二期“抗战扩大宣传周”活动。抗战扩大宣传周的时间定为7天，分别为文字宣传日、口头宣传日、歌咏宣传日、美术宣传日、戏剧宣传日、电影宣传日、游行宣传日，每天重点开展一个活动。第三厅期望通过宣传周活动，进一步唤起广大民众的抗日热情。

1938年4月7日，抗战扩大宣传周活动开始，开幕当天举行了火炬游行，队伍绵延数里，沿途市民以鞭炮呼应，民气高涨。武汉四大报纸《新华日报》《武汉日报》《大公报》《扫荡报》等联合推出特刊，刊发抗战檄文与动员口号。4月8日，尽管大雨倾盆，千余支宣传队仍深入街头巷尾，沈钧儒、邹韬奋等名流公开演讲，呼吁全民抗战。4月9日，在中山公园体育场举行万人合唱，《义勇军进行曲》《大刀进行曲》等响彻全城。当晚在光明大戏院举办夜间音乐会，田汉致开幕词，高喊：“我们要为民族独立，抗战胜利而歌咏！”《救亡进行曲》《大刀进行曲》《流亡三部曲》等相继演出，冼星海指挥，海星歌咏队演唱《顶硬上》，华北歌咏队演唱《保卫大武汉》，两首歌曲赢得了热烈的掌声，并被观众要求重复演唱。4月10日，黄鹤楼展出数百幅抗战宣传画，徐悲鸿、李可染等艺术家的作品激起民众共鸣。当日夜间举办画灯火炬游行，长江边火光映天，口号声震耳欲聋。郭沫若发表了慷慨激昂的演说：“为了保证我们的胜利，我们要有钱的出钱，有力的出力，要把我们的生命贡献给民族国家。”冼星海指挥全体大合唱《义勇军进行曲》《救亡进行曲》等歌曲，场面十分壮观，群众的爱国热情达到了高潮。4月11日，武汉12家剧院联合上演《岳飞》《梁红玉》等爱国剧目，覆盖京剧、汉剧、话剧等多种形式，数十万观众前往观看。“厉家班”等剧团在街头广场演出《放下你的鞭子》，引发强烈共鸣。4月12日，巡回放映车在武汉三镇播放抗战纪录片，如《抗战实录》等，并结合抗战歌曲强化视听冲击。4月13日是宣传周的最后一天，武汉三镇40万群众参与大游行，声势浩大、场面震撼。抗战扩大宣传周取得了阶段性的成果，覆盖人群超过百万，成为全国抗战宣传的模板。

1938 年 7 月 9 日，“中国共产党献金团”乘车前往汉口江汉关献金台献金

七七事变一周年之际，周恩来和郭沫若策划举办一场献金活动，激发民众的爱国热情。7 月 7 日早上，献金运动开始，汉口三民路的总理铜像前、武昌司门口、汉口中山路水塔旁、汉口世界门口、汉阳东门码头等 6 处固定献金台和十余处流动献金台前，人头攒动，人们纷纷上台献金。长江局负责人王明、周恩来、秦邦宪和八路军驻武汉办事处的代表也组成“中国共产党献金团”，乘车前往献金台。首先由王明代表中共中央捐献党费 1000 元，接着周恩来将他在国民政府军事委员会政治部一个月的薪金 240 元全部捐献，秦邦宪代表在汉中共参政员将 7 月份的薪金全部捐出，李克农代表八路军将士捐献了他们节食素餐省下的 1000 元菜金，武汉“八办”代表也一起走上献金台献金。后来，远在延安的毛泽东闻讯后也发来电报，要求将其做国民参政会参政员的 7 月份薪金全部捐赠。群众见到平时极为敬仰的共产党人都十分激动，不禁有人带头高喊：“中国共产党万岁！”“中华民族解放

万岁！”

国民党及其他党派和无党派人士均积极献金。国民参政会参政员黄炎培、史良、邹韬奋、张澜、陶行知、沈钧儒、谭平山等200多名中间党派代表及无党派人士都积极献金。社会各界人士包括作家、演员、工人、农民、人力车夫、店员、小贩、僧人、道士、乞丐、妓女等，爱国献金都不甘人后。主演电影《热血忠魂》的女影星黎莉莉捐出了结婚纪念戒指；辛亥革命伤残老兵拿出了两块大洋；一个年近六旬的难民竟然一天内三次献金，他说自己是从河北逃出来的，家人被鬼子杀光，国亡了，连命都保不住，要钱有什么用；一名八岁的陈姓小女孩捐出了自己的买糖钱……每个人都在为抗战贡献着自己的力量，感情真挚，令人动容。港澳地区同胞积极响应，在香港华商总会的领导下，香港同胞通过各种筹款活动筹集国币近10万元；澳门各界开展了义卖救国活动，所有所得都用来购买抗战物资。

“七七献金”共募得现金及物资超100万元法币。第三厅委托相关组织到香港购买了10卡车药品和医药器械，为前方将士赶制了20万套暑衣、40万套棉衣，其中5万套给了八路军，有力地支持了抗战。献金活动参与人数达50万人次。社会各阶级、各阶层共同参与，真正体现了全民抗战的精神，被《新华日报》称为“民族觉醒的洪流”。

## 辐射国内外的文化宣传

第三厅的核心职能是“抗战宣传”，主要手段是文学艺术，通过文学作品、标语口号、戏剧、电影等多种形式，开展抗日宣传活动，激发全国军民的抗日激情，并争取国际社会对中国抗战的了解和援助。除了在武汉开展抗战宣传，第三厅还组建了十多个抗敌宣传队，分赴全国各地。

除对国内民众进行抗战宣传外，第三厅还着力开展了国际宣传和对敌宣传。1938年9月，第三厅对外进行了16次外国语播音，寄发3次题为《中国之儿童保育工作》的国际航空通讯，发行《日寇暴行录》并寄往英国、美国、加拿大、巴基斯坦、印度、埃及、澳大利亚等国，进行国际宣传。与此同时还编制了宣传片，加紧对敌宣传，邀请绿川、英子、鹿地亘等反战人士进行广播演讲，并收集日本方面的情报，作为敌情研究的参考。

武汉抗战期间，艾格尼丝·史沫特莱以《曼彻斯特日报》通讯记者身份在武汉活动，周恩来通过第三厅为其颁发“战地记者证”，使她得以随行中国军队采访。她以报道医疗救援为名，在第三厅协助下加入中国红十字救护总队，跟随中共联络员穿越重要封锁线，抵达山西八路军总部。她采访了朱德、彭德怀，撰写了《中国在反击》，详细记录了八路军游击战的成效，并将稿件通过第三厅的海外渠道寄往美国，在《新共和》《亚洲》等刊物上发表。

第三厅还成立了“战地文化服务处”，进行了大量犒军和战地服务工作。1938 年 7 月至 8 月，第三厅收集到书籍、报纸杂志等共计 500 余万件，9 月更是达到 819 万多件，随即迅速将这些抗战宣传物资传递到一线作战部队。除收集的书籍报刊外，“战地文化服务处”还自行编印了《士兵》和《前敌》两份周刊供一线将士阅读。

## 孩子剧团闪耀昙华林

1937 年 9 月 3 日，孩子剧团成立于上海。上海沦陷后，在中国共产党的指示与领导下，孩子剧团分批撤到武汉。孩子剧团刚到武汉，便积极开展报纸宣传与演出活动，在闹市街头、难民收容所、伤兵医院、工厂等地都能看到他们为抗日救亡公演的身影。在周恩来和郭沫若的反复争取和坚持下，孩子剧团被纳入第三厅的编制。1938 年 4 月 13 日，郭沫若派辛汉文将孩子剧团全团接至第三厅的驻地——武昌昙华林，并派蔡馥生任政治指导员，郑君里任艺术指导员。

孩子剧团在武汉时期留影

孩子剧团终于有了正式的场所，也有了一个 60 人的正式编制（当时实际上只有 20 多人）。还有工作费以及日常办公费用，团员也每月有工资，生活条件得以极大改善，在学习、演出等方面也有了系统的指导。每天早晨，孩子们要做早操、练发音和开早会。上午，要学习各种知识。下午，不是进行工作，就是排戏，或演戏，或练歌，或做其他事情。晚上，召开小组会，写日记。为适应战时生活，孩子剧团还进行军事训练。

在第三厅的领导下，孩子剧团又开始在街头、茶馆、轮渡、工厂等地方进行公演，有时还深入乡村演戏，访问农民、宣传参加兵役等，并参与武汉市歌咏大会，联合武汉各儿童团体组织露天歌咏会，举办儿童座谈会等，每天忙碌而充实。

5月3日至5月9日，第三厅组织“武汉各界雪耻兵役扩大宣传周”，孩子剧团每个团员都热切地参与了这一活动。3日，孩子剧团赶往黄鹤楼、难民所、茶馆、轮渡宣传，观众反响热烈。4日晚上，孩子剧团在武昌体育场参与了“五四歌咏大会”，听众有一千多人，当报幕员说出“孩子剧团”时，观众席爆发出热烈的掌声，然后都静静地期待着他们的歌声。孩子们一口气演唱了《义勇军进行曲》《青年进行曲》《中华民族不会亡》《歌八百壮士》四首歌曲。孩子们稚嫩而专业的歌声、坚定而激昂的情绪，一下子就抓住了观众的心。孩子剧团唱完准备下台时，观众早已热血沸腾，在掌声中齐呼：“再来一个！”孩子们又演唱了《保卫大武汉》等两首歌曲。最后，有的孩子嗓子嘶哑了，但仍然精神饱满，台上台下满是感动，演出获得了极大成功。5日至8日，孩子剧团转去乡村做宣传，他们一共去了12个地方，有舒家街、六家街、八家铺、金口、茶棚村等，都隶属于当时的武昌县。这段时间，演戏、唱歌、演讲、放西洋镜、卖梨膏糖、写标语、农村访问是他们的主要工作。

1938年4月，大路书店印行了《孩子剧团从上海到武汉》一书。书中有茅盾等人对孩子剧团的评价。茅盾说：“‘孩子剧团’是抗日战争血泊中产生的一朵奇花。”冯玉祥撰写了长诗《孩子团》。该诗开篇写道：“孩子团，真能干，／演剧歌咏助抗战。／孩子团，真正好，／不顾死活为国跑。”郭沫若在介绍了孩子剧团的事迹后说：“我们中国有这样的孩子，中国是绝对不会亡的。”

## 历史贡献永载史册

20世纪90年代以后，随着抗日战争史研究热潮的兴起和发展，第三厅的历史贡献和历史地位日益凸显，挖掘和保护第三厅旧址的呼声日益高涨。因为它见证了第二次国共合作期间文化界统一战线形成的过程，体现了文艺工作者用艺术作品激发全民抗战斗志的创造性实践，是1938年武汉成为全国文化抗战中心的核心物证。2008 年 3 月 27 日，第三厅旧址被列为湖北省文物保护单位。2018 年，第三厅旧址启动保护性修缮。修缮过程中面临缺少历史照片、文物展品的难题，有关方面赴北京、重庆等地征集史料，并组织专家研讨会及家属座谈会，最终完成修缮及布展工作。2021 年 4 月，武汉市委统战部将第三厅旧址列为武汉统一战线宣传教育基地。6 月，“国民政府军事委员会政治部第三厅旧址纪念馆”正式开放。

如今，第三厅旧址内保留有两栋标志性建筑，分别是郭沫若办公居住楼和抗战时期举办大型活动的大礼堂。纪念馆展陈则以“国统区抗日民族统一战线的战斗堡垒”为主题，分为“名流内阁文化战士”“领导救亡战斗堡垒”“历史贡献永载史册”三大展区，系统呈现第三厅组织抗战宣传、献金运动及撤离的历程。它的修复与利用模式，为其他红色遗址提供了“历史场景复原 + 现代科技互动 + 文旅融合”的范本。纪念馆开放后吸引了大量游客，与中央农民运动讲习所、毛泽东旧居等遗址共同构成武昌红色文旅矩阵。在第三厅旧址上建起的武汉市第十四中学将第三厅的历史纳入校本课程，校学生合唱团定期演唱抗战歌曲。2023 年，学校与延安文艺纪念馆签订了合作协议，延续“文艺为民族而战”的精神血脉。

（任泰宇）

# 吹响文化抗战的号角：“文协”旧址

“文协”全称为“中华全国文艺界抗敌协会”，是武汉抗战时期成立的全国性文艺团体，其旧址位于中山大道949号原汉口总商会大楼。汉口总商会大楼是民国时期武汉著名建筑之一，总体布局既呈现出四合院的特点，又兼具西式古典主义建筑的风格，有着很高的建筑艺术价值。“文协”见证了武汉抗战时期全国文化界众志成城抗战救国的努力和奋斗，1993年、2014年，“文协”旧址分别被列为武汉市级、湖北省级文物保护单位。2019年10月，“文协”旧址被国务院公布为第八批全国重点文物保护单位。

## 各党各派携手筹备

抗战全面爆发后不久，北平、天津相继沦陷，大批文艺工作者四处流亡。“八一三”淞沪会战开始后，上海文艺界提出“到武汉去”的口号，希望把武汉变成全国新的文化中心，推动抗战文化的发展。沦陷区的文艺界人士从华北、华东先后辗转流离到了武汉。其中最具代表性的有七月文艺社的萧红、胡风、萧军，上海新学识杂志社的徐步、胡绳，战火文艺社的聂绀弩、罗烽，战时教育社的白桃（戴白韬）、刘季平，光明副刊社的杨朔等人。之后，沈从文、丰子恺、王平陵、楼适夷、郁达夫、何容等人也历经艰辛，长途跋涉来到武汉。中华民族解放先锋队、中华平民教育促进会、蚁社、上海文化界救亡协会、山东省立剧院、南京铸魂学会、南京中国文艺社、上海救亡演剧队等，各种战地服务团等各类文化艺术团体和救亡团体都云集武汉。截至1937年底，先后汇聚武汉的各类文化人达1000人以上，文化团体多达一二百个，可谓群贤毕至、精英云集。

各类文化团体与各界文化人士的汇聚，推动了武汉文化事业的蓬勃发展，武汉很快成为全国的文化中心。许多全国性、行业性的文化社团纷纷在武汉成立，比如中华全国戏剧界抗敌协会、中华全国电影界抗敌协会、中华全国歌咏协会、武汉文化界抗敌工作团、武汉文化界抗敌协会等。民族危机空前深重之际，如何凝聚文化界共识，共赴救亡图存的时代使命，成为亟待破解的现实问题。在这样的历史背景下，中华全国文艺界抗敌协会应运而生。

“文协”的成立是国共两党、文化界人士共同努力的结果。1937 年 12 月，周恩来抵达武汉后，通过阳翰笙、冯乃超等人积极地与文化人接触，着手筹备建立文化界的统一战线组织。阳翰笙是新文化运动的先驱之一、戏剧家、作家，具有广泛的人脉和影响力。在中华全国戏剧界抗敌协会成立的聚餐会上，阳翰笙最早提出成立“文协”的想法。阳翰笙找到国民党《文艺月刊》主编、老友王平陵，提议联合发起筹组“文协”以团结抗日，当即得到王的赞同。会后，王平陵向国民党中宣部部长邵力子汇报，阳翰笙也向周恩来汇报了想法，并询问各个作家的意见。1938 年 1 月，阳翰笙利用担任电影《八百壮士》编剧得到的稿费，通过请客的方式把他在国共两党及文艺界、戏剧界的朋友 30 多人汇聚起来，商讨成立“文协”的事宜。经过充分的讨论和协商，大家最终达成了共识：成立“文协”在抗战阵营中是迫切需要的，在文艺自身的发展上则是必不可少的。餐会后，大家分头开展准备工作。

之后，阳翰笙随郭沫若一起筹备成立第三厅，“文协”的筹备工作便由王平陵、邵力子、冯乃超等人负责。他们经常在汉口永康里 20 号的中国文艺社里商议，经过数次非正式筹备会议，成立了一个由各个层级成员组成的筹备小组，即临时筹备会，以王平陵为临时总书记，胡风、冯乃超为书记，领导实施“文协”的筹备工作。临时筹备会拟定了四种文件，包括楼适夷起草的《全国文艺界抗敌协会发起旨趣》，冯乃超起草的《全国文艺界抗敌协会简章草案》，王平陵拟定的《全国作家调查表格》，以及老舍、王平陵起草的公函。

随后，临时筹备会在蜀珍酒家商议正式筹备委员会的具体办法，决定以临时筹备会名义邀请武汉文艺界全体参会。此次会议由邵力子任主席，楼适夷、孔罗荪记录，推举张道藩、老舍、胡风、楼适夷、王平陵、胡绍轩等28人参与“文协”的正式筹备委员会。筹备委员会先后召开15次会议，不仅确定了成立大会的具体日期、大会仪式及程序，还推举了老舍、吴组缃起草大会成立宣言，推举楼适夷起草慰劳最高领袖暨前敌将士的电报，以及推举胡风起草致日本被压迫作家的公开信等。

## 各派各界共襄盛举

1938年3月27日，中华全国文艺界抗敌协会在汉口总商会召开了隆重的成立大会，各界名流500多人参加了这个盛会。周恩来、冯玉祥、郭沫若、陈铭枢、张道藩、鹿地亘等莅会并发表了演讲，向“文协”的成立表示祝贺。

周恩来在演讲中说：“今天到会场后最大的感动，是看见了全国的文艺作家们，在全民族面前，空前的团结起来。这种伟大的团结，不仅仅是在最近，即在中国历史上，在全世界上，如此团结，也是少有的！这是值得向全世界骄傲的！诸位先知先觉，是民族的先驱者，有了先驱者不分思想、不分信仰的空前团结，象征我们伟大的中华民族，一定可以凝固的团结起来，打倒日本帝国主义！”周恩来的演讲获得了全场热烈的掌声。郭沫若的演讲词如疾风骤雨一样，震荡了整个会场。郭沫若说：“我们要牺牲一己自由求民族之自由，牺牲一己生命求民族之生命，不单鞠躬尽瘁，死而后已，还要鞠躬尽瘁至死不已！”

大会确定了“文协”的宗旨：联合全国文艺作家共同反对日本帝国主义的侵略，完成中国民族的自由解放，建设中国民族革命的文艺，并保障作家权益。大会通过了《中华全国文艺界抗敌协会宣言》《中华全国文艺界抗敌协会简章》《告全世界文艺家书》《致日本被压迫作家书》等文件。大会选

1938 年 3 月 27 日，中华全国文艺界抗敌协会在汉口总商会礼堂召开成立大会。图为与会代表在汉口总商会大楼前合影

举老舍、郭沫若、茅盾、丁玲、邵力子、冯玉祥、田汉、陈铭枢、老向、郁达夫、成仿吾、巴金、张天翼、王平陵、胡风、阳翰笙、马彦祥、穆木天、盛成、冯乃超、张道藩、楼适夷、胡秋原、姚蓬子、吴组缃、陈西滢、陈纪滢、华林、沙雁、胡绍轩、徐蔚南、沈从文、曹禺、郑振铎、朱自清、朱光潜、曹聚仁、黎烈文、许地山、夏衍、曹靖华、张恨水、沈起予、施蛰存、谢六逸等 45 人为理事，周扬、吴奚如、孔罗荪、罗烽、舒群、曾虚白、吴漱予、李立波、丘东平、艾芜、欧阳山、黄源、宗白华、梁宗岱、崔万秋等 15 人为候补理事，还特聘蔡元培、宋庆龄、叶楚伧、于右任、居正、宋美龄、孙科、柳亚子、白崇禧、陈立夫、陈诚、何香凝、方治、周恩来、张闻天等党政要人为名誉理事，以指导该会开展抗战文艺宣传工作。

在“文协”理事会选举过程中，武汉上空传来了紧急警报。日军飞机轰炸武汉市区，爆炸声四起。但是，敌人的疯狂动摇不了会场内爱国人士成立

"文协"的决心，会议最终在悲壮激昂的情绪、响彻云霄的掌声中圆满结束。

"文协"的成立，是自五四新文化运动以来，继"左联"之后文艺界人士又一次空前广泛的大联合。"文协"是文艺界团结抗日的一面旗帜，也是一个战斗的堡垒。在"文协"的指导下，中华全国美术界抗敌协会、中华全国漫画界抗敌协会、中华全国木刻界抗敌协会、中华世界语协会、中华全国摄影协会等全国性的抗战文艺团体相继在汉成立，共同成为当时武汉抗战文艺运动有力的组织者和领导者。正如《新华日报》所言："这个协会的成立，是我们民族解放斗争发展中的一件大事，是我们文艺发展史上最光辉的一页。"

## 多种多样的文化宣传

1938年4月4日，"文协"在武昌冯玉祥公馆召开第一届第一次理事会议，选举了"文协"各部门相关负责人，并商议创立协会会刊。会议选举老舍为总务部主任，负责主持"文协"的日常工作。总务部之外，会议还决定"文协"成立组织部、出版部、研究部，分别由王平陵、姚蓬子、胡风主持部务。会议决定"文协"的会刊名为《抗战文艺》。

"文协"成立后，还在长沙、昆明、桂林、香港、宜昌、襄阳、延安等地成立了分会，第一批发展会员300余人，建立了作家通讯网。各分会主办了自己的刊物，如昆明分会的《文化岗位》、成都分会的《通俗文艺》、香港分会的《文艺周刊》、延安分会的《大众文艺》、桂林分会的《抗日文艺》，以及专门为敌后宣传而设立的《华北文艺》等。各地还建立了不少机构，如上海的"业余戏剧友谊社"、重庆的"文化界救亡协会"、西安的"易俗社"等，以方便各地文化友人联系。

"文协"成立时提出的口号"文章下乡，文章入伍"，道出了"文协"工作努力的目标和方向。在武汉抗战时期，"文协"与第三厅紧密配合，深入基层，深入民众，深入前线，开展了多种形式的文艺宣传活动。“文协”的音乐界会员在武汉街头唱起了《义勇军进行曲》《牺牲已到最后关头》《保卫祖国》《保卫大武汉》等抗战歌曲，在中山公园、武昌体育场举行大合唱，冼星海、张曙等人多次担任总导演、副导演。美术界会员在武汉三镇街头巷尾醒目处，用漫画、木刻版画等形式，展示抗战军民的生活和战斗场面。文学界会员不断创作出文学作品、小说、话剧等文艺作品，鼓舞着前线英勇奋战的将士和后方的民众。第三厅举办的抗战扩大宣传周活动和献金运动，也得到了“文协”及其会员的全力支持，取得巨大的成功。

“文协”积极组织作家战地访问团奔赴前线，慰问各地战场上的将士。1938年4月，郁达夫、盛成等作家代表奔赴台儿庄前线劳军慰问。1939年5月，老舍、胡风、王平陵、姚蓬子等作家参加全国慰劳总会慰问团赴前线慰问。同年6月，“文协”组织以王礼锡为团长的作家战地访问团，深入前线访问中条山、太行山两大战区。这些活跃在前线的“笔部队”，开创了抗战文艺的新局面。

“文协”的国际联络宣传活动，在抗日战争时期也是贯穿始终的。“文协”还在中法比瑞同学会上热烈欢迎《泥脚的日本》的作者弗雷达·阿特丽，她分析了日本的情形，做出日本政府倒行逆施终将自毙的结论。

## 笔杆代枪杆，文略寓武略

书生报国笔如刀。“文协”成立大会上，主席台前悬挂着两行大幅标语：“拿笔杆代枪杆，争取民族之独立；寓文略于战略，发扬人道的光辉。”1938年5月，“文协”会刊《抗战文艺》正式创刊。仅一年内，《抗战文艺》就发表了论文32篇、小说31篇、诗歌46篇、通信及报告66篇……其他还有集体创作、座谈会、讨论、创作经验、鼓词、通俗故事、漫画、木刻，各二三篇不等，一共有300多篇优秀的文艺作品被发表出来，在抗战宣传中起到了重要的作用。

《抗战文艺》的内容是抗战时期文艺刊物里最整齐、严肃的，其投稿人数更是空前的，在第一年刊发的300多篇作品之中，执笔的作家约两百多人。不管是前方服务的，还是后方工作的同志，都热心投稿，而且大部分人都不要稿费。这个刊物充分体现了文艺界的团结与合作。“文协”不负众望，完成了最初在《中华全国文艺界抗敌协会发起趣旨》中所提出的任务——“我们应该把分散的各个战友的力量，团结起来，像前线将士用他们的枪一样，用我们的笔，来发动民众，捍卫祖国，粉碎寇敌，争取胜利。”

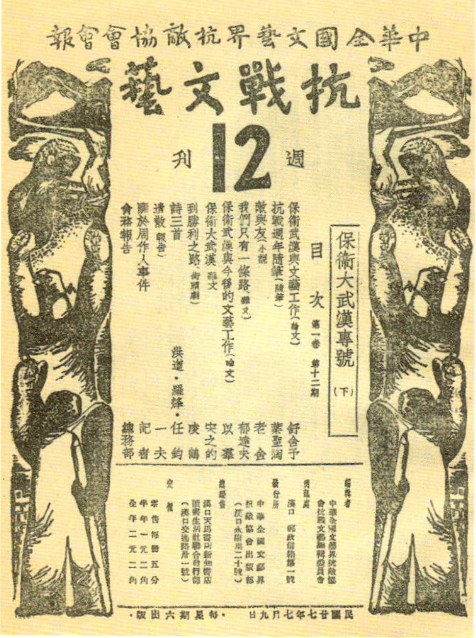


1938年5月4日，中华全国文艺界抗敌协会的机关刊物《抗战文艺》在汉口创刊，这是贯穿抗日战争始终的唯一文艺刊物。图为7月9日的《保卫大武汉专号（下）》

1938年7月30日，老舍等人携“文协”总会印鉴离汉赴渝，但是留汉的理事和会员仍在继续努力，出版了《抗战文艺》“武汉特刊”，并于10月19日举行了鲁迅逝世两周年纪念会。10月24日，也就是武汉沦陷的前一日，留汉的理事和会员才随郭沫若率领的第三厅工作人员一起撤离武汉。

今天，位于汉口中山大道的汉口总商会大楼依然静立。作为武汉市工商业联合会（武汉市总商会）的办公楼，它像一位褪去华服的老者，但皱褶里藏着的厚重历史仍耐人寻味，引人前往。

（龙波前）

# 中国工业合作运动诞生地：“工合”总部旧址

“工合”总部旧址，位于武汉市江岸区南京路25号（沿江大道129号）。“工合”即中国工业合作运动，是抗日战争时期为了反对日本侵略、巩固持久抗战的经济基础，由国际友人倡议，在国共两党的共同支持下，经爱国民主人士和抗日进步力量共同推动，在全国范围内兴起的一场采取合作社方式、组织群众进行工业或手工业生产的抗日经济自救运动。“工合”为长期抗战筑起了稳固的后方经济堡垒，成为战时“经济国防线”的重要组成部分。

汉口横滨正金银行大楼今貌

"工合"的领导机构——中国工业合作协会诞生于1938年的武汉抗战洪流中。汉口横滨正金银行大楼作为"工合"总部旧址，见证了中国工业合作运动的兴起与发展。2006年5月25日，汉口横滨正金银行大楼作为汉口近代建筑群中的一部分，被国务院公布为全国重点文物保护单位。

## 艾黎发起的"工合"

谈及中国工业合作运动，不能不提到路易·艾黎。艾黎是新西兰作家、教育家和社会活动家，伟大的国际主义战士。艾黎一生从事的一项重要事业，就是由他发起的中国工业合作运动。

抗日战争全面爆发以后，日本帝国主义的军事侵略使中国的经济特别是民族工业遭到空前破坏。艾黎与斯诺夫妇当时正在上海，目睹了日军对这座中国最大工业城市的疯狂掠夺和野蛮破坏，当时，他们眼见许多工厂遭到空前浩劫，工人失业成为难民，不禁心想：怎样才能把民众有效地组织起来建立利于抗战的工业？

随后，他们研究出一个方案，即以小型合作社的形式组织人力、物力，利用当时中国普遍存在的手工业或半机械化的生产方式，在后方开展军需和民用产品的生产，这样既能解决千百万难民的生计问题，又可建设新的经济国防。艾黎为这个方案取名为"工合计划"。"工合"意即"一起工作"，以合作的方式动员后方的人力、物力从事战时生产，支援前方抗战。

1937年底，艾黎、斯诺夫妇等人在上海成立中国工业合作设计委员会。这是"工合"的最初组织，也是中国"工合"的起点。1938年4月，中国工业合作促进委员会成立。银行家徐新六被推选为主席，艾黎则担任召集人，该委员会并制定了发展规划：建立3万所合作社，予数百万人以新生命，恢复战前工业生产量，建立经济国防，支持长期抗战，协助国家开展工业化活动。

为了建立“工合”的全国性组织，艾黎不久即离沪奔赴当时的抗战中心武汉，寻求国民政府在行政上和财政上的支持。但是，时任行政院院长兼财政部部长孔祥熙对“工合”的态度不冷不热，经济部长翁文灏则直言“中国需要工业，但不需要合作社工业，中国老百姓是亲共的，把经济大权放在他们手里是不行的”，还有人认为“这计划是难于成功的，因为有家庭制度的存在，中国人的个人主义倾向太厉害”，或是“苦力太没有知识，他们宁愿在难民收容所中领取不要钱的食粮”。“工合”之路一时前景暗淡。

此时的武汉已是初夏，外围的保卫战如火如荼，日军的空袭接连不断。但艾黎不顾危险，在酷热中四处奔走，他要说服国共高层，证明这个计划是切实可行的。艾黎多次拜访驻武汉的中共中央代表团领导人周恩来，向其介绍“工合”计划，周恩来听后十分赞成，指出“工合”的主要任务是增强中国抗战的力量，缓解战时困难，应尽可能多地争取美国及其他国家的支援。周恩来认为，在当时的政治形势下，“工合”一定要同国民党政权相配合，

“工合”的生产宣传画（左一为路易·艾黎）

但要保持自己的社会团体面貌，使“工合”成为一个群众性的组织，并争取把有一定威望的爱国民主人士吸引到“工合”领导岗位上来，使“工合”不致发展成为一个官僚机构。同时，周恩来为“工合”确定了为巩固和发展抗日民族统一战线、世界反法西斯统一战线服务的方针。艾黎对周恩来的建议欣然接受。

中共中央长江局组织部长秦邦宪也为艾黎出谋划策。有一次，艾黎正在洗澡，秦邦宪突然前来拜访，不等艾黎穿好衣服，他就坐在澡盆边上谈起当前的形势。秦邦宪认为敌人大概会进一步深入西北地区，这样八路军就将进入农村，同侵略者展开游击战争。因此，他请求艾黎尽量将武汉的工厂迁往西北。艾黎采纳了秦邦宪的建议，不久就设法将武汉的 3 个棉纺厂和 50 多个小工厂连同工人内迁至西北地区。

英国驻华大使克拉克·卡尔认为“工合”是个支持中国抗战的好主意，他从上海到武汉后，亲自向蒋介石的夫人宋美龄介绍了“工合”计划。宋庆龄也表示赞成和支持，说“艾黎又领养了一个孤儿”，这个“孤儿”就是“工合”。斯诺曾指出：“如果没有宋庆龄、英国驻华大使克拉克·卡尔爵士这两位十分热心人士发起赞助，‘工合’是永远办不起来的。”

## “工合”总部在汉成立

在国际友人和社会各界的支持和推动下，1938 年 7 月 28 日，国民政府行政院召开会议，通过《合作事业成立规则》，“工合”获得政府的批准。8 月 5 日，“中国工业合作协会”在汉口横滨正金银行大楼挂牌，正式宣告成立，隶属行政院领导。孔祥熙担任协会理事长，宋美龄任名誉理事长，艾黎被任命为行政院技术顾问并代理总干事，负责协会的组织工作。同时，成立了由共产党人林伯渠、董必武、邓颖超和国民政府高级官员王世杰、邵力子、张治中、杭立武、俞鸿钧以及爱国民主人士沈钧儒、黄炎培、莫德惠等在内的理事会，斯诺则成为“工合”的宣传者和争取外国支持的发言人。

“工合”的牌子挂出来了，但这只是迈出了一小步，要把这场运动真正发动起来，依然任重道远。中国工业合作协会的办公地点位于汉口横滨正金银行大楼的顶层，虽然国民政府给了艾黎任命和授权，但最初的办公机构除了艾黎和他请来帮忙的几个人外，一无所有。斯诺有点夸张地形容：“那个协会没有一家工厂，一架车床，或甚至一个凿子——而艾黎本人就是它唯一的职员。”孔祥熙答应拨给 500 万元贷款，作为发展“工合”的基金，但迟迟不兑现。为了筹集“工合”资金，斯诺夫妇把他们大部分的积蓄慷慨捐献出来。为了保证工作人员的生活开销，开办第一批实验性合作社时，艾黎拿出了自己全部的退休金。

眼见“工合”前途渺茫，艾黎一筹莫展。所幸宋庆龄是“工合”的热心支持者，她认为工业合作可以补充孙中山三民主义中最重要、最被忽视的“民生”，但要使其成功，“工合”必须是一个受生产者管理的真正的民众运动。1938 年 8 月，她在香港发表的《向美国世界青年大会播音演讲词》中明确阐述：“我们希望以工业合作社来吸收大批难民，并且将日本占领区内不事生产的难民救济所得几百万经费转移过来……工业合作社能够维持经济稳定，能够维持内地市场，避免乡村的紊乱与匪患……工业合作社能够利用一切失业工人，使我们的士兵获得衣食，并且免除饥荒，以及别种的经济不稳定。工业合作社能够支持长期抗战，使日本对于占得城市丝毫无利可图。”宋庆龄动员弟弟宋子文拨给“工合”200 万元（约合 4 万美元），以国外筹集贷款的名义汇给艾黎。这笔钱如雪中送炭，帮助艾黎度过了“工合”初创时的难关。孔祥熙看到“工合”有外界援助，一些工业合作社已在各地开工生产，终于打破了观望的态度，很快为“工合”提供了贷款。

工业合作协会建立后，在武汉举办了一期合作社讲习班，有二三十名热心“工合”事业的人参加，他们是首批去往各地开办合作社的指导员。讲习班由艾黎和合作社专家卢广绵授课，除讲述工业合作社的发展史、工业合作社的性质和意义外，还着重讲解如何开展和组织工业合作社、如何做个好社员等。讲习班于8月17日结束。这些学员的培养缓解了当时“工合”缺乏指导人员的燃眉之急，随着“工合”在国内的逐步推进，他们成了中国“工合”的骨干力量。讲习班结束后，卢广绵被艾黎派遣到陕西宝鸡开展工业合作组织工作，他在那里组建了“工合”第一个合作组织——打铁合作社，以及“工合”第一个地区性办事处——“工合”西北办事处。

为了建立和发展各地的工业合作社，艾黎和斯诺不辞辛苦，到城镇乡村去发动民众的力量。他们有时搭乘小船、汽车，有时骑马，更多的是依靠自己的双腿行走，深入湖北及邻近的省份，并为寻找开办合作社的适当地点而奔波。他们还走访抗日领袖，动员其组织人力、物力筹建工厂，并寻求熟练

1938年武汉街头的“工合”合唱团

的技术工人组织训练班，传授技术。经过他们的不懈努力，一批由工业合作协会领导的小工厂如雨后春笋般涌现。日军步步紧逼，武汉的形势非常严峻，日军几乎天天飞来轰炸。艾黎不顾翁文灏的反对，动员了一些武汉工厂迁至西北，如动员汉口申新第四纺织厂迁到陕西宝鸡。同年 8 月，艾黎率领千名难民从汉口到达西北。

## “工合”蓬勃发展

1938 年 12 月，“工合”总部迁到重庆，并在西北、川康、东南、西南等地区设立“工合”办事处，下设“工合”事务所，组建各种工业生产合作社。组织机构的健全和发展，政府及社会力量的支持和协助，使“工合”在全国范围内广泛开展起来。

为了争取海外的捐款和物资援助，筹集发展工业合作事业的基金，1939 年 1 月，宋庆龄在香港成立中国工业合作协会国际委员会（简称“工合国际委员会”），香港英国圣公会主教何明华任委员会主席，宋庆龄任名誉主席，艾黎和斯诺为委员。由于宋庆龄的独特地位和崇高威望，“工合国际委员会”得到国际友人和海外华侨的广泛支持。毛泽东曾致函“工合国际委员会”，对在抗日边区和游击区建立“工合”表示坚决支持，充分肯定了“工合”对抗战的重大贡献，并两次在延安接见前来商谈在解放区发展“工合”事业的艾黎。

在抗日民族统一战线旗帜下，在国际反法西斯的大环境中，中国工业合作运动蓬勃发展。至 1942 年底，“工合”在全国各地设立了 72 个事务所，建立的工业合作社最多时达 3000 多个，社员 3 万多人生产总值近 2500 万元；从棉毛纺织到服装鞋帽，从日用杂货到食品加工，从文具、印刷到医药、化工，从五金、机器到采矿、交通，“工合”主导生产了数十个门类、数百个品种的军需民用产品。

中国工业合作社用简陋的设备，克服各种困难，生产出大量物资，源源不断地运往抗战前线，在直接支持抗战事业的同时，也不断销往后方市场，满足了人民的日常生活需要。艾黎和"工合"在繁荣战时经济，供应军需民用，抵制日货倾销，粉碎和打击日军"以战养战""以华制华"的经济侵华阴谋等方面发挥着积极作用，成为战时中国经济中一支不可忽视的重要力量。斯诺对此评价道：它给成千上万的中国人提供了工作和教育，并且最后证明，它是世界上最大的生产合作运动的先驱。新中国成立后，1951 年，"工合"总会并入中华全国合作社联合社后停止活动，财产交给中华全国供销合作总社。1952 年，工合国际委员会也宣告停止活动。

（王钢）

# 光影为刃，胶片为刀：中国电影制片厂旧址

中国电影制片厂旧址，位于汉口惠济路39号杨森公馆。杨森公馆是民国时期四川军阀杨森的私邸，建于1928年，经过近百年时光的冲刷，仍然保持着原来的风貌。其特殊的建筑风格——土黄色的墙壁、棕红色的屋顶、石质的围栏，在周围高楼大厦的映衬下，年代感十足，仿佛一位满脸沧桑的长者，承载着、诉说着岁月的沧海桑田。

杨森公馆今貌

## 一元钱租下杨森花园

中国电影制片厂的前身是武汉电影制片厂。1935年，国民党内知名的电影摄影人郑用之来到汉口，用每年一块银圆的象征性租金，租下杨森公馆

及其附属的闲置花园，搭起摄影棚，建立了武汉电影制片厂，开启了一段光影救国的历史。

郑用之（1902—1983），原名郑绍嵩，四川省富顺县（今自贡市）人。1924 年，郑用之进入黄埔军校第三期学习，毕业后随北伐军到南昌开展政治工作。被国民党“清党”审查后，郑用之脱离军队，来到了上海。在上海，他接触到了更多的戏剧表演方式，对电影摄影产生了极大的兴趣。他出版的《如何抓住电影这武器》见解新颖，影响较大。蒋介石经邓文仪、张道藩推荐，阅读此书后，感到利用新兴的电影艺术有利于巩固和强化国民党的政权建设。于是，郑用之受邀到南昌行营政训处从事电影摄制工作。1933 年到 1935 年间，郑用之拍摄的一些影片的确成为国民党“准备抗日”的宣传工具。同时，他还随行蒋介石拍摄了“领袖活动”，剪辑后在各大晚会中播放。郑用之此举得到了蒋介石的赏识。

无论是对中国还是对郑用之个人，1935 年都是一个重要的年份。这一年，日本策划了华北事变，图谋控制华北。中国共产党在红军主力完成长征之后，提出了建立抗日民族统一战线的口号。华北学生发动了声势浩大的一二·九运动，喊出了“打倒日本帝国主义！”“停止内战，一致对外！”的口号。国民党与蒋介石在内外压力之下，在对日妥协的同时也开始了抗日的准备。随着南昌行营被裁撤，郑用之负责的放映队和摄影队大批人马迁至武汉，郑用之的心态也在悄然发生着变化。郑用之是一位颇具政治敏感度的文艺工作者，他不止关注电影事业的发展，国民党“剿共”势头暂缓后，他有了更多的精力去关注当时的时事政治，他拍摄的影片主题也开始由“剿共”转向抗日，郑用之比任何人都明白电影在抗日中能起到的作用。日本侵华行为愈演愈烈，所犯罪行罄竹难书，狼子野心不得不防，于是，一个想法在郑用之的脑海中形成——在武汉设立一个电影制片厂。他希望通过电影揭露日本人的罪行，鼓舞三军斗志，唤醒沉睡的民众。

当时，张学良担任武汉行营主任，他看到郑用之拿出的设立武汉电影制片厂的计划之后，专门召见了郑用之，赞赏和肯定其利用电影进行抗日宣传的想法。在当时经费较为紧张的情况下，张学良特批从其私人经费中每月划拨 5000 元（折合约 1500 美元）作为电影事业专项扶持资金来支持郑用之。郑用之用这笔资金，分批购置了美国制造的整套有声电影摄制设备，包括当时罕见的同步录音装置与便携式洗印机。

资金和设备到位后，郑用之开始四处寻找摄影场地。1936 年初春，在武汉奔走一年之久的郑用之终于找到了自己心仪的场地，托人打听后，他得知这场地竟然是杨森公馆，郑用之大喜。郑用之与杨森不仅同为四川老乡，并且在南昌行营时二人私交甚笃。郑用之觉得自己和那块场地有缘。

杨森（1884—1977），四川广安人，早年参加中国同盟会，辛亥革命后长期在军队中任要职，1926 年担任四川省省长，四一二反革命政变后担任国民革命军第 5 路军前敌总指挥。抗战全面爆发后，率领第 20 军东进抗日，后升任第 27 集团军总司令兼第 20 军军长、第九战区副司令长官。1928 年，杨森斥资在汉口兴建私邸，总面积约 5.6 公顷，除了现存的一栋白墙红瓦的主楼外，还包括附近大小洋房数十幢，园内荷池假山俱有，楼台亭阁俱全，人们惯称主楼杨森公馆及周边花园为杨森花园。但 1931 年武汉洪水，花园被淹，公馆就被闲置下来。

郑用之一眼相中杨森花园，次日一早，他就迫不及待地去往重庆与杨森商议。二人寒暄后，郑用之提出租用杨森花园创办电影制片厂，以拍摄抗日宣传影片的请求。交谈间，郑用之言辞恳切，情绪激动，眼眶含泪。杨森听后表示支持，但强调花园是家族私产，只能以个人名义租给郑用之，并说明未来若有需要，杨森或其家人提前半年通知后，对方必须搬离。郑用之问及租金，杨森提出象征性收取年租一块银圆。郑用之当即同意，双方随即签订租赁合同。合同签署后，郑用之迅速将杨森花园改造为电影制片厂，开始在此开展抗日影片拍摄工作。

## 从武汉电影制片厂到中国电影制片厂

租下杨森花园后，郑用之在其门口挂起了武汉电影制片厂的牌子，并马不停蹄地物色建筑设计师，对花园进行改造。他将杨森公馆地下室划分出洗片室、印片室、滚筒间、机械修理室、照相室、道具室及木工与泥工间等功能区域，一楼空间则集中设置剪辑室、录音室、道具室、放映室、摄影室、美工室、卡通室和大型饭厅，二楼规划为办公区，三楼用于人员住宿。他在花园左边大块空地上新建了一座摄影棚，长 90 尺，宽 70 尺，这在当时属于规模较大的摄影棚，人称汉口摄影棚（武汉解放后，曾一度改作中共武汉市委小礼堂，20 世纪 80 年代被拆除），右边的空地则作为外景场地。摄影棚后方另配置电气控制室、灯光间、化妆间、服装间和演员休息室。摄影棚的左侧增建宽阔的排练舞台，用于话剧排演与演员训练。

与此同时，郑用之广泛招纳电影人才。他一方面从国立戏剧学校的毕业生中选拔了不少优秀的苗子，另一方面又提出不能局限在戏剧学院范围，只要拥有中学文凭，且在学校剧团中有过戏剧经验的学生，他都愿意接受，给予他们为抗战献力的机会。他还积极吸纳其他已解散的剧社中的优秀力量，如演员英茵、井森、潘直庵、房勉等人，就是在原有的“怒潮剧社”解散后加入武汉电影制片厂的。

在郑用之等人的努力之下，武汉电影制片厂建立并运转起来。1936 年年底，武汉电影制片厂的员工已有 50 多人。全厂员工斗志昂扬，白天打扫摄影棚，整理内务，晚上则勤奋排练，练习台词，模拟表演。在摄制剧情片的时候，演员们先多次在舞台练习，确保熟练后再进到摄影棚中拍摄。杨森花园摄影棚、排练舞台等也声名远播，如在此排演、在汉口光明大戏院公演的曹禺话剧《日出》，面世后引发轰动，时评称此为汉口开埠以来话剧演出之空前盛事。

抗战全面爆发后，郑用之和同事们立即投入抗日救国的洪流。1937 年 7

月 9 日，蒋介石在庐山海会寺前的中央军官训练团集会上，号召全国上下不分党派政见实行全民抗战。郑用之参加了此次会议，并负责现场摄影和录制工作。后经蒋介石同意，武汉电影制片厂正式改名为“中国电影制片厂”。

自此，郑用之带领中国电影制片厂开始了用电影抗日救国的历程。他下令修改已经开拍的电影《热血忠魂》的剧情，将家族冲突内容改为抗日救国内容。他还派出 5 个摄影组分赴全国抗敌前线，自己亦留下遗书，亲率摄影师冒险赴卢沟桥前线拍摄日军的侵略行径和中国军队奋勇抵抗的实况，剪辑成新闻片在各地上映。

淞沪会战后，大批进步影人辗转抵汉，主动投奔杨森花园的中国电影制片厂，这里集聚了一大批进步电影工作者。卡通制作专家万家兄弟（万籁鸣、万古蟾、万超尘）编绘了《抗战标语卡通》第一、第二集，用动画片的形式为抗日做宣传，以动画片独特的感染力和灵动有趣，感染着前线和后方无数的抗战人士。著名导演洪深、朱石麟等，名演员高占非、魏鹤龄、何非光、中叔皇、黎莉莉、舒绣文、王莹、吴茵等，也纷纷来到中国电影制片厂，为抗战献上自己的一份力量，使摄影和制作团队进一步扩大。还有著名的声乐家盛家伦、作曲家刘雪庵等都加入其中。

中国电影制片厂人员增多，郑用之便租赁了杨森花园附近的周家花园供员工居住，史东山、袁丛美、高占非、唐瑜、孙瑜、何非光等均在那里居住过，其他演职人员则住在汉口六合路的制片厂宿舍内。

在中共推动的抗日民族统一战线下，郑用之联合了不少撤至武汉的左翼文艺界人士，共同发起抗战影片的创作，如阳翰笙、袁牧之等就曾参与中国电影制片厂的创作。阳翰笙主导《塞上风云》等剧本的创作，将民族统一战线思想融入影片。史东山、陈波儿等左翼导演和演员，主动将底层民众的苦难与抗争融入电影。这些影片素材后来经过周恩来的协调，被送至延安，用于中共对外宣传，强化了国共合作的抗战叙事。

## 中共领导郑用之开展电影抗战

郑用之虽然是国民党军少将，但其思想左倾。抗战全面爆发后，中共积极抗战的政治、军事表现，吸引了郑用之的目光，其制作的纪录片《抗战特辑》第二集报道了中共领导的八路军及其平型关大捷的情况，影片播出后在全国引起巨大反响。许多观众第一次从影片中看到八路军出征抗日前线的威仪和浴血奋战的壮举，看到朱德、彭德怀、林彪、聂荣臻等八路军将领的形象。郑用之积极招纳和联络电影界进步人士，他能力超强，具有广泛的人脉资源和影响力，这也使得周恩来对他极为看重。1938 年 4 月，第三厅成立后，中国电影制片厂划归田汉领导的第六处，郑用之兼任分管电影制作和放映的第二科科长。在第三厅尤其是第六处的领导下，中国电影由轰轰烈烈的抗日救亡戏剧电影推进到抗战电影运动的新阶段。

1938 年，武汉成为中国文化抗战的中心，也是抗战电影制作和放映的中心。中国电影制片厂在第三厅的领导下，工作效率和精神面貌大变，完成了《保卫我们的土地》《热血忠魂》《八百壮士》3 部故事片和 50 多部纪录片、新闻片和卡通歌集片的制作。这些抗战影片有力地配合了抗日救亡运动，得到了文化界的高度评价，中国电影制片厂摄制的影片社会影响力进一步扩大。

其中，3 部故事片的影响最大。《保卫我们的土地》是中国电影制片厂成立后摄制的首部电影作品，也是中国第一部抗战题材的故事片，由史东山编导。影片以农民刘山一家从逃亡到觉醒的经历为主线，展现了普通民众抗战意识的觉醒。它在汉口街头实景拍摄而成，摄影团队首次尝试实拍火药桶爆炸产生的特效，甚至有烟火师因此受伤。周恩来曾指导剧本修改，以弱化阶级矛盾，突出民族统一战线思想。影片制作完成后在国内外放映，曾被誉为“抗战电影号角”，激发了全民抗战的热情。另一部影片《八百壮士》的故事则改编自 1937 年淞沪会战中的四行仓库保卫战，由阳翰笙编剧，应云卫导演。影片曾在汉口搭建苏州河场景拍摄，并尝试融入真实战地纪录片片段。该片中，袁牧之饰演谢晋元，陈波儿饰演女童军杨惠敏。为达到艺术效果，拍摄时袁牧之曾不顾寒冷，跳入刺骨的江水拍摄冲锋镜头。该片插曲《歌八百壮士》由田汉参与创作，一度成为抗战精神的象征。影片《热血忠魂》是中国电影制片厂在武汉拍摄的另一部抗战故事片，以军民联合抗敌为主题，淡化党派分歧，强调民族共同意识。这部影片首次尝试同步录音技术，并在武汉街头用方言解说，增强了民众的共鸣。其中部分场景直接使用前线战地实录片段，如卢沟桥、上海抗战的实况等。该片成为统一战线宣传的重要工具，以底层民众的声音呐喊抗战到底的决心。

除此之外，新闻纪录片和其他一些创新尝试都在这一时期得到运用。例如《抗战特辑》系列，就是郑用之率摄影师冒险赴卢沟桥、上海前线拍摄的日军暴行与中国军队抵抗的实况，经剪辑而制作成多集新闻片。该片采用美

1938 年 7 月，中国电影制片厂影片《八百壮士》剧照

国有声设备制作，实况的部分镜头被欧美新闻片采用，被用于国际反法西斯宣传。播放该片时，放映队用湖北方言解说，讲到日军暴行时声泪俱下，激发观众共鸣，农民观众甚至当场高呼“和鬼子拼了”，形成了独特的“电影 + 演讲”的动员模式。

在周恩来的直接过问和关怀下，军事委员会政治部第三厅加强了对中国电影制片厂的领导，使得随上海抗敌救亡演剧队来汉的许多电影工作者，如袁牧之、陈波儿、应云卫、郑君里、周伯勋等重返电影岗位，一部分人后来辗转到达延安，成为抗日根据地人民电影的开创者。阳翰笙以第三厅主任秘书的身份，兼任中国电影制片厂编导委员会主任委员，从创作上对剧本的生

1938 年，周恩来与邓颖超在中国电影制片厂摄影棚里

产、质量进行把关。周恩来多次应郑用之的要求到中国电影制片厂探望演职人员，并做时局演讲，还陪同从前线来汉的朱德总司令、彭德怀副总司令等八路军将领参观中国电影制片厂，并同演职人员合影。

中国电影制片厂在拍摄电影的过程中，得到了武汉民众的大力支持。民众积极参与并配合拍摄，人人充满抗日热情，大多不计报酬。这些影片不仅在国内得到了积极的支持，在国外也产生了强烈的反响，不仅激起了海外华侨支持抗战的爱国之心，还引起了其他国际友人的普遍同情。在英国放映时，就有人在放映当天为中国抗战捐赠300英镑。影片曾在比利时、法国、瑞士、美国等国放映，使反法西斯同盟国家在抗战精神上联系更加紧密，为中国抗战做出了不可磨灭的贡献。

值得一提的是，1937年前后，中国军队在杨森花园修建了一座抗日碉堡，这是当时中国军队在汉口日租界周边修建的四座碉堡之一，也是四座碉堡中现今仅存的一座，2011年被武汉市作为“汉口碉堡群”列为文物保护单位。1946年5月，为了避免内战，国共两党与美国代表在杨森公馆签订《汉口协议》。解放战争时期，白崇禧也曾在杨森公馆居住。1993年，杨森公馆被列为武汉市优秀历史建筑。2014年，杨森公馆（国共汉口会议旧址）被列为湖北省文物保护单位。

（陈燕妮）

# 难童的养育所：汉口第一临时保育院旧址

汉口第一临时保育院旧址，位于武汉市江岸区一元路与洞庭街交会处，现为一元路小学。抗战全面爆发后，中华民族遭到空前的劫难，无数家庭和学校毁于战火，数十万难童濒临绝境、急需救助，中国战时儿童保育会（简称“战时儿童保育会”）应运而生。儿童保育会诞生于1938年抗日烽火中，是由中国妇女界首创的，富有民族气质和时代精神的战时新型集体教育机构，以“保育战时儿童”为宗旨，在中国现代教育史上写下了光辉的一页。汉口第一临时保育院是儿童保育会开办的第一所保育院，在战火硝烟中承担着收容和教育难童的重任，成为武汉抗战时期重要的儿童救助机构之一，为抢救和保护祖国的下一代做出了不可磨灭的贡献。

## 中国战时儿童保育会成立

日本发动全面侵华战争后，中华大地生灵涂炭，千万难民流离失所，无辜的儿童处境尤为悲惨。他们或是死于敌人的炮火下，或是倒在逃难途中，许多在敌人屠刀下幸存的儿童饥寒交迫，无家可归，在武汉街头流浪乞讨。作为全国抗战中心，武汉汇集了一批国共两党以及无党派的妇女界知名人士，她们率先行动起来，发出“欲救中国，先救儿童”的呼声，并付诸行动。

1937年12月，汉口基督教女青年会召开抗战形势座谈会，邀请妇女界代表参加。在会上，中共地下党员、电影女演员陈波儿提出尽快到各战区去抢救难童的建议，得到与会者的响应。1938年1月，汉口《妇女生活》杂志社主编沈兹九召集史良、安娥、孟庆树等人，举办以“抢救难童”为主题的座谈会，时任中共中央长江局妇委委员邓颖超在会上就妇女工作和难童问题提出指导性意见。

1938 年 1 月 13 日，《新华日报》首先报道："抗战以来，很多为国牺牲的同胞遗下儿女无人照顾，令人怜悯。为了救济这些儿童，社会上正准备组织'战时儿童保育会'。"1 月 20 日，《妇女生活》发表了救国会领袖沈钧儒所写的《战时儿童保育会缘起》，提出儿童是国家未来的主人，民族解放的后备军，呼吁"爱国爱儿童的同志，'有钱的出钱，有力的出力'，共同完成这个保育中国幼年主人的任务"，并发起组织成立中国战时儿童保育会。在各方合作共识的基础上，1 月 24 日，战时儿童保育会筹备会在汉口基督教女青年会召开，推选李德全为筹备会主任委员，各党派、各界人士 184 人名列发起人名单。

3 月 10 日，中国战时儿童保育会在汉口圣罗以女子中学（今武汉市第二十中学）召开成立大会，妇女界、中外来宾等 700 余人到会。宋美龄致辞表达了抗战到底的决心和拯救难童义不容辞的责任。会议选出了包括国共两党和无党派在内的 56 名妇女界人士为理事。3 月 13 日，战时儿童保育会在武昌召开第一次理事会，选出宋美龄、李德全、黄卓群、邓颖超、史良、曹孟君、沈兹九、安娥、孟庆树、张蔼真、陈纪彝、郭秀仪、唐国桢、舒颜昭、任培道、徐闿瑞、陈逸云 17 人为常务委员，徐镜平、刘清扬、庄静、吕晓道、朱纶 5 人为候补委员，并决议"汉口即日成立第一临时保育所，以同仁医院为所址"，立即派人至战区，将难童输送来汉收容。

中国战时儿童保育会的正式名称为"中国妇女慰劳自卫抗战将士总会战时儿童保育会"，在组织架构上，其最高领导机关是理事会。在 9 月中旬召开的常务理事会上，宋美龄、李德全被推选为正、副理事长，主持该会工作。为争取多方支持赞助，扩大社会影响，保育会还聘请了 286 位名誉理事，其中包括国共两党领导人、各界知名人士、国际友人及驻华使节，如毛泽东、周恩来、朱德、彭德怀、蒋介石、林森、冯玉祥、孔祥熙、宋子文、李宗仁、沈钧儒、邹韬奋、马相伯、郭沫若、陶行知、茅盾、老舍、蔡元培、晏阳初、胡适、陈嘉庚、胡文虎、斯诺、史沫特莱、司徒雷登、鹿地亘等。可以说，作为抗战时期全国爱国妇女的统一战线团体，中国战时儿童保育会是抗日民族统一战线下国共合作的产物，体现了国共两党及社会各界抢救祖国下一代的责任和担当。

## 汉口第一临时保育院成立

中国战时儿童保育会一经成立，即面临两项紧迫的任务：一是募捐，二是抢救灾区难童。由于当时国家形势和政府财政状况，拯救难童的经费主要依靠募捐和赞助。上至社会名流，下至普通百姓，都表现出炽热的爱国之情。宋美龄、李德全、郭秀仪、黄卓群、邓颖超、史良等带头捐款和承担难童的生活费，文化界、教育界、金融界人士以至家庭妇女和小学生也都踊跃捐款。战时儿童保育会的宣传在国外也产生了巨大反响，美、英政府及一些国际友人伸出援助之手，香港和南洋的华侨同胞更是踊跃捐助。

由于战事扩大，难童激增，抢救难童的任务迫在眉睫。在武汉，战时儿童保育会发出“为抢救一千个儿童而斗争”的口号。救助的难童有两种：一种是流入后方城市的难童，一种是在前线炮火威胁下的难童。其中，流入后方的难童主要集中在武汉等城市，保育会首先将这些难童收留起来。孟庆树、安娥、李崑源等 40 多位青年妇女，到武汉江边、街头、收容所收容无人或无力抚养的难童。邓颖超动员、组织“武汉小学教师战地服务团”“抗战儿童读书会”“孩子剧团”和女工、职业妇女、家庭妇女组织的成员，在当地工厂、农村、大街小巷及难民收容所，进行宣传动员，抢救收容无人抚养的难童。

战时儿童保育会还派人到战火纷飞的前线抢救难童。战时儿童保育会集中了中国妇女界的精英，她们精诚合作，共赴国难，为抢救祖国的下一代竭尽心力，甚至置生死于不顾。保育会主任委员曹孟君带队，奔赴台儿庄、徐州地区抢救难童；副主任唐国桢和宣传委员会委员徐镜平率队，前往郑州、开封等地。她们穿梭于战火纷飞的前沿阵地，冒着枪林弹雨收容流浪儿童，甚至从死人堆里寻找没断气的孩子，历经长途跋涉，克服重重险境，从前线抢救运送出500多名难童。

战时儿童保育会成立之初就开始登记难童，登记的难童数量众多，却没有足够的场地容纳。战时儿童保育会决定以建立保育院的形式，对收容的难童实行集中养育，为此就场地问题多次与政府洽谈，最终在汉口市市长的热心帮助下，借用汉口原日本同仁医院（今武汉市一元路小学），筹办该会第一所保育院——汉口第一临时保育院，院长为武汉妇女界知名人士、中共地下党员李崑源。根据《战时儿童保育会保育院简章》的规定，入院儿童为年龄为18个月至15岁的阵亡将士和抗战将士之子女、因参加抗战而牺牲人员之子女、做救亡工作人员之子女和战区灾童。其中，战区灾童（难童）是各院收容的主体。3月29日，汉口第一临时保育院开始接纳难童，从徐州、郑州前线抢救的难童成了第一批保育生。

4月3日，宋美龄到汉口第一临时保育院巡视。4月4日，《新华日报》刊发《战时儿童保育会开始教养难童》的报道，邓颖超在《新华日报》上发表题词："保育儿童，是丰富伟大的事业，不仅要救济与教育儿童，尤其要以坚毅的精神，培养儿童，成为建设新中国的主人。"至4月底，汉口第一临时保育院已收容难童1700余人。

5月1日上午9时，汉口第一临时保育院举行开幕典礼，武汉军政机关、学校、团体和各界代表500余人到会祝贺，副理事长李德全首先报告战时儿童保育会过去的工作情况及整个工作计划，再由各机关代表致辞和难童代表答词。500多名难童均身着蓝布服装，个个精神饱满，高唱抗战歌曲。"打倒日本，救中国！""把我们的血肉筑成我们新的长城！"的歌声，孩子们稚嫩而有力的怒吼，让人心潮澎湃，斗志昂扬。而当大家唱起《流浪儿》这

1938 年 5 月 1 日，汉口第一临时保育院开幕典礼大会会场

首歌时，孩子们被歌曲触动，忍不住哭泣起来，催人泪下。

下午 2 时，蒋介石、宋美龄夫妇与冯玉祥、周恩来、黄琪翔、邵力子等参观了保育院。军事委员会政治部副部长黄琪翔问孩子们：“你们为什么到这里来？”孩子们怒目圆睁，捋袖举拳，义愤填膺地说：“因为日本鬼子把家给我们毁了！”

汉口第一临时保育院的开业典礼成了当天武汉的要闻，参观者达两千余人。“院内一切陈设有条不紊，尤以难童之卧房内之床铺被褥，实不亚于一极良好之修养院”，还有活泼能干的孩子们，刻苦努力的保育会各负责人，都给来宾们留下了深刻的印象。邵力子为保育院题词“幼人之幼”，八路军武汉办事处题词“为国育英”，表达了对战时儿童保育院救济教养儿童、为国家培育人才的殷切期望。

在战时儿童保育会的领导和号召下，全国各战区和大后方的各省纷纷响应，先后成立了24个保育分会，设立了61个儿童保育院，收养保育了近3万名难童。

## 用大爱点亮难童的希望之光

战时儿童保育会对收养的难童实行“保教合一”，即保卫与教育抗战时期的儿童，把他们培养成为健全之国民、抗战建国的接班人。失去或远离亲人、背井离乡的流浪生活，在许多难童的心中留下了阴影。500多名难童初到汉口第一临时保育院时，大多衣衫褴褛，蓬头垢面，面黄肌瘦，表情沮丧，有的还身患疾病。1938年4月4日，《新华日报》发表题为《从开封来的难童们》报道：他们大约百分之八十是文盲，百分之八十五是被穷困逼迫着，从这里也可见中国社会的一般情形了。他们有的是父母被残酷地死在敌人刀枪炸弹下，有的是从河北逃出来已失去了自己亲爱的故乡，有的是流浪街头无饭吃的孤苦孩子，还有那跟着爸妈在家饿肚子的可怜儿童。

由于饱尝衣食无着的艰辛，难童们最感兴趣的事情就是“吃”，吃了五六碗干饭之后，还藏两三个馒头在衣服里，得意地说：“好！下顿也有得吃了！”经过保育院一个多月的精心照料与教育，以往那些满面愁容、无精打采的小脸，已变得气色红润、容光焕发了。他们不再像之前那样顽皮捣乱、叫骂揪打，角落里也看不见呆呆坐立、双眼无神、全身病痛的孩子了。他们已经能够专心听讲、遵守秩序，能够有秩序地分配食物、进餐，像健康孩子那样有说有笑，跳跃活泼，显示出蓬勃的生命力。难童们对抚育他们成长的院长老师感恩在心，亲切地称她们为“妈妈”。

汉口第一临时保育院不仅统一安排和管理难童的衣食住行，还注重开展思想教育、组织纪律教育、劳动技能培训及抗战宣传活动等。保育院实施小学教育，按照收容难童的年龄和文化水平，分成“抗、战、到、底、争、取、最、

汉口第一临时保育院的孩子们在玩滑梯

后、胜、利”十个班，分班授课。课程涉及社会、国语、算术、常识、美术、体育、唱歌等，使难童们能够得到系统的小学教育。思想上则进行爱国教育、抗战教育及三民主义教育等。在文化课程之外，保育院还注重生产劳动教育，以培养难童的劳动观念，使其毕业后能掌握一项谋生技能。文娱活动也很丰富，有口技、双簧、话剧、唱歌等。保育院把爱国主义教育融入教学，坚持教育与社会实践相结合、教育与劳动生产相结合，致力于把孩子们培养成追求真理、热爱祖国、全面发展的人。

孩子们来自天南地北，在汉口第一临时保育院过着集体生活，穿着统一的服装，以兄弟姐妹相称，亲密团结。他们在墙壁上贴上“冲向日本去”的纸坦克，画着敌人残害小孩的漫画，自己编写“我们的壁报”，表达对日本侵略者的愤恨之情；他们用最大的热忱欢迎参观者，让社会获知他们的生存处境后，能帮助他们并援助更多还未得到救助的兄弟姐妹；他们还走上街头宣传抗日救国，积极参加慰劳前线负伤将士、欢迎世界学联代表团等活动，在国家面临生死存亡之际贡献自己的一份力量。正如《保育儿童就是培植国家的力量》一文所指出的：“不久以前，这些可爱的孩子们还在炮火、饥寒、死亡和敌人刺刀的威胁下，但是今天，他们已变成了英气勃勃的小勇士，表现出国家将来的栋梁雄姿！”

战时儿童保育会成立仅 3 个月，全国各地保育分会共计收容难童近 3 万名。武汉作为战时儿童保育会总会和战时首都的所在地，除浙江、湖南、广

1938 年 9 月，中国战时儿童保育会汉口第一临时保育院难童被迫离开武汉，辗转至宜昌入川

东、广西等省份自行安排外，其他省份保育分会收容的难童都向总会输送，被送到汉口第一临时保育院。由于日军开始逼近武汉，对武汉的轰炸也越发频繁，武汉局势日趋紧张，战时儿童保育会开始将聚集在武汉的难童向四川、贵州、广西等大后方转移。4 月底，汉口第一临时保育院首批 50 名难童被运往湖南芷江孤儿院。不久，第二批、第三批难童也被运往重庆和成都的保育院，直至 10 月最后一批难童撤离武汉，汉口第一临时保育院共接收转运了 28 批难童。10 月下旬，战时儿童保育会离汉迁至重庆。汉口第一临时保育院迁移至重庆歌乐山，以歌乐山保育院之名继续履行收养和抚育难童的职责，直至 1951 年 10 月结束，历时 13 年之久，是战时儿童保育会开办时间最长的保育院。

在中华民族深陷危难之时，汉口第一临时保育院不遗余力地救助使近万名幼小生命免遭战火涂炭，并得到较好的生活照顾和教育，为国家培养造就了一大批栋梁之材，不少人日后走上革命及建设新中国的道路。历经岁月沧桑，汉口第一临时保育院旧址虽已大有变化，但其作为抗战时期儿童保育事业的重要见证，在中国现代教育史上具有特殊的历史意义，值得我们永远铭记。

（王钢）

# 第三篇

## 名流云集：抗战名人故居

1938年的武汉作为全国的抗战中心，政要云集，名流荟萃。共产党的重要人物，如周恩来、董必武、王明、秦邦宪、吴玉章、叶剑英等人来到武汉，朱德、彭德怀、项英等八路军和新四军将领也因工作在武汉停留。国民党要人、国民政府五院院长及各部部长，如蒋介石、汪精卫、冯玉祥、李宗仁、徐永昌、白崇禧、孔祥熙、张群、王世杰、王宠惠、陈立夫、朱家骅、孙科、于右任、何应钦、何键、张治中、邵力子、熊式辉等人先后来到武汉。第三党（中华民族解放行动委员会）的章伯钧、彭泽湘，救国会系统的沈钧儒、邹韬奋、李公朴、张申府、王造时、黄炎培、杜重远、沙千里，妇女界领袖沈兹九、曹孟君、刘清扬，文化界知名人士郭沫若、茅盾、老舍、田汉、洪深、冼星海、张曙等，均来到武汉或来往于武汉与其他各地，从事抗战中的各种工作。安娜·路易斯·斯特朗、艾格尼丝·史沫特莱、诺尔曼·白求恩、柯棣华、尤里斯·伊文思、罗伯特·卡帕、沃尔特·博斯哈德、埃文斯·福代斯·卡尔逊、孟良佐等国际友人也来到武汉，支援中国抗战。在历史的长河中，以上许多抗战名人在武汉的住所都有独特的故事，都是武汉抗战的鲜活见证。它们犹如一部部无言的史书，静静地诉说着那段波澜壮阔、热血激昂的峥嵘岁月。

# 珞珈山上统战忙：周恩来的武大故居

在武汉大学珞珈山南坡，有一栋西式的三层小洋楼，被两个哥特式风格的拱形门分成两个单元，显得十分古朴、典雅。这里是武汉大学一区 27 号，1938 年 5 月至 9 月，周恩来夫妇曾在这里短暂居住，为促进国共合作、动员民众开展抗日救亡运动留下了深深的足迹。

## “仙山楼阁”：珞珈山一区十八栋

“珞珈山一区十八栋”是武汉大学抗战建筑群的标志性建筑之一，是校方为招揽贤才而建的教职工宿舍。学校起初规划建造 40 栋别墅，后因经费问题，最终决定修建 18 栋，于 1931 年完工，后来又陆续增建了几栋，但人们仍习惯称之为“十八栋”。整体建筑依山而建，在珞珈山东南坡自下而上呈三排分布，其造型采用英国乡间别墅风格，清新、简洁，与不远处的东湖美景融为一体，环境清幽，风景如画。除此之外，住宅内的设计布局十分讲究与周全，有厨房、客厅、书房、佣人室、洗手间，冰柜、电话等生活设施也是一应俱全，著名国学大师吴宓曾称赞这里是“仙山楼阁”。

当时能够住进“十八栋”的都是国内知名教授，如著名教育家王星拱，历史学家吴于廑，法学家周鲠生，物理学家查谦、桂质廷等。1938 年春，为躲避战乱，武大师生西迁四川乐山，一部分校舍空了出来，武汉大学的珞珈山校园便成为国民政府部分机构的所在地，“十八栋”也成为国共两党军政要员的居住之地。

1938 年 5 月的一天，住在珞珈山一区 27 号的教员胡朝冕正在等待消息，准备启程入川。这天上午，政府的几位工作人员突然到访，要求胡朝冕一家尽快搬离。胡朝冕经询问才得知，一位部长即将来此居住。突如其来的命令让胡朝冕措手不及，行李还未收拾，又逢工作人员紧急催促，胡朝冕不免觉得无奈。当天下午，这位部长来访，他平易近人，和胡朝冕聊过后得知详情，当即批评了强令搬家的工作人员，决定自己先住一段时间旅馆。这位部长就是时任中共中央代表团负责人，同时兼任国民政府军事委员会政治部副部长的周恩来。

在入住“十八栋”之前，周恩来已经在武汉工作了 5 个月。1937 年 12 月 18 日，周恩来、王明、博古等中共中央代表团成员从延安来到武汉，开展统战和抗日宣传工作。到武汉后，周恩来一直住在汉口的八路军武汉办事处，但随着工作的展开，周恩来考虑到，八路军武汉办事处作为一个完全公开的共产党机构，目标太大，不利于接待某些来访人员；而且，随着日军向武汉步步紧逼，武汉大学一度成为当时的抗战中枢和高层官员的云集之地，由蒋介石亲任团长的国民党军官训练团便在此展开训练。因此，为了便于联系，更好地联合国民党共同抗日，周恩来和夫人邓颖超决定搬到武汉大学，入住珞珈山一区 27 号。

这是一栋坐北朝南的西式三层小楼，周恩来住的二楼有三个房间，一间会客厅，一间卧室兼办公室，另一间则是警卫人员的住所。虽然房子外面看起来是栋非常漂亮的小洋楼，但周恩来在此居住时室内陈设十分简朴。就是在这样的环境里，周恩来在珞珈山组织开展了长达 4 个月的抗战活动，为发展抗日民族统一战线夙兴夜寐、殚精竭虑。

## “国共合作抗日小客厅”

周恩来在武汉主要是负责开展抗日民族统一战线工作，因此在一区 27 号居住时，周恩来经常会见国民党高级官员，接待来自全国各地的爱国民主人士、文化界和新闻界名人，会见斯诺、史沫特莱等国际友人，同时领导第三厅工作人员开展抗日宣传活动，从而团结了各阶层人士，因此，这栋小楼有着“国共合作抗日小客厅”的美誉。

1938年，党政要员云集珞珈山，周恩来首先同国民党上层建立了积极的联系。当时住在珞珈山的有第9战区司令长官陈诚、珞珈山军官训练团副教育长万耀煌、国民政府军委会政治部第二厅厅长康泽等人，蒋介石也住在珞珈山，他与周恩来隔山而居，两人经常会在散步中遇到，谈论抗战前途和民族命运等问题。

李宗仁作为桂系的核心人物，是国民党中坚决的主战派。1938年6月，李宗仁因突发旧疾，住进了武昌东湖卫生疗养院，与周恩来的寓所隔湖相望。周恩来听闻此事，特在珞珈山住处设宴招待李宗仁。这天，两人一见面，周恩来便祝贺李宗仁在台儿庄战役中取得胜利，李宗仁听了连连谦虚道：“这场战役是将士们用命换来的，没有他们的流血牺牲，就没有今天的胜利。”随后他又向周恩来表示感谢，说十分感谢八路军和新四军的支持，在这场战役中给他们提供了有力的支持。原来，早在台儿庄战役之前，周恩来曾派八路军武汉办事处的张爱萍去徐州，向李宗仁转达他的作战建议。周恩来建议李宗仁在济南以南、徐州以北与日军打一仗，对此，李宗仁深表赞同。后来，在八路军、新四军的配合下，李宗仁采取了正确的战略战术，率部取得了台儿庄大捷。

说话之间，李宗仁谈起了蒋介石解散他在第5战区开办的青年干部训练班一事，向周恩来请教办法。周恩来提议他成立一个抗敌工作委员会以加强军民的抗战宣传教育，说抗战是持久的事情，而发动群众是取得抗战胜利的关键环节。李宗仁听了十分赞同。这次会晤后，李宗仁立即着手在第5战区建立抗敌工作委员会，委员会成立后由与中国共产党保持统战关系的李范一任政治指挥部主任、中共秘密党员李相符任副主任，在豫鄂边区展开活动，壮大了中国共产党领导下的抗日力量。

周恩来作为国民政府军事委员会政治部副部长，亲自领导第三厅开展了一系列抗战宣传活动，团结了一大批汇聚于武汉的文化界人士。当时出任第三厅厅长的是郭沫若，他住在珞珈山一区 20 号，与周恩来比邻而居，两人既是邻居也是好朋友。其间，因国民党的种种刁难与限制，郭沫若心中愤愤不平，连续三天都躲在珞珈山的寓所里，不去办公。周恩来听说此事后，便将郭沫若和第三厅的一些朋友请到自己家吃饭。席间，周恩来循循善诱，他说："如果我们能把宣传、慰劳、教育紧紧把握住，至少可以抵消反动派的一部分颠倒黑白的阴谋。我们要唤起群众的意识，认识自己的力量，而同时促使反动派看出群众力量的伟大，而有所忌惮。"郭沫若听后陷入了沉思，接着周恩来语重心长地说道："为了革命利益，一切都得忍受！我们受的委屈比这大得多呢！"经过这次交谈，郭沫若深刻认识到自己的错误，又积极地投入到第三厅的工作中去了。

在珞珈山居住期间，周恩来还接待了许多来汉的国际友人，如斯诺、史沫特莱、斯特朗等，向世界介绍中国共产党团结抗战的进步主张。1938 年 6 月，共产党的真挚朋友、曾写下轰动全球的《红星照耀中国》的埃德加·斯诺乘飞机来到武汉。周恩来和夫人邓颖超特意在珞珈山寓所设宴款待，大家一边吃饭，一边聊天，他们从陕北的初次见面谈到目前中国抗战的局势。提到斯诺的《红星照耀中国》，周恩来对他表示感谢，希望他继续向全世界介绍中国人民抗日战争的真实情况，同时欢迎他到延安采访。斯诺很高兴，表示愿意为中国人民的抗日战争做报道。斯诺还向周恩来介绍了他和新西兰友好人士路易·艾黎正在创办的中国工业合作协会的情况，周恩来对此表示大力支持，还针对协会的性质和人事安排提出了建议。在周恩来、邓颖超的争取下，中国工业合作协会得到了国民政府的支持，不久后在武汉成立，成为中国战时经济中的一支重要力量，对支持中国抗战起到了积极作用。

1938 年夏，周恩来、邓颖超在武汉大学珞珈山寓所前与来访的美国记者埃德加·斯诺合影

饭后，周恩来夫妇同斯诺在珞珈山寓所门外合影留念，并将刚刚出版的毛泽东的《论持久战》赠送给斯诺。书中关于中国共产党抗日民族统一战线的方针政策和对抗日战争发展过程的科学预见，使斯诺犹如拨开乌云见晴天，看到了中国人民抗日战争的光明前途。

为团结抗战，周恩来在珞珈山接待了一批又一批来访的各界爱国人士、侨胞和青年学生。华侨代表王先生在与周恩来亲切交谈后，得知前线医药短缺，立即将 7.5 万元的华侨捐款全部用于购买药品，从香港转运到八路军武汉办事处。一位姓胡的医生在周恩来的鼓舞下，带着周恩来写的介绍信，毅然携妻子奔赴延安。其间，还有许多青年前来拜访，请求去往延安。在周恩来的安排下，先后有 20 多名青年在周恩来的随从廖其康的护送下，从武汉转至延安。

周恩来在珞珈山广泛交友，团结了各个阶层的进步人士，为促进国共合作和抗日民族统一战线的发展做出了杰出贡献。

## 周恩来在武汉大学的多次演讲

在珞珈山居住期间，周恩来曾多次在武汉大学发表演说，宣传中国共产党的抗日主张和统战政策，号召广大青年投入抗日救亡运动，挽救民族危亡。

1937 年 12 月 31 日，就在周恩来到达武汉的第二周，他接受武汉大学地下党支部的外围组织“抗战问题研究会”的邀请，在武大礼堂发表了《现阶段青年运动的性质和任务》的主题演讲。当天，武汉风雨交加，江面波涛汹涌，陪同工作的同志们纷纷劝周恩来改期演讲，但周恩来认为“共产党人不能失信于民”，于是冒着危险在江面上颠簸了近一个小时才到武昌。来到武大时，周恩来身上已经被风雨打湿，他来不及换掉湿衣服，就准时走上讲台。台下师生见此情景无不感动，争着将自己的衣服脱下递给周恩来，但周恩来坚持不肯换下。一位老教授抱着自己的皮大衣走上讲台，一定要他穿上，周恩来激动地说道：“老先生，可不能这样，您老当心着凉！”老教授拍着前胸说：“实不相瞒，鄙人往日心里结着冰，身着三层貂裘亦不知暖，周先生今番一把火，化冰驱寒，眼下心窝正冒热气哩！”

在这次演讲中，周恩来号召青年到军队里去、到战地服务去、到乡村中去、到被敌人占领了的地方去。他充满信心地鼓励师生：“我们的前程是光明的，远大的。”他鼓励青年人要“努力去争取抗战的最后的胜利，努力去争取独立的自由的幸福的新中国的来临”。周恩来的演讲深深感染了在场的青年学子，博得了全场雷鸣般的掌声。

此后随着国民党军官训练团在珞珈山活动的展开，为做好进步军官的思想工作，周恩来多次在武大为训练团进行授课和演讲。1938 年 4 月上旬，周恩来为训练团讲授抗战通信问题和游击战术，当讲到通信问题时，他强调："通信保密问题是关系到胜败及民族存亡的问题，全体军人必须提高警惕。"虽然周恩来没带任何教材，但整个教学过程清晰易懂。在课间休息的 20 分钟里，许多学员围在周恩来身边请教问题，周恩来边喝水边与学员探讨，不时发出爽朗的笑声。游击战课程本来是安排刘伯承讲授，但因前线战况紧张，他无法前来，只能由周恩来代为讲解。周恩来提出，游击战是对付具有装备优势的敌人的一种主要制胜方法，须注意灵活性、特殊性，否则就“达不到逐渐消灭敌人、壮大自己的目的”。这种见解让在场的学员耳目一新，原来在战场上不能只消灭敌人，还要注重壮大自己，学员们纷纷侧耳倾听，认真做笔记。周恩来继续讲了游击战的五大要点，最后还幽默地说道：“最主要的战法是能打之敌就快打，打了敌人就快跑。”周恩来精辟的讲述，让学员们深受启发。

1938 年夏天，周恩来在万耀煌的邀请下为训练团讲解毛泽东的《抗日游击战争的战略问题》，原准备安排在白天，但由于要参加政治部的重要会议，就将时间改到晚上。这天晚上，尽管天气闷热难耐，武大工学院前的大操场还是早早挤满了人，来听讲的除训练团的师生外，还有武大部分师生和中学教师。这时，周恩来在万耀煌的陪同下来到操场，只见周恩来身穿白衬衫，头戴灰色鹅蛋形的硬顶凉帽，神采奕奕，大家热烈鼓掌欢迎。周恩来走上讲台后把帽子放在桌上，向学员一再致意，随后便认真地投入演讲中。周恩来向群众详细阐述了毛泽东的军事思想，并号召广大青年为抗日救国的伟大事业做出贡献，在斗争中锻炼自己成为一名真正的革命者。由于讲的内容比较多，周恩来连续讲了两个晚上，每天都从傍晚 7 点一直讲到深夜 11 点。

他那富有激情的演讲吸引了在场的听众，台下的学生不时向周恩来提出问题，比如希望他介绍一下延安的情况。周恩来高兴地说：“延安是党中央所在地，是毛主席居住的地方，是领导抗日的模范根据地，是八路军、新四军的后方，也是陕甘宁边区政府的所在地。延安没有贪官污吏，没有剥削，没有压迫，没有苛捐杂税，更没有发国难财的，而且男女平等，是全国的抗日模范地方。”同时，他也如实地谈到延安的生活条件差、需要自力更生解决困难的情况，周恩来亲切朴实的态度令在场的学生十分感动，更激起了他们对革命圣地延安的向往。

在一次讲演中，空袭警报突然响起，周恩来临危不惧，从容不迫地指挥学生疏散。警报解除后他又继续演讲，演讲结束后，师生们久久不愿离去，纷纷挤到前面，拿出笔记本等物品请周恩来签名留念。其中，有一名学生只带了本《俄语一月通》，便激动地将书递给周恩来签名，周恩来高兴地在这本书的扉页上签下了名字。今天，这本带有周恩来签名的小册子被保存在武汉大学档案馆，成为周恩来激励武汉青年投身抗战的历史见证。

## 周恩来故居的修缮与开放

武汉沦陷后，“十八栋”成为日军军官的住所，部分房子被改造成日式风格。1945 年日本宣布投降后，“十八栋”又被划为教授们的住所。后来，随着中华人民共和国成立，特别是改革开放以来住宿条件的改善，老师们纷纷搬下山去居住，这些房子就被闲置了下来。

1983 年，武汉大学周恩来故居被武汉市人民政府公布为市级文物保护单位。2001 年，作为武汉大学早期建筑群的一部分，周恩来故居又被国务院列为第五批全国重点文物保护单位。2013 年，武汉大学决定将“十八栋”建设为“历史文化教育基地”和“爱国主义教育基地”，对包括周恩来故居在内的建筑进行全面修缮；同年 11 月，周恩来故居正式对外开放。2018 年，

周恩来故居俯瞰

包括周恩来故居在内的"武汉大学历史文化教育基地"被列为湖北省第四批爱国主义教育基地。为了充分发挥红色建筑的历史价值和教育价值，武汉大学对周恩来故居布展进行了进一步完善充实。2021 年，在中国共产党成立 100 周年之际，周恩来故居重新对外开放。

重新开放后的故居中，展览资料更加充实。小楼总共三层，第一层主要展示"十八栋"的建造情况，第二、第三层共有 7 个展厅，以生动的图片和翔实的资料展现了周恩来在武汉发动群众参与抗日救亡运动、促进国共合作和发展抗日民族统一战线的光辉历史。

周恩来在武大的生活虽然只有短短的 4 个月，但他以高度的革命热情为武汉抗战做出了不朽的贡献。抗战结束后，周恩来与武大的情缘一直在延续。1972 年，日本首相田中角荣访华，向周恩来赠送了 1000 株樱花，由于周恩来曾在珞珈山住过，中央将其中的 50 株赠送给了武汉大学，这充分体现了周恩来对珞珈山的厚爱与眷恋。每年樱花盛开时，武汉大学都会成为游客赏樱的热门地点，而周恩来故居也成为游客寻访伟人足迹的重要场所。回眸过往，周恩来在珞珈山工作的点滴片段，仍让人感到心潮澎湃。

（刘佳欣）

# 一代文豪的武汉印记：郭沫若的武大故居

1938 年 4 月至 8 月，一代文豪郭沫若曾寓居武汉大学“珞珈山十八栋”中的一区 20 号，从事抗日救亡宣传活动，在武汉留下了永难磨灭的历史印记。他曾在《洪波曲》中写道：“宏敞的校舍在珞珈山上，全部是西式建筑的白垩宫殿。山上有葱茏的林木，遍地有畅茂的花草……我们在东湖里游过水，划过船，在那岸上的菜馆里吃过鲜鱼。浓厚的友情，闲适的休憩，是永远也值得回味的。”

## “武汉三镇的物外桃源”

郭沫若早年就与武汉大学结下了不解的情缘。1926 年，随着大革命形势的高涨，郭沫若毅然投笔从戎，参加北伐战争，并担任国民革命军总政治部宣传科科长兼行营秘书长。9 月，他随军北伐，参与了攻克武昌城的战役。武汉国民政府成立后，邓演达、董必武、郭沫若等人被指派筹备组建国立武昌中山大学。1927 年 2 月，经过众人的艰辛创办，国立武昌中山大学正式成立。但由于革命形势急转直下，国立武昌中山大学很快就被国民党勒令停办。虽然存在时间较短，但它为 1928 年国立武汉大学的创办奠定了基础。

1937 年抗日战争全面爆发，面对日益高涨的抗战形势，流亡日本的郭沫若毅然决定秘密回国，投身抗日救亡运动。上海沦陷后，郭沫若从香港辗转来到武汉。此时的武汉已成为全国的抗战中心，处处洋溢着全民抗战的新气象，郭沫若倍受感染，仿佛又回到了当年亲历北伐时的激情岁月。他在接受《新华日报》记者采访时激动地说道：“上海的失败已经给我们一个教训，单只军事防守还不够……目前的问题，还是在于怎样组织民众，怎样武装民众。保卫大武汉运动必须有这样切实的工作做基础。”最后，他还为记者题字“恢复十年前的精神，保卫大武汉”，表明了他的心愿。

1938 年 4 月，郭沫若出任国民政府军事委员会政治部第三厅厅长。为了方便工作，在原国立武汉大学教授、时任第三厅副厅长范寿康的斡旋下，4 月底，郭沫若和于立群住进了“珞珈山十八栋”中张有桐教授的房子。这里地处风景秀丽的东湖之滨，从这里下一个坡，可以到东湖游泳，再上一个坡，可以到达珞珈山的山顶，无怪乎郭沫若称赞这里是“武汉三镇的物外桃源”了。

珞珈山上的“十八栋”别墅群

从珞珈山住所到昙华林的第三厅办公地点，坐车只需 20 分钟，十分方便，郭沫若感到很是满足。更令他感到欣喜的是，不久后周恩来、邓颖超夫妇也搬了进来，对此，郭沫若回忆说：“周公和邓大姐也住到靠近山顶的一栋，在我们的直上一层，上去的路正打从我们的书房窗下去过。”同时，还有一位邻居也住了进来，他是郭沫若的老友、时任国民政府军事委员会政治部副部长黄琪翔，就住在郭沫若的隔壁，“站在月台上两家便可以打话”。这样一来，三家相互毗邻，关系密切，闲暇之余常常一起爬山，一起讨论抗日工作，结下了深厚的友谊。黄琪翔的夫人曾回忆说：“琪翔和恩来、沫若两同志不仅是同事，而且是芳邻，更便于彼此往来。”有这样的湖山，有这样的好邻居，郭沫若的抗战斗志更加饱满了。

## 执掌第三厅

在武汉期间，郭沫若最主要的工作就是带领文化人士进行抗战宣传活动，这无疑是他生命当中最辉煌的一个时期。在郭沫若的主持下，第三厅很快就汇聚了阳翰笙、傅抱石、田汉、胡愈之等一大批文化精英。一时间，第三厅人才济济，热闹非凡，被誉为文化界的“名流内阁”。

由于郭沫若影响力大、能力强，国民党一直想拉拢他为自己办事。1938年5月中旬的一天，张季鸾和王芸生来珞珈山拜访郭沫若，郭沫若陪同他们游东湖，并邀请他们吃午餐，于立群亲自做了饺子来款待他们。饭前，三人谈到工作问题时，王芸生批评郭沫若“勇气和决心不够，应该放手做”，他的意思是说郭沫若脚踏国共“两条船”，鼓动他倒向国民党。接着，张季鸾平静地说道：“有机会多找岳军（张群）谈谈吧，岳军在蒋面前是很可说话的。”听了两人的意见，郭沫若这才恍然大悟，原来今天两人不是来游山玩水的，而是来充当国民党的说客的。对于这一对不速之客的游说，郭沫若也只当一阵风从耳边吹过。

但没过几天，国民党中央社发布了一条关于国民党恢复30余人党籍的最高决议的通讯，郭沫若发现自己的名字竟赫然在内。自1937年从日本回国后，郭沫若就已恢复了中国共产党党籍，只不过为了更好地以党外民主人士的身份开展工作，他的党员身份才一直没有公开。如今，国民党未经他同意就将他“变成”了国民党员，这让他感到十分气愤。对此，中共代表团驻武汉办事处立即提出抗议，国民党这才撤销了这一决议。

1938年郭沫若在武汉做抗日演说

就是在这样复杂的环境下，郭沫若领导第三厅展开了声势浩大的抗日宣传活动。在他的带领下，武汉地区的抗日宣传工作不仅规模空前，而且做得有声有色，其中最具影响力的是“抗战扩大宣传周”活动和“七七”抗战周年纪念活动。1938年4月7日至13日，郭沫若领导第三厅举行了连续7天的轰轰烈烈的“抗战扩大宣传周”活动。其间，郭沫若四处奔走，日夜驱驰，对活动进行了精心策划。第一天晚上，在10万余群众的火炬游行队伍中，只见郭沫若走在队伍前列，振臂高呼：“坚持抗战，反对投降！”“有钱出钱，有力出力！”一阵阵呼声响彻夜空。武汉，这个曾经的革命中心，再次焕发了它往日的战斗生机。在歌咏会上，郭沫若还即兴吼出了一篇《来它个“四面倭歌”》，可谓激动人心：“目前我们的敌人尽管是怎样横暴，尽管有多量的大炮飞机，我们要准备着用歌咏的力量来把它摧毁。张良给了楚霸王一个‘四面楚歌’。我们现在就给日本帝国主义者一个‘四面倭歌’。我们要用歌咏的力量来扩大我们的宣传，我们要用歌咏的力量来庆祝我们的胜利。”

“抗战扩大宣传周”是抗战全面爆发后中国共产党在国民党统治区领导的第一次大规模的抗日宣传活动，反响十分热烈。这次活动的圆满成功使得郭沫若倍受鼓舞，在接下来的抗战一周年中，为鼓励群众的士气，郭沫若又精心组织了“七七”抗战周年纪念活动。其间，郭沫若全力组织献金活动，力挫陈诚等国民党官员散布的武汉“民气低落”的论调。7月7日，盛大的纪念活动拉开帷幕，作为会场之一的武昌举行了盛大的集会，场面十分壮观，献金台前更是人如潮涌。纪念活动的成功举行展现了郭沫若出色的组织能力，而这次献金所募集的钱款在郭沫若的主持下也得到了妥善的安置。他用这笔钱采购了大批前方急需的药品、医疗器械等，同时还购置了慰问品和宣传品，有力地支援了前线。

在郭沫若的领导下，第三厅展开了卓有成效的宣传工作，使得武汉的爱国民众运动轰轰烈烈地开展起来，第三厅和郭沫若俨然成为一个不可分离的整体，成为“国统区抗日民族统一战线的一个战斗堡垒”。

## 进步文化界的一面旗帜

自武汉成为全国的抗战中心，全国各地的文化工作者陆续汇聚于武汉，但由于没有严密的组织，文化宣传活动不可避免会出现混乱的状况，因此在新形势下，群众热切期盼文化界能出现继鲁迅之后的又一位力擎大旗的人物。1938年夏，中共中央根据周恩来的建议决定，以郭沫若为鲁迅的继承者、中国革命文化界的领袖。对于这样的决议，郭沫若认为自己实在愧不敢当，但又不能辜负党的殷切期盼，于是更加奋勉，为文化抗战贡献力量。从此，郭沫若成为进步文化界的一面旗帜。

为了广泛团结汇集于武汉的全国文化界人士，在周恩来等人的牵头下，中华全国文艺界抗敌协会开始酝酿成立，郭沫若对此十分关心。1938年3月27日，“文协”在汉口成立，这是文艺界第一次空前广泛的大联合。郭沫若被邀请出席成立大会，会上他激动地发表了讲话。他的讲话如暴风骤雨，在全场激起经久不息的掌声。他还专门在当天的《新华日报》上为“文协”题词“统一文艺阵线，巩固精神国防”，积极支持协会的建立。

“文协”成立后，各种文艺刊物相继创刊，郭沫若为支持这些刊物的发展，积极为这些刊物题词并撰写文章，发表了许多建设性意见。5月10日，《自由中国》发表了郭沫若等九人的笔谈《抗战以来文艺的展望》，其中，郭沫若认为抗战以来文艺工作者“应利用文艺的多样性以调剂抗战言论之定型式”，“应紧抓着抗战的经过，把伟大的时代记录下来”，“应采用集体创作的方式”，“应积极参加实际工作”，“应洗尽文士的洁癖，尽量地大众化”。他鼓励文艺工作者，只要肯努力并通力合作，中国文艺必然有伟大光明的前途。这些建议有力地指导了抗战文艺工作的开展。

6月23日深夜，沉寂的珞珈山笼罩在一片雾气之中，郭沫若还在埋首阅读英国驻华记者田伯烈所编的《外人目睹中之日军暴行》一书，他应译者杨明的请求准备为这本译著作序。“中国已经发生的和正在发生的事态，对于全世界人士，不管是集体安全主义者或孤立主义者，都有切肤的关系。……全世界人士对于英勇抗战的中国，就不应该袖手旁观，漠不关心呵。”田伯烈说得对，人类是不会对中国抗战“袖手旁观，漠不关心”的。想起1938年年初白求恩大夫上抗日前线救死扶伤，前不久苏联政府也贷款五千万美元资助中国抗战，郭沫若对这些国际友人肃然起敬，同时也越发意识到自己必须倍加奋勉。

在珞珈山居住期间，郭沫若的工作异常繁忙，每天清早出去，深夜才能回家。尽管如此，他依然斗志昂扬，发表演讲、出席会议，四处奔走，劳碌不息。5月26日，郭沫若在第三厅代表中华全国艺术界主持了欢迎世界学联代表团的大会，他致辞说，学联代表“虽只有四个人，但实际等于带给我们四百万大兵，在前方给我们增加了无数的武器，给我们以无限的鼓励，提高了我们必胜的信念”。最后，他号召全国文艺界团结起来，为反对法西斯侵略、为民族生存而奋斗。为纪念“八一三”一周年，郭沫若受邀在电台做广播演讲，面对日益紧张的战争形势，他号召广大民众“发挥大无畏的精神，准备牺牲一切，保卫我们的大武汉，争取最后胜利”。那段时间，武汉的各种会议、集会、电台中经常能听到郭沫若慷慨激昂的声音，这极大地调动了民众的抗战热情。

1938 年 7 月 17 日，珞珈山的郭沫若寓所热闹非凡，客厅挤满了人，有周恩来、胡愈之、邓颖超、田汉、洪深等老朋友，有第三厅的同事们，还有孩子剧团的小代表。原来当天是郭沫若从日本返回祖国投身抗战的一周年纪念日，大家是专门来送祝福的。看着大家一个个真诚地送上祝愿，一向善于辞令的郭沫若都感动得说不出话来。

尽管政务繁忙，郭沫若依然不忘笔耕，创作发表了《高尔基万岁》《满江红》等诗歌，写出了《日寇残酷心理的解剖》《把精神武装起来》《战时宣传工作》等一系列政论，广察民意，剖析敌情，鼓舞士气。据统计，郭沫若在武汉期间发表大型公开演讲 20 次，为报刊题词 17 幅，发表作品 40 余篇。他以切实的工作赢得了武汉人民的尊敬与信赖，成为武汉乃至全国文化界领袖群伦的人物。

## “东湖昔曾居，至今犹向往”

1938 年 8 月底，随着武汉局势的危急，郭沫若不得不从珞珈山搬到汉口的杨森花园，9 月底又迁往鄱阳街一号。此时，在武汉的各政府机关、团体也开始陆续撤退。郭沫若在送走第三厅的最后一批同志后，仍一直坚守在工作岗位上。武汉沦陷前夕，他为《扫荡报》写下最后一篇社论《武汉永远是我们的》，他说：“我们的武汉并不是对于弗朗哥的玛德里，而是对于拿破仑的莫斯科！”他坚信：“武汉永远是我们的。”25 日凌晨，就在敌人逼近武汉时，郭沫若才与胡愈之等人登上撤退的船，带着对武汉的依依惜别之情，离开了这座他战斗了 10 个月的城市。

“东湖昔曾居，至今犹向往。”1938 年在珞珈山居住的场景，郭沫若一直难以忘怀。1961 年，阔别多年之后，郭沫若乘船到武昌寻访当年的旧居，兴致勃勃地写下七律一首：

一别珞珈廿二年，旧庐寻觅费盘旋。
东湖波浪开春镜，学府楼台映大川。
九女墩前心向往，三间阁上意超然。
长桥飞架通天堑，路线光辉万代鲜。

1963 年 11 月 5 日，时任中国科学院院长兼中国科学技术大学校长的郭沫若再次访问了武汉大学，当他再次来到这个他生平中“最接近理想”的居所时，不禁思绪万千。为纪念即将到来的武汉大学 50 周年校庆，郭沫若再次提笔写下了一首诗：

桃李春风五十年，珞珈山下大江边。
一桥飞架通南北，三镇高歌协管弦。

郭沫若武大故居今貌

反帝反修期共勉，劳心劳力贵相联。

攀登决不畏艰险，高举红旗插九天。

郭沫若是无法忘却武汉的，而全民族抗战初期郭沫若在武汉三镇为抗日救亡所做的历史贡献，也会被武汉人民永远铭记。2001 年，武汉大学郭沫若故居作为武汉大学早期建筑群的一部分，被国务院列为第五批全国重点文物保护单位。

（刘佳欣）

# 抗战烽火中的文化光芒：昙华林

在武汉，有一处声名远扬的历史文化街区，叫作昙华林。昙华林历史底蕴深厚，明清时期便是文人墨客汇聚之地。到了近代，这里更是中西文化交融的前沿。这条街长千余米，蜿蜒曲折，可就在这看似普通的街巷里，密密麻麻地坐落着多处拥有百年历史的近代建筑，私立武汉中学旧址、国民政府军事委员会政治部第三厅旧址、石瑛故居、徐源泉公馆旧址等老建筑，就像一位位沉默的历史见证者，静静地伫立在路旁，向游客诉说着往昔的故事。

1938 年夏，周恩来（前排左二）、郭沫若（前排左三）与第三厅部分工作人员及若干在汉文化界人士在武昌合影

1938 年，武汉成为文化抗战的中心，昙华林迎来了众多文化名人，郭沫若、田汉、阳翰笙、光未然、冼星海、洪深、冯乃超、张曙等文化大家云集于此，为这片土地注入了新的活力。这些文化名人当时大多住在汉口，但因为在第三厅任职，他们工作起来热情投入、夜以继日，第三厅和昙华林可以说是他们在武汉的第二个家。如今，他们的汉口故居大多已难寻踪迹，但是，昙华林和第三厅旧址中依然保留着他们活动的足迹。

## 田汉：艺术宣传活动的领导者

田汉（1898—1968），这位来自湖南长沙的才子，是中国革命戏剧运动的奠基人、戏曲改革事业的先锋旗手，也是中国早期革命音乐、电影事业的领军人物。他一生中写了上百部剧本，写的歌词和新旧体诗有千余首，其中一首《义勇军进行曲》更是成为国家和民族的象征，响彻全世界。

抗战全面爆发后，田汉便投入抗日救亡运动之中，奋斗在文化战场的第一线。他不仅带领艺人到前沿阵地进行抗战宣传，还去后方慰问负伤的战士。1938 年 2 月，田汉在长沙接待了郭沫若。此时的郭沫若因对国民党在第三厅的人事安排不满而避走长沙。田汉在了解郭沫若来长沙的前因后果之后，劝他不要感情用事，对郭沫若说：“现在又国共合作了，正可利用进三厅这个机会，组织我们文化艺术界的队伍，好好地搞一搞宣传，借以发展革命文化。”随后，田汉收到了周恩来的亲笔信。信中说陈诚要郭沫若回武汉，并邀请田汉到第三厅工作，郭沫若于是和田汉一同奔赴武汉。

在当时，第三厅犹如一座文化的堡垒，屹立在抗战宣传的最前沿，同时也是推动文化抗战的强劲引擎，众多赫赫有名的文化名人在这里留下了浓墨重彩的一笔。田汉到达武汉昙华林之后，担任第三厅第六处处长，主要负责艺术宣传工作。田汉在昙华林工作期间，非常认真投入，并且富有热情。他每天早上都会带领第六处和附属各团队的人一起出早操，之后再开始办公。

对于田汉这样的工作习惯，一些喜欢自由生活的人在背后还会说闲话，郭沫若却觉得“能这样整军经武，作为一个文化人，用以矫正文弱的积习，倒是值得称赞的”。

田汉在昙华林工作的那段时间里，武汉笼罩在战争的阴霾下，但文艺界的抗战热情却如熊熊烈火。田汉深知文化宣传对于鼓舞民众士气的巨大作用，刚在昙华林安顿下来，便全身心地投入有关抗战文化宣传的创作与组织工作中。在“抗战扩大宣传周”中，歌咏日、戏剧日、群众大游行等活动，田汉均有参与，起到了组织、领导的作用。1938年4月7日，震撼人心的“万人大合唱”和“水陆火炬歌咏大游行”盛大举行，人山人海，歌声如潮，火炬似海，仿佛要将整个武汉点燃。4月9日的“歌咏游行”和“歌咏音乐会”，则让人们沉浸在激昂的氛围中。在美术日和戏剧日的活动中，田汉亲自指挥了抗战戏剧演出活动，让戏剧之花开遍武汉。在“抗战扩大宣传周”的活动中，田汉充分展现出了他非凡的才华和卓越的组织能力。

在昙华林工作期间，田汉还积极组织戏剧演出。他穿梭于各个剧团，耐心地与演员们沟通剧本的细节，亲自指导他们表演。每次排练，他都全神贯注，不放过任何一个细微的瑕疵。在简陋的舞台上，演员们在田汉的指导下，用精湛的演技将抗战故事演绎得淋漓尽致。台下的观众，无论是衣衫褴褛的普通百姓，还是满怀热血的青年学生，都被深深打动。演出结束后，观众常常激动地高呼抗战口号，久久不愿离去。田汉就像一位精神领袖，通过戏剧，将无数颗爱国之心凝聚在一起，让人们在戏剧的感染下，更加坚定了抗战的决心。

田汉不仅策划艺术宣传活动，还创作了许多音乐作品。他坐在简陋的书桌前，时而奋笔疾书，时而凝眉沉思。他的脑海中不断浮现出前线战士们英勇杀敌的画面以及后方民众支援抗战的感人场景。这些素材如同汩汩清泉，源源不断地从他的笔下涌出，一部部激动人心的音乐作品由此诞生。他与张曙携手创作出了《女兵歌》《洪波曲》《艺术的先锋队》等一系列经典歌曲，这些歌曲就像一把把利剑，刺向敌人的胸膛；他还与冼星海共同创作了《雪耻复仇歌》，表达了中国人民坚决抗战、雪耻复仇的坚定决心。

## 冼星海：用音乐旋律点燃抗战激情

冼星海（1905—1945），祖籍广东番禺，出生于澳门，是中国近代音乐史上熠熠生辉的巨星，被誉为“人民音乐家”。1929年，他远赴法国巴黎留学，潜心钻研音乐艺术。1935年回国后，他毫不犹豫地投身到抗日救亡运动中，将自己的音乐才华毫无保留地奉献给了国家和人民。遗憾的是，1945年，他因病在莫斯科与世长辞，但他为抗战救亡事业创作的音乐作品，却如璀璨星辰，永远闪耀在历史的天空。

卢沟桥事变后，冼星海积极响应号召，加入了上海话剧界救亡协会战时移动演剧第二队。他和队友们如同不知疲倦的候鸟，辗转多地进行演出，把抗战的声音传递到每一个角落。1937年10月，冼星海抵达武汉，尽管在武汉停留的时间不足一年，这段时光却成为他人生中最为辉煌的篇章之一。

1937年12月，冼星海（左一）指挥歌咏队为大冶钢铁厂工人演唱抗日救亡歌曲

在武汉期间，周恩来等领导诚挚地邀请他加入第三厅，从事抗战音乐工作。1938 年 4 月，冼星海将行李搬进位于昙华林的第三厅，就此开启了他人生中第一次政治宣传工作的征程。

由于抗战形势紧迫，第三厅宣传工作任务艰巨。为了创作出好的音乐作品，冼星海经常反复推敲每一个音符，他时而哼唱，时而在纸上快速地记录着旋律，遇到不满意的地方，他会毫不犹豫地推翻重来。在不懈的努力下，他创作了大量反映抗战的歌曲，例如在 1938 年 4 月 1 日，为了纪念台儿庄大捷，他创作了《胜利的开始》，这首歌一经演出便大获成功，观众被歌曲中传达出的喜悦和胜利的气息所感染，纷纷要求再唱一遍，现场热闹非凡。4 月 19 日晚上，冼星海连夜写了《扬子江》和《广东歌》。在之后的 5 月，冼星海又接连创作了《五一纪念歌》（也叫《五一工人歌》，光未然作词，冼星海作曲）、《五四纪念歌》（赵启海作词，冼星海作曲）、《雪耻复仇歌》（田汉作词，冼星海作曲）等。这些歌曲就像一把把利刃，刺向敌人的心脏；又像一声声呐喊，鼓舞着军民的士气。冼星海用音乐点燃了人们心中的抗战之火，让人们在音乐中感受到团结的力量，激励着无数人投身抗战的洪流。

为了更好地配合抗战形势，让歌咏运动能够在更广泛的范围内开展，培养更多优秀的歌咏干部，提高他们的音乐水平，冼星海和张曙等人精心筹备并开办了武汉歌咏干部训练班。武汉歌咏干部训练班虽然开班时间不长，却意义非凡，如同星星之火，为后来的歌咏运动培养了众多骨干力量。许多后来成为歌咏团队负责人的优秀人才都出自这个训练班，它对武汉地区乃至全国各地歌咏运动的蓬勃开展，起到了至关重要的推动作用。

## 张曙：音乐普及的抗战先锋

张曙（1909—1938），中国近代音乐史上杰出的音乐家，出生于安徽歙县，自幼便显露出音乐天赋。1933 年，张曙毅然加入中国共产党，自此全身心投入抗日救亡音乐的创作中，为后世留下了众多不朽的音乐篇章。他的作品风格雄浑激昂，如《保卫国土》等，这些作品凭借强烈的感染力，极大地鼓舞了民众的抗战热情。

1938 年，张曙与田汉一起来到昙华林，之后便与冼星海、光未然同住一室，并肩作战。张曙在昙华林时积极投身各种抗日救亡音乐活动，并且创作了许多广为人知的经典歌曲，如《丈夫去当兵》《洪波曲》等。这些歌曲如同插上了翅膀，迅速在全国范围内传唱开来，深受人们喜爱。由张曙等人首唱、冼星海创作的抗战歌曲《在太行山上》，更是具有强大的感染力，它就像一把火炬，点燃了无数中国人心中的抗战斗志，让人们在激昂的歌声中坚定了抗战的决心。

为了保卫大武汉，扩大节约运动和青年参战运动的影响，第三厅将 1938 年 8 月 3 日至 8 月 9 日定为节约宣传周。为了这个重要的活动，张曙和郭沫若携手创作了新歌《节约歌》，以音乐的形式呼吁人们节约资源、支持抗战，为抗战胜利贡献自己的力量。张曙的创作灵感大多来源于他对生活的细致观察和对国家命运的深切关怀。他经常走街串巷，与普通百姓交流，了解他们在战争中的生活状况和内心感受，这些真实的生活片段都被他巧妙地融入了歌曲创作中。

张曙不仅专注于创作，还致力于音乐教学工作，他每天到武汉三镇的各团队里教唱新歌。他总是充满耐心地一句一句教发音、识谱，他生动有趣的教学方式让团队成员很快就沉浸在音乐的世界里。他们用歌声唱出了对祖国的热爱和对侵略者的痛恨，那纯真的歌声仿佛一道希望之光，照亮了人们在战争阴霾笼罩下的心灵。在举办武汉歌咏干部训练班时，张曙会在作曲、指挥、乐理、视唱、声乐等多个方面给予学员悉心指导，如同一位博学的导师，为学员打开音乐的大门。张曙还经常组织街头音乐会，他站在临时搭建的舞台上，用他那充满力量的歌声向过往的行人传递着抗战的信息。他的音乐如同春风化雨，滋润着每一个人的心田，让更多的人加入抗战的队伍，为抗战胜利贡献自己的力量。

## 洪深：抗战文艺先锋战士

洪深（1894—1955），江苏武进（今常州市）人，中国电影、话剧的开拓者，集编剧、导演、表演才华于一身，是中国影剧界罕见的全才。他曾留学美国研习戏剧，归国后，他革新了话剧表演形式，推动中国话剧走向成熟。在电影领域，他也贡献卓越，创作、执导了多部影片。武汉抗战时期，洪深积极投身文化救亡运动，担任第三厅第六处戏剧科科长，为抗战文艺倾尽心力。

1938 年 3 月，洪深正在襄阳一带进行抗日宣传活动，突然接到了田汉的急电，他来不及细想，便匆匆赶到武汉。洪深到昙华林之后，被第三厅邀请担任第六处戏剧科科长，为了抗日大局，他欣然接受了这个职务。

在昙华林的那段日子里，洪深每天都忙于戏剧工作。其间，洪深与徐萱合作改编了独幕剧《死里求生》，导演了话剧《李秀成之死》。当时的条件极为艰苦，资金短缺，但这些困难丝毫没有动摇他的决心。1938 年 8 月，为了动员歌剧演员参加抗战工作，并防止一部分思想落后的旧剧演员在武汉不幸沦陷后替敌人工作、麻醉民众，第三厅专门组织了留汉战时歌剧演员讲习班，鼓励民间艺人通过改进传统戏曲的方式为抗战宣传活动贡献力量。郭沫若亲任主任，洪深与冼星海等人分别讲授国际政治、戏剧艺术、抗战建国纲领等相关课程，并宣传抗战救国的主张和思想。

1938 年 8 月 12 日至 9 月上旬，第三厅将一些从事抗战宣传活动的剧团集中到武昌昙华林，组织开展以政治学习、业务准备和军事训练为主的短期培训。其中，业务方面主要由洪深等戏剧家负责，讲授戏剧理论、导演、表演、台词、化装和舞台设计等课程。在进行业务理论学习的同时，各队还编排了大量节目，举行竞赛性演出。

在昙华林的这段日子里，洪深凭借自己的专业素养、坚定信念和满腔热情，为抗日救亡的文艺事业做出了不可磨灭的贡献，他的身影和事迹永远地留在了那段波澜壮阔的历史之中，为后人所敬仰。

## 阳翰笙：凝聚文艺抗战力量

阳翰笙（1902—1993），四川高县人，中国现代著名剧作家、现代戏剧运动组织者。1925 年加入中国共产党，后投身革命文艺事业，担任“左联”党团书记，推动进步文化发展。他的创作涵盖小说、话剧、电影剧本，例如电影剧本《塞上风云》、历史剧《天国春秋》等。

阳翰笙与昙华林之间的渊源，从第三厅筹建之时便开始了。抗战全面爆发后，中共中央长江局和周恩来先后交给阳翰笙两项任务：一项是筹备组织文学艺术界的各个抗敌协会，另一项是帮助郭沫若筹组第三厅。第三厅能够建成，除了党的方针政策、周恩来和郭沫若的努力和名望之外，阳翰笙所做的大量艰难的组织、联络工作也是必不可少的因素。在第三厅组织过程中的人事安排上，阳翰笙会先与郭沫若商量，而后拟出名单请示周恩来定夺，最后联系具体人员进行落实。在第三厅工作期间，阳翰笙任厅长办公室主任秘书，是厅长郭沫若的左膀右臂之一。其实，阳翰笙不仅是郭沫若的秘书，更是第三厅具体工作的组织者，在第三厅的具体工作和文艺宣传中发挥了重要作用。

1938 年 4 月，第三厅在武汉开展“抗战扩大宣传周”活动，阳翰笙参与制订“抗战扩大宣传周”内的歌咏日、戏剧日、电影日、火炬游行等活动计划，最后的游行集会也是他与郭沫若主持的。在引导抗战文化运动的深入开展上，“抗战扩大宣传周”的意义不可低估。8 月，在阳翰笙、田汉等人的努力下，第三厅对武汉的民间抗日救亡团体进行收编，正式组建了由 10 个抗敌演剧队、4 个抗敌宣传队和 1 个孩子剧团组成的抗敌宣传队伍。

阳翰笙积极团结文艺界人士，壮大抗日文艺队伍。当时，昙华林成为文艺界人士汇聚的地方，他热情地接待每一位前来的文艺工作者，无论是知名的作家、诗人，还是初出茅庐的青年演员，他都一视同仁，给予鼓励和支持。当洪深和田汉一起到他办公室时，阳翰笙非常高兴，立即迎了上去："田公与洪老夫子，我在此已恭候多时了。"他邀请洪深担任第三厅第六处戏剧科科长，由于科长职位低、工资少，阳翰笙还对洪深说："说真的，像你这样的大教授、大专家，实在太委屈了。"洪深却对工资待遇不以为意，欣然接受了这一职位。在阳翰笙的努力下，许多原本分散的文艺力量凝聚到一起，形成了一股强大的抗日文艺洪流。他还积极与外地的文艺团体联系，邀请他们来武汉演出，促进了文艺界的交流与合作，使武汉的抗日文艺氛围愈发浓厚。

在昙华林期间，阳翰笙除了组织第三厅的工作，还积极参与各种文化活动，与其他文化名人交流合作。他经常在昙华林里与大家讨论抗战文化的发展方向，他思维活跃、见解深刻，总能提出一些独到的观点和建议。在这些交流活动中，他不断汲取灵感，丰富自己的创作素材。他的作品不仅在国内引起了强烈反响，还通过一些渠道传播到了国外，让世界看到了中国人民抗战的决心和勇气。

阳翰笙以坚韧不拔的精神和卓越的组织才能，为抗日救亡的文艺事业做出了不可磨灭的贡献。他的努力和付出，不仅丰富了民众的精神生活，更激发了广大民众的抗日斗志，为抗战胜利奠定了坚实的精神基础。

岁月悠悠，昙华林的古街古巷依然静静地伫立着。虽然当年的战火已经远去，但田汉、冼星海、张曙、洪深、阳翰笙等文化名人在这里留下的足迹，却永远铭刻在人们的心中。他们用自己的才情和热血，在昙华林这片土地上谱写了一曲曲壮丽的抗战之歌，在抗战的烽火中绽放出耀眼的文化光芒，也激励着一代又一代人为国家的繁荣富强而努力奋斗。如今，昙华林将现存的重要历史遗迹进行挖掘开发，提升昙华林的革命历史主题旅游价值。2021 年，昙华林入选首批“湖北省旅游休闲街区”。2023 年，昙华林被湖北省商务厅评为第三批省级特色商业街。今天，当人们漫步在昙华林的街头，仿佛还能听到当年激昂的歌声和振奋人心的呐喊，那是历史的回响，也是民族精神的传承。

（许家铭）

# “基督将军”寓居福音堂：冯玉祥故居

在今武昌区千家街 8 号，有一栋二层砖木结构的西式洋房，坐北朝南，青砖红瓦，勒脚与腰线采用花岗岩砌筑，南面建有圆拱券走马廊，整个建筑面积约为 1338 平方米。该建筑建于 1926 年，原属基督教英国循道会。1937 年 11 月到 1938 年 8 月，著名的爱国将军冯玉祥曾在此居住，为保卫大武汉而奔走呼号。

## 心系抗日，奔赴武汉

冯玉祥

冯玉祥（1882—1948），字焕章，祖籍安徽巢县（今巢湖市），原为北洋直系将领，西北军阀，曾参与护国运动、北京政变、北伐战争等重大历史事件，有“基督将军”“布衣将军”之称。他作为国民党元老和蒋介石的结拜兄弟，是中国近现代史上具有广泛影响的著名爱国民主将领。抗战爆发后，冯玉祥积极主张抗日，反对蒋介石的不抵抗政策。在中国共产党的帮助和推动下，1933 年，冯玉祥在张家口组织察哈尔抗日同盟军，英勇抗击日本帝国主义的侵略。

但因此举与蒋介石“攘外必先安内”的政策不符，冯玉祥被迫辞职，隐居泰山。

1937年抗战全面爆发后，冯玉祥先后出任第3战区、第6战区司令长官，但实际上是有职无权，处处受到蒋介石的掣肘和排挤。11月中旬后，武汉成为抗战中心，心系抗敌大业的冯玉祥在视察完平汉线南段的国防工事后，匆匆奔赴武汉。

一开始，国民政府军委会想把冯玉祥安排在汉口中央银行大楼里居住，但他觉得那地方过于热闹，无法办公，便找到了武昌千家街的福音堂。千家街福音堂原是基督教英国循道会的教堂，冯玉祥信奉基督教，是该教会的资深教友，在教会的邀请下，冯玉祥一家住进了福音堂区最大的一栋教牧人员住宅楼。这是一座英式建筑，楼上楼下的廊檐很大，住着很舒服，楼梯又宽又缓，上下楼梯十分方便且不费力气。据冯玉祥回忆：“院子里有许多树木，人行道的两边有白的、红的各色花草，非常美丽。”唯一的缺点就是房子旁边有一处很醒目的无线电台，很容易成为敌人飞机轰炸的目标。为此，冯玉祥专门派随从在房子周围挖了一个防空洞。

此时的冯玉祥在国民党内只保留了一些虚衔，但他并未因此消极，而是满腔热情地投入保卫武汉的抗战洪流中。

## 热心联共，团结抗战

冯玉祥认为要取得抗日战争的胜利，必须团结一切抗日力量。1937年初，冯玉祥联合宋庆龄等民主人士在国民党五届三中全会上提出有关恢复孙中山的“三大政策”、团结御侮的提案，主张国共合作、共同抗日。在武汉期间，冯玉祥与共产党的关系日益密切，特别是与周恩来友谊颇深。在冯玉祥眼里，周恩来是一个“识大体，明大义，同时又很能忍耐”的人，是他十分敬重的朋友。

1938年2月14日，周恩来和王明来到千家街看望冯玉祥。这天，他们穿着八路军军服，同为军人的冯玉祥见状顿感亲切，忙招呼两人到会客厅坐下。当时日军已逼近徐州，国民党内弥漫着投降妥协的气息，这让冯玉祥十分忧虑。对此，周恩来谈了自己的意见，他说："今天，日寇对我国实行全面的进攻，我们争取抗战胜利的中心关键，在使已发动的抗战发展为全面的全民族的抗战，只有这种全面的全民族的抗战，才能使抗战得到最后胜利。"他看了看冯玉祥接着说，"但是，目前最高当局却缺乏民众的意识，把抗战只看成是政府的事，处处害怕和限制人民参战，阻止军队与民众的结合，这种做法可能取得局部的胜利，然而却不能得到最后的胜利。"冯玉祥听了，点了点头表示同意，并问道："周先生，您看抗战的前途如何呢？"周恩来回答："由于当前抗战还存在弱点，在今后抗战的过程中可能会发生许多挫败，因此要看到这场战争是艰苦的持久战。"随后，他又向冯玉祥阐述了中国共产党提出的《抗日救国十大纲领》，冯玉祥对此表示深深赞同。

这次会晤他们谈得很是投机，冯玉祥主张国共合作、团结抗战的态度令周恩来十分赞赏，而周恩来对抗战局势的精辟分析和谦虚诚恳的态度也给冯玉祥留下了深刻的印象。周恩来离开后，冯玉祥对左右的人感慨地说："我知道的东西太少了。"第二天，他就在会客厅内写下了八个大字——"吃饭太多，读书太少"，以此自省与自勉。

经过这次谈话，冯玉祥的认识有了很大的提高，从此他与中国共产党保持了密切的联系。当时冯玉祥在千家街给自己的随从开办学习班，在他的恳求下，周恩来先后派邓颖超、李涛、凯丰等同志到千家街上课，给学员讲统一战线和游击战的道理。在这些同志的启发和帮助下，冯玉祥身边工作人员的思想有了不同程度的进步，他的二女儿冯弗伐当时就积极参加了邓颖超发起成立的儿童保育委员会的工作。为了答谢这些同志对自己部属的辛勤教育，冯玉祥特意在汉口宴请他们，不过他本人因有事未能出席，最后委派秘书代为招待。此外，冯玉祥还把自己的手枪队中的部分人员送去陕北学习，并派赵力钧、周茂藩、李正义等随从前往延安抗大和陕北公学学习。为此，他还专门向蒋介石提出建议："可不可以派人到陕北看一看？好的，我们学他的；坏的，对他指示。"

有一天，邓颖超代表周恩来到千家街看望冯玉祥，正巧冯玉祥在会客。邓颖超在会客厅等候时提笔写下了八个字："精诚团结，贯彻始终。"冯玉祥看了，十分赞同："现在就要写这个，抗日和团结，不能分开。"正如周恩来所期望的，冯玉祥此后一直为团结合作、坚持抗战而奔走。

## 热心文艺，宣传抗战

冯玉祥在武汉时十分热心文艺事业，时常和聚集在武汉的文化人士来往，尽力做些抗日宣传工作。当时冯玉祥曾邀请老舍、吴组缃、赵望云等文艺界人士住到千家街，他们中有的帮冯玉祥核稿，有的与他共同讨论天下大事。冯玉祥对这些文艺界进步人士十分尊敬，有一次冯玉祥在外视察江防工事，回来后还专门为老舍、楼适夷带了鹰毛扇以示慰劳，他鼓励老舍和楼适夷要像雄鹰那样顽强，在文艺界做出成绩。

有一天，冯玉祥请老舍吃饭，谈起能否出一本通俗抗战杂志，老舍风趣地说道："在下有人有笔，就是印不出来。"冯玉祥当即表示："印刷和经费问题我来解决，文章由你们来写。"很快，冯玉祥就筹备了资金，在汉口统一街创办三户印刷社，"三户"取自《史记》中的"楚虽三户，亡秦必楚"，表示抗战必胜的意思。当时印刷社出版了冯玉祥自己的著作《抗战诗歌集》以及一些进步书刊，如《抗日的模范军人》《抗日的伟大民众》等，同时还印刷了《列宁全集》、毛泽东的《论持久战》等著作。

1938 年 1 月 1 日，在冯玉祥的支持下，老舍、老向等人在武昌创办了当时颇有影响力的文艺期刊《抗到底》，意为"抗战到底，建国必成"，表明了与全国民众一起抗战到底的决心。冯玉祥还在创刊号上写了《献辞》和诗歌《可爱的伤兵》。该刊采用了群众中广为流行的通俗形式来宣传抗日救亡，深受读者喜爱，对点燃群众的抗战热情起到了很大的作用。

冯玉祥喜爱美术，希望通过美术的形式来宣传抗战，于是他邀请赵望云、汪子美等画家，合力办一种宣传抗战的画刊。1938 年 1 月，在冯玉祥的鼎力支持下，由赵望云主编的《抗战画刊》正式发行，该刊利用图文结合的方式进行抗战宣传，内容主要是民间抗战故事、军民合作故事等，因通俗活泼在群众中广为流传，一经出版，很快就销售一空，在抗日宣传工作中产生了广泛的影响。那时出版书刊并非易事，不仅有资金困难，还要接受国民党当局的审查。对此，冯玉祥利用自己的身份，不仅在经济上支持刊物的创办，而且在政治上加以保护。有冯玉祥做后盾，这些美术工作者的创作环境更加自由了。当时一些美术工作者客居千家街，一起办公，同桌吃饭，工作虽然紧张，但劲头十足。画家汪子美后来回忆道："冯先生对我们充分信任，从不干预编辑工作，总是鼓励我们更充分地发挥工作活力。我们尽量使画刊保持较高的质量，每当把样稿送给冯先生看，他都点头表示满意。"

当时汇集在武汉的爱国作家们强烈要求组建一个文艺界的联合组织，而国民党当局为了笼络这些文艺界人士，早就想成立一个文艺协会，奈何这些文人并不买账。因此，文艺界人士在准备文艺协会成立大会的相关事宜时，受到了国民党当局的阻挠与刁难。冯玉祥了解此事后，便利用自己的身份帮助他们解决了很多问题。经过紧张的筹备，中华全国文艺界抗敌协会于 1938 年 3 月 27 日正式宣告成立。这次成立大会是全国文艺界的一次隆重会议，冯玉祥以"丘八诗人"的身份出席了大会，并当选为"文协"理事，受到了广大文艺工作者的热烈欢迎。在会上，他身着一件过膝的灰布上衣，轻拂一块手绢，兴奋地唱起了泰山民歌《柴夫的儿子》，博得满堂喝彩。会后，冯玉祥在汉口普海春大饭店招待文艺界人士，当时五六百位文友欢聚一堂，畅谈团结抗战，实为一大快事。

"文协"成立后，适值敌机不断轰炸武汉，由于没有会址，冯玉祥便提供他在千家街住处的客厅，供理事会开会。会后，冯玉祥请吃便餐，吃的是烧饼、油条、小米粥。当“文协”缺乏经费时，冯玉祥也慷慨解囊，进行资助。著名文学家茅盾后来说：“文艺界抗敌的联合战线成立后，有力的支持者之一，就是冯焕章将军。”

## 丘八诗人，布衣将军

冯玉祥是一个善于带兵打仗的爱国将军，同时也是一位诗人。冯玉祥少时家境贫寒，只读过一年零三个月的私塾，但是他勤奋好学，虚心向文人请教，致力于通俗诗歌创作，他谦虚地称自己的诗歌为“丘八诗”。1938 年，武汉群众抗日运动风起云涌，这让居住在千家街的冯玉祥心潮澎湃，于是他以笔作枪，用他自己的“丘八诗”来宣传抗日。据不完全统计，仅 1937 年 8 月至 1938 年 8 月，冯玉祥在邹韬奋主编的《抗战》（三日刊）上，就发表了 30 余首诗。

1938 年 3 月，三户印刷社出版了他的《抗战诗歌集》，收录诗歌达 80 首。冯玉祥在自序中谈道：“（我）时常写些粗而俗的‘丘八诗’出来，正就是想利用诗的形式，发挥一点灌输和唤醒的作用。”1938 年 1 月 9 日，他利用一起日军骑兵在上海遭遇炸弹袭击的新闻编了一首《炸弹》诗，发表在《抗战》（三日刊）上，鼓舞全国军民的抗战士气：

日本骑兵七十名，游行上海摆威风。
及至走到汉口路，忽然炸弹响两声。
当时伤亡七八个，队伍大乱不成形。
手慌脚忙捉凶手，只是凶手无处寻。
逢人搜查逢人捉，挨家挨户去撞门。
一天一夜终不获，倭寇胆怕心震惊。
神出鬼没出奇袭，中国遍地皆英雄。

以此展开游击战，民众武力永无穷。

全国团结抗到底，看敌何处逃性命。

虽然冯玉祥文笔并不那么“文艺”，但是字里行间却洋溢着饱满的热情和真挚的情意，是当年通俗文学园地里一朵众口称誉的奇葩。

冯玉祥虽身居高位，但始终保持着艰苦朴素的作风，平生清茶淡饭、粗布衣裳，与士兵同甘苦，同百姓共患难，因而深受士兵和民众的爱戴，人称“布衣将军”。在千家街居住时，冯玉祥每天早上四点半起床，让随从到街上买一小篮烧饼、油条，喝点开水当早餐，中午则由饭馆送来馒头、面条和两盘素菜。他们一家穿着十分朴素，与普通市民没什么两样。

当时和冯玉祥同住在千家街的有老舍、楼适夷等文人，有李烈钧、鹿钟麟等军政人士，还有冯玉祥自己的随从人员和手枪营官兵。此外，在冯玉祥的帮助下，义光中学的学生也迁到这里上课，因而整个大院十分热闹。每周六晚上，这里都要举行晚会，凡是大院内的人，都可自由参加。

武昌千家街冯玉祥故居今貌

光阴逝去，历史流转。如今，在武昌区千家街8号的这座老房子中驻足，仿佛还能看到一位爱国将军为武汉抗战奔走的身影。在这一时期，冯玉祥以国民政府军委会副委员长的身份四处奔走，呼吁团结抗战，为保卫大武汉做出了重要贡献，正如周恩来评价道：“先生在不得志时，从未灰过心，丧过志，在困难时，也从未失去过前途。所以先生能始终献身于民族国家事业，奋斗不懈……”

（刘佳欣）

# “清官”的抗战岁月：石瑛故居

漫步在昙华林的青石板路上，满眼都是斑驳的老墙、婆娑的树影和古朴的街巷，转过一道爬满藤蔓的砖墙，三义村22号的红砖青瓦小楼便映入眼帘。这座融合了中式天井与西式拱窗的民国建筑，曾是辛亥革命元老、被誉为“民国第一清官”的石瑛的故居。1928年，时任湖北省建设厅厅长的石瑛选择在此安家，从此，这座小楼不仅是他生活的地方，也成为他规划湖北公路、整顿武汉轮渡、推动抗战救国的办公室。武汉抗战时期，石瑛与董必武曾在此彻夜长谈，共同策划抗日训练班。门楣上那块“石瑛故居”的铭牌，像一把钥匙，为我们开启了这位民国清官的传奇人生之门。

## 初任建设厅厅长，昙华林建私邸

石瑛（1879—1943），字蘅青，湖北阳新走出来的清末举人，却以实业报国的赤子之心，在中国近代史上刻下了一道独特的印记。从在比利时学习铁路专业，到在法国学习舰船制造，最终在英国伯明翰大学学习矿冶并获得硕士学位，他十几年的海外求索，每一步都踏出“报效家国”的铿锵足音。作为中国同盟会欧洲支部的组建者之一，他曾在布鲁塞尔为革命理想奔走筹款。民国成立初期，他是孙中山倚重的临时大总统秘书。政坛浮沉中，他曾执掌湖北、浙江、南京的建设大权，却始终一袭布衣、两袖清风，时人把他与张难先、严立三并称为“湖北三怪”，后人称他为“民国第一清官”。

石瑛故居的修建，承载着这位辛亥元勋的家国情怀与时代印记。在任国立武昌大学校长、北京大学教授等职之后，1928年石瑛出任湖北省建设厅厅长。当时正值湖北政局初安、百业待兴之际，为深入推动湖北实业发展与民生建设，他选择在武昌县华林三义村购地筑宅，既为公务之需，亦作安居之所。选址昙华林，源于此地深厚的历史底蕴与人文气息。三义村曾是明清时期供奉三国英烈“刘、关、张”的灵端道院旧址所在地，清末虽遭战火损毁，但文脉犹存，成为文人雅士的聚集地。石瑛心仪此处“风物清嘉”，认为此地既有传统民居的烟火气，又有离武昌政治中心较近的便利，遂在此结庐而居。

建筑本身也折射出石瑛的务实精神与中西融合的视野。这里初建时仅是一栋平房，因友人提醒采光受阻，石瑛又请人将其加建为两层砖混结构的石库门小楼。红墙青瓦与麻石门框延续了武汉传统民居的形制，而铸铁栏杆、拱券门窗等细节则融入欧洲实用主义风格，恰似他“实业救国”理念的物化表达——既扎根本土，又博采西学之长。这座宅邸不仅是石瑛的居所，更成为他践行理想的“精神堡垒”。他在此主持湖北公路、水利等基建工程，接待陈独秀、李四光等人并与他们探讨实业兴国，更与董必武达成合作创办抗日训练班的共识。红砖青瓦间，一位清官的志业与一座城市的记忆悄然重叠。

## 再任建设厅厅长，构建湖北抗战生命线

1930 年，石瑛卸任湖北省建设厅厅长之后，先后任浙江省建设厅厅长、南京市市长、考试院铨叙部部长等职。石瑛为官一地，好评如潮，在担任南京市市长以后，他被称为“布衣市长”。1937 年，湖北省政府改组，石瑛临危受命任建设厅厅长，再次与严立三、张难先共事，肩负起筹划后方基地、支撑武汉抗战的重任。

武汉作为战时临时首都，其战略转移通道关乎国脉。石瑛任湖北省建设厅厅长期间，筹划组织武汉的工厂设备和湖北省政府西迁，根据战时需要发动民众，以非凡的效率在崇山峻岭中抢修公路网。依据《非常时期应变方案》，

在他的亲自部署下，施利路（恩施—利川）打通了入川门户，连接四川万县；咸来路（咸丰—来凤）开辟了南向湘西走廊；施宜路（恩施—宜昌）构筑了连接鄂西与江汉平原的命脉。这些在敌机轰炸下艰难推进的工程，以“月均200公里”的速度奇迹般地完成，有力配合了抗战军事行动，保障了湖北军民的物资补给。1938年10月，武汉撤守，数十万军民、大批工厂学校、大量珍贵图书仪器，正是通过这些“血管”安全地转移到了鄂西山区。

作为建设厅厅长，石瑛还负责将省属工厂紧急迁往鄂西、陕西、四川，力求恢复生产，支援前线。为保障军民被服，石瑛在鄂西来凤县创办棉业场。张难先巡视至此，盛赞此举乃解决施鹤人民无衣穿的当务之急，并勉励员工增产。后来石瑛辞去省府委员后移居建始，仍继续组建棉麻生产合作社，将产品平价供应给军队或捐赠给医院。

石瑛素以清廉耿介著称，他任湖北省临时参议会议长时，领导参议员发挥监督作用，敢于质询甚至弹劾高官，如弹劾陈诚亲信、贪污的建设厅厅长朱一成等，其刚正风骨令贪官胆寒。

1938年7月，国民政府湖北省政府委员举行宣誓典礼后合影（右三石瑛，右四陈诚，右五张难先）

武汉失守后，日军在沦陷区推行毒化政策，以毒品作为诱饵收买汉奸。后方宜昌、恩施毗邻盛产鸦片的川黔，长期以来也公开种植鸦片，所以鸦片流毒较广。石瑛利用参议会平台建议“用重典”禁烟，推动了《湖北禁烟治罪暂行条例》的颁布，湖北由此掀起了一场荡涤毒害的运动。

## 支持国共合作，创办汤池训练班

石瑛是辛亥革命先驱、国民党元老，在大革命时期曾对国共合作持疑虑甚至反对的态度。但是，抗战全面爆发后，一方面基于民族大义和抗日救亡，另一方面基于中国共产党积极抗战的姿态和作为，石瑛对国共合作展现出积极的态度，尤其是和中国共产党一起创办了汤池训练班，培养了大批抗日干部。

汤池训练班全称“湖北省建设厅农村合作委员会农村合作事业指导员训练班”，是石瑛与中共中央驻武汉代表董必武合作创办的抗日干部训练机构。1937 年 12 月，石瑛与董必武多次深入会谈，基于抗日救亡的共识，决定合作培养游击干部。石瑛以省建设厅的名义提供掩护和经费，委任前厅长李范一为主任，在应城汤池设立训练班，实际工作由董必武指派的陶铸（中共湖北省委宣传部部长）主持。训练班共办了 4 期，主要学习政治理论、游击战术与群众工作，培养了一批农村抗日骨干。学员毕业后以合作指导员的身份分赴鄂中各县，秘密恢复和发展党组织，成为发动豫鄂边区敌后抗日游击战的核心力量。国民党第 5 战区文化工作委员会领导的工作站和工作队中，很多干部也是经过了这里的培训的。

汤池训练班浓郁的共产党色彩，引起国民党内顽固派的攻击，有人甚至说出“应城红了半边天”等破坏团结的言论。对此，石瑛凛然驳斥道：“现在是国共合作，你救国就不许别人救国吗？”

1938 年，通过董必武的推荐，石瑛还派左觉农到襄阳的棉业改进所办训练班，另派李实（抱一）协助。左觉农是从中共中央回湖北开展西北部工作的，他在棉业所训练班发展了一批中共党员。

1943 年 12 月 4 日，石瑛病逝于重庆。其一生清廉自守、嫉恶如仇、赤诚报国，赢得了广泛敬仰。《新华日报》在石瑛逝世次日发表短评，称："石瑛先生值得我们追忆的是他从政的清廉自守和对官场奢浮嫉恶如仇……在抗战的今天，这样的操守是特别可贵的。"

## 故居新生，跨越时空的精神回响

武汉沦陷后，石瑛故居在时代变迁中逐渐湮没于市井烟火。至 20 世纪末，随着城市改造的推进，石瑛故居因年久失修面临拆除危机。2003 年，

武昌昙华林石瑛故居

武汉市人民政府为保护历史遗址紧急叫停了石瑛故居危房改造工程，启动原貌修复工程。此次修缮遵循“修旧如旧”的原则，保留了红墙青瓦的建筑肌理与铸铁栏杆的西式细节，使这栋承载历史记忆的小楼重获新生。2008年，石瑛故居被湖北省人民政府公布为省级文物保护单位，正式纳入制度化保护体系。此后10年间，随着昙华林历史文化街区改造工程的推进，石瑛故居在2016—2019年一期修缮中得到重点维护，2020年二期工程进一步加固其结构，使其成为街区内中西合璧建筑的典范。

如今的石瑛故居，已从封闭的私人空间转型为开放的文化地标。作为昙华林16个街头博物馆之一，故居通过场景复原与图文展示，再现了石瑛主持湖北建设、与董必武共商抗日大计等历史场景。建筑一层设有专题展厅，陈列着石瑛使用过的土布长衫、办公桌椅及《湖北建设厅工作报告》等珍贵史料，辅以多媒体设备讲述石瑛的传奇人生。二层则为文化交流空间，定期举办“清廉文化沙龙”，邀请学者解读石瑛的廉政思想与实业理念。这种“保护—展示—教育”的复合模式，使石瑛故居成为武汉近代历史教育与廉政文化建设的重要场所。昙华林以石瑛故居为核心打造“清风昙华”廉政文化品牌，通过举办“石瑛廉政故事讲堂”、组织党员重温《新华日报》对石瑛的评价等活动，将历史资源转化为新时代廉政教育的生动教材。

（杨俊）

# 国际友人的聚集地：鲁兹故居

在汉口鄱阳街32号，有一处静谧的院落，一座看似寻常的小楼矗立其中。这是一幢两层高的建筑，占地面积达646平方米，弧状的大门独具风情，和中世纪欧洲教会建筑的风格相似，为横平竖直的长方体。大坡屋顶，方石墙基，正立面连续的拱券门窗，外框凸出，造型优美。鲁兹在汉口任圣公会鄂湘教区主教时，曾携全家寓居于此。武汉抗战时期，安娜·路易斯·斯特朗、艾格尼丝·史沫特莱、诺尔曼·白求恩、尤里斯·伊文思等国际友人到汉后，都曾在鲁兹家中居住，路易·艾黎、伊斯雷尔·爱泼斯坦也在此留下了活动的足迹。其中，史沫特莱在此居住达10个月之久。因此，这座被后人称作“鲁兹故居”的房子，也常常被称为“史沫特莱旧居”。这里不仅是抗日战争时期国际友人的重要聚集地，更是一座跨越世纪、维系国际友谊的桥梁，见证了国际友人对和平与正义的追求。

## 鲁兹：支持中国革命，支援中国抗战

鲁兹（1870—1945），中文名为吴德施，美国人，先后毕业于哈佛大学文学院和剑桥神学院。1896年11月由美国圣公会派遣来华，在武昌高家巷圣约瑟堂任堂牧，1899年改任汉口圣保罗堂堂牧，1904年11月任圣公会湘鄂皖赣教区主教，1912年教区调整后任鄂湘教区主教，1938年4月退休回到美国。自踏上中国土地的那一刻起，鲁兹主教便对中国的革命运动满怀深切的同情与热忱。他曾支持胡兰亭、黄吉亭等人创办传播西学和含有反清倾向的书报阅览室日知会。在其支持下，日知会总部设在武昌高家巷圣公会教堂。1906 年底至 1907 年初，日知会被破坏，刘静庵等 9 人被捕，鲁兹主教亲自出面营救，并在美国教会刊物《传教精神》上发表《刘静庵——囚徒》一文，谴责清吏对革命者的镇压。1911 年辛亥阳夏战争爆发后，鲁兹主教责成文华中学校长余日章等人组织红十字会，在汉口圣保罗座堂建立临时伤兵医院，为起义军民及战区灾民服务，并自任汉口救灾执行委员会主席。在之后的历史进程中，鲁兹的家成为进步新闻记者、外交人员以及革命人士频繁交流、思想激烈碰撞的重要场所。

日本发动全面侵华战争后，中国成为世界反法西斯战争的主战场之一，鲁兹的家迅速成为热爱和平、支援中国抗战的国际友人的汇聚中心。到过鲁兹家里的著名国际友人包括埃德加·斯诺（美国）、安娜·路易斯·斯特朗（美国）、艾格尼丝·史沫特莱（美国）、诺尔曼·白求恩（加拿大）、尤里斯·伊文思（荷兰）、罗伯特·卡帕（匈牙利）、沃尔特·博斯哈德（瑞士）、埃文斯·福代斯·卡尔逊（美国）等，路易·艾黎（新西兰）和伊斯雷尔·爱泼斯坦（出生于波兰，1957 年加入中国籍）也曾出入于此地。

埃德加·斯诺（1905—1972），出生于美国密苏里州堪萨斯城。1928 年斯诺来到中国上海，担任《密勒氏评论报》的助理主编，从此开始将自己的命运与中国的命运紧密地连接在一起。1936 年，斯诺冲破重重封锁，来到陕甘宁边区，成为第一个到苏区采访的西方记者。次年，他写成并出版了轰动世界的《红星照耀中国》，这是第一部向全世界系统地介绍中国共产党情况的著作。成千上万的国内外人士通过此书了解到中国共产党和红军的真实形象，不少国际友人也受此鼓舞来到中国支援抗战。1938 年 7 月，埃德加·斯诺从香港乘飞机来到武汉。在武汉会战最紧急的时刻，斯诺在武汉停留了 7 周，面见了周恩来、蒋介石等人，向周恩来介绍了他和新西兰友好人士路易·艾黎正在创办的中国工业合作协会的情况。

尤里斯·伊文思（1898—1989），荷兰人，世界纪录电影大师。1938 年，在日军入侵中国的艰难时刻，伊文思辗转跋涉来到武汉，以摄影机作为战斗武器，拍摄了名垂影史的纪录片《四万万人民》，如实记录下中国抗战的一个个精彩片段，传递出四万万人民同仇敌忾的呐喊，讴歌了一个民族矢志不渝抗战到底的精神。伊文思说：“早在 1938 年，轴心国在欧亚两洲搞法西斯军事帝国主义侵略战争的时候，我便到了中国。我用我的摄影机，记录了近代史上中国人民的反帝事业和解放斗争。”难能可贵的是，《四万万人民》还特地拍摄了八路军武汉办事处开会的场景，留下了珍贵的历史影像。后来，在周恩来、叶剑英的安排下，伊文思赠送的摄影器材历经艰险被运到延安。1938 年 9 月，延安电影团宣告成立。

罗伯特·卡帕（1913—1954），出生于匈牙利，后入美籍，是美国《生活》杂志的摄影师，也是 20 世纪最著名的战地记者之一。1938 年，卡帕应伊文思之邀，为影片《四万万人民》拍摄剧照并担任电影助理。3 月初，卡帕抵达武汉，带上相机开始工作。直到 9 月底，卡帕一直都在武汉，见证了武汉保卫战的主要过程，也留下了大量珍贵而经典的照片，包括蒋介石在武昌主持军事会议的照片、一批国共要人的照片、武汉军民参与抗日救亡活动的照片。难能可贵的是，他还留下了四张彩照。其中，最经典的一张照片是他拍摄的特写肖像照《中国的守卫者》，照片中，一个年轻的中国士兵头戴钢盔，头颅高昂，神情坚毅，展现了中国人民英勇抗日的凛然之气。1938 年 5 月 16 日，美国《生活》杂志将此照片用作封面，并用 7 个版面的篇幅登载了卡帕在武汉的采访。卡帕通过这种视觉呈现方式，将武汉抗战的场景传递到了全世界。

沃尔特·博斯哈德（1892—1975），瑞士记者、现代新闻摄影先驱，以记录中国抗战及拍摄首部延安影像纪录片闻名。博斯哈德的经历丰富而具有传奇色彩。1933 年，他记录下了日军铁蹄下的东北。1934 年，他目睹了伪满洲皇帝溥仪的复辟。1938 年，他在武汉获得周恩来签发的延安通行证，随后，他深入延安，使用 16 毫米摄影机拍摄了黑白无声纪录片《通往延安之旅》，记录了毛泽东、抗大学员及边区军民的生活。

埃文斯·福代斯·卡尔逊（1896—1947），原为美国总统罗斯福的卫队队长，1937年至1939年担任美军驻中国军事观察员。抗日战争时期，卡尔逊深入华北敌后抗日根据地，跋涉几千公里，获得许多第一手资料。在延安，他与毛泽东进行过两次长谈，对毛泽东崇拜不已，毛泽东也曾赠给他亲笔签名照片。卡尔逊回到美国后，根据这次深入前线的考察，撰写了两本书——《中国的游击战争》和《中国的双星》。同时，他还在美国极力宣传八路军的英勇善战，呼吁美国政府禁止对日贸易。太平洋战争爆发后，卡尔逊运用八路军的游击战术，两次率部，分别突袭了马金岛和瓜达尔卡纳尔岛，赢得了巨大的声誉。

鲁兹是一位开明的、具有民主思想和正义感的宗教神职人员，他积极支持共产党人在武汉的抗日救亡活动。中共领导人周恩来、朱德、彭德怀等人怀着对鲁兹主教的敬重与信任，都曾亲临此处，与他共商抗日大计。鲁兹主教也常常参加八路军武汉办事处的各项活动，主持和参加基督教负伤将士服务协会湖北分会及武汉基督徒难民服务团的工作。

1938年，鲁兹（右一）、斯特朗（右二）、彭德怀（右三）等在鲁兹住宅前合影

1938 年 4 月，在鲁兹主教告老回国前，周恩来亲笔题词相赠："兄弟阋于墙，外御其侮——这是吴主教在华四十年的最后宝获。嘤嘤其鸣，求其友声——这是我们希望吴主教带回国去的福音！"字里行间，满是对鲁兹主教的敬重与期许。随后，周恩来等人还在八路军武汉办事处屋顶花园为他举办了一场庄重而深情的告别宴会，以表达对这位异国主教的不舍与敬重。

## 史沫特莱："忘记了自己不是一个中国人"

1938 年在鲁兹故居居住过的外国友人中，居住时间最长的是美国著名作家、记者艾格尼丝·史沫特莱女士，她在这里度过了她生命中刻骨铭心的 10 个月。

艾格尼丝·史沫特莱（1892—1950），生于美国的一个贫苦农民家庭。1929 年前后，她作为《法兰克福报》特派记者来到中国，同宋庆龄、鲁迅等进步人士交往甚密，成为中国人民的忠实朋友。抗战全面爆发后，她冒着枪林弹雨来到山西八路军总司令部担任随军记者，和战士们一起过着艰苦的生活。1938 年 1 月，随着华北战事的紧张，史沫特莱从抗战前线来到武汉。

在漫长而艰辛的路途中，史沫特莱目睹了中国抗战伤兵的悲惨景象：由于缺医少药，许多伤员伤口严重感染、化脓溃烂，沾满血污的绷带无法更换，散发着令人揪心的气味；一些伤员甚至因得不到及时救治，在痛苦的折磨中失去生命，他们绝望的眼神和痛苦的呻吟如同一把把利刃，深深刺痛了史沫特莱的心，也坚定了她为中国抗战医疗事业奔走的决心。

史沫特莱在中国的活动，不仅让更多国际主义者了解到中国抗战的真实状况，还吸引他们纷纷前来支援，其中就包括著名的白求恩。当时，史沫特莱接到美国驻华大使馆的通知，说有一个从美国赶来的医务小组希望为八路军提供医疗服务，请她负责接待并介绍八路军的情况。史沫特莱即刻赶到大使馆，与医务小组成员会面。去后她得知，这个小组仅有三名医务工作者，而领队正是大名鼎鼎的白求恩。白求恩是加拿大共产党员，是一位经验丰富、医术精湛的外科医生。1936 年，德国法西斯入侵西班牙时，他曾亲赴前线救治伤员。此次，受加拿大共产党和美国共产党的派遣，他远渡重洋来到中国，急切地希望为八路军伤病员服务。史沫特莱深受感动，由衷地赞赏道："白求恩大夫，您这种国际主义精神令我钦佩，值得我学习。"

"不，不，不！"白求恩谦逊地回应，"史沫特莱女士，您在中国工作了 10 年，将中国人民的解放事业视作自己的事业，为之不懈奋斗，这才是真正的国际主义精神！您向全世界如实报道了中国革命的情况，尤其是亲临前线，跟随八路军转战杀敌，写下诸多生动感人的战地通讯，让我深受触动。正因如此，我才决定来到中国，为八路军，为游击队伤病员服务，向您学习。"

就这样，两位国际主义战士在武汉相遇，在鲁兹主教家中相聚。史沫特莱向白求恩详尽地介绍了中国的抗战形势以及八路军缺医少药的困境，二人充分交流了意见。不久后，白求恩一行人就奔赴延安了。

史沫特莱不仅全身心投入红十字救护总队的工作，每至深夜，她还以笔为刃，满怀真情地向世人揭露战争的残酷。她常常通宵达旦，为《曼彻斯特卫报》撰写稿件，生动介绍抗日前线的八路军在极端艰难困苦的条件下英勇抗击日军的英雄事迹。她在文章中深情地写道："中国之抗战，不仅为民族生存之战，也为世界之正义与公理而战。"

在武汉的 10 个月里，史沫特莱以记者身份频繁前往前线采访，撰写了大量报道。1938 年 8 月 13 日，《抗战文艺》发表了她的特写《俘虏》，文章真实描绘了在八路军的教育感召下，一名日军俘虏从仇视中国军队到心生热爱，从敌对走向信任的思想转变过程，热情赞扬了八路军和老百姓对战俘的革命人道主义精神。同年 9 月 11 日，她在《大公报》发表文章，殷切寄语中国青年："在今天，每个中国人能起来保卫祖国，中国将永远不会被敌人征服。"

武汉沦陷后，史沫特莱转战新四军战斗的长江下游敌后战场。她不顾个人安危，冒着枪林弹雨进行战地采访，写下了大量中国军民与日军浴血奋战的通讯和特写，脍炙人口。1939 年 6 月，史沫特莱在给好友的信中深情地写道："在汉口度过的最后那段日子，还萦绕在我的脑际。"在保卫大武汉的日子里，她"一直忘记了自己不是一个中国人"。

## 薪火相传：革命精神与国际友谊永绽光芒

鲁兹自 1896 年起，在湖北武汉度过了 42 个春秋，有一半以上的时间都居住在鄱阳街 32 号的房子中。史沫特莱在武汉的 10 个月里，一直都住在这座房子里。由于史沫特莱被誉为"中国人民之友"，在中国具有巨大的知名度和影响力，这座房子被官方定名为"史沫特莱旧居（鲁兹故居）"。1988 年，史沫特莱旧居（鲁兹故居）被列为武汉市文物保护单位。1992 年，史沫特莱旧居（鲁兹故居）又被列为湖北省文物保护单位。

虽然鲁兹主教在 1938 年离开了中国，但是他的子孙一直与中国保持着联系。1972 年，周恩来私人邀请美国音乐家理查德 · 海顿夫妇到中国来表演双人钢琴，理查德·海顿的夫人正是鲁兹的大女儿弗朗西斯·鲁兹。1938 年，鲁兹主教曾与弗朗西斯 · 鲁兹向在汉外国友人征募 10 万多元送至八路军武汉办事处。后来，弗朗西斯 · 鲁兹还受邀前往延安。回到武汉后，弗朗西斯将她在延安和八路军中拍摄的照片以及所见所闻写成报道，寄给了英国《伦敦新闻画报》，增进了国际友人对八路军的了解。

2024 年 11 月，鲁兹故居迎来了特殊的客人——来自太平洋彼岸的鲁兹后人。鲁兹主教的曾孙女艾伦 · 鲁兹携儿子洛根 · 鲁兹及鲁兹家族后人，以及中美人文交流协会（PPX）一行人，重返鲁兹故居。这趟旅程对他们而言，是一场意义非凡的"回家之旅"。鲁兹后人踏入故居，忍不住用手轻轻触摸墙壁上的红砖，那粗糙的质感仿佛在诉说着往昔的故事。他们登上屋内狭窄的木质楼梯，俯身爬上隐藏的阁楼，走进每一间屋子，用心感受着历史

史沫特莱旧居（鲁兹故居）

的余温。艾伦·鲁兹在接受采访时动容地说：“我们看到鲁兹主教的故事和住所在中国被保存得很好，这让我十分感动。有这么多人都记得他曾帮助过中国。”艾伦·鲁兹还向鲁兹故居捐赠了 18 张鲁兹的老照片、《庐山组曲》唱片海报及历史新闻报道、书籍等珍贵物品，这些物品承载着鲁兹家族与中国的深厚情谊。

在当天的欢迎仪式上，中美人文交流协会会长史蒂夫激动地表示：“鲁兹主教生前曾对自己的孩子说：‘死后请将我的心脏送回中国，我属于中国。’今天我们和艾伦·鲁兹及孩子们一起再次回到中国，来到鲁兹故居，今天我们和你们一样，都是中国人！”

鲁兹故居，不仅是抗日战争时期国际友人的重要聚集地，更是一座跨越世纪、维系国际友谊的坚固桥梁，它将永远屹立在历史的长河中，见证着人类对和平与正义的不懈追求。

（朱江）

# 第四篇

## 血证如山：日军暴行遗址

日军侵占武汉后，美丽的江城沦为侵略者横行霸道的人间地狱。为了摧毁武汉军民的抗战意志，他们大发兽性，杀人放火，奸淫掳掠，无恶不作，在长达七年的黑暗岁月中，对武汉人民犯下了亘古未有、人神共愤的罪行。大孚银行，充满现代气息的金融之地，成为大孚宪兵队肆意屠杀武汉人民的魔窟；王家河镇石丘，每一寸土地都浸染着石丘惨案遇难者的斑斑血泪；坦教湖，60 多条土沟里填埋的累累白骨，无声地控诉着日军的血腥暴行；积庆里，人间烟火的繁华里分，被日军强占为发泄无耻兽欲的“慰安所”。多行不义必自毙，正义的审判终将降临在侵略者的头上，将他们永远钉在历史的耻辱柱上。“忘记历史就意味着背叛，否认罪责就意味着重犯。”前事不忘，后事之师，铭记伤痛，珍爱和平。

# 罪恶的渊薮，恐怖的魔窟：大孚宪兵队驻地旧址

在繁华的汉口中山大道与南京路交会处，有一栋大楼以其摩登的造型和独特的迷彩，吸引了无数人的目光。这座建筑就是原大孚银行大楼。大孚银行主楼共五层，纵向三段式构图，水刷石的立面，线条平直的壁柱，竖向长

大孚银行大楼（现武汉图书馆江城书房）外观

方形的钢窗，简洁明快的塔楼，整幢建筑充满了现代主义艺术情调，当时便享有“摩登大楼”的美誉。在武汉沦陷期间，此处却是臭名昭著的日军大孚宪兵队的所在地，是罪恶的渊薮和人间的地狱，令人闻之色变、望而生畏。盘踞该楼的大孚宪兵队因惧怕遭受美军飞机的轰炸，于是在建筑外墙涂上波纹状绿黄白三色伪装起来，至今外墙的迷彩色依然保留，成为大孚银行大楼独有的标识。

## 在汉日本宪兵队组织

大孚银行大楼名中有“大孚”二字，实际上却并非由大孚银行所建，而是 1936 年由武汉商人程沸澜、程子菊等人投资兴建。大楼建成后，程沸澜将正对中山大道的底层租给大孚银行作为营业处，而靠南京路方向的侧楼则租给各商户经营。大孚银行创办于 1927 年，是武汉市一家私营商业银行，由时任汉口总商会会长黄文植联合工商界人士发起创办，经营商业储蓄银行的一切业务。由于大孚银行的社会影响力大，这栋建筑被冠以“大孚银行大楼”的称呼。

1938 年 10 月武汉沦陷后，日军为了镇压中国人民的反抗，巩固在汉统治，成立了汉口宪兵队，直属日军华中派遣军最高司令官统率，负责管辖湖北全省各地驻扎的宪兵队，五十岚翠任首任队长。汉口宪兵队本部先设在今江汉路中国银行处，后迁往旧法租界和利冰厂楼上，下设庶务课（管理财政、给养、人事等）、警务课（管理警务、交通等）、司法课（管理日军军纪）、特高课（负责情报工作）。

汉口宪兵队下辖汉口、武昌、汉阳三个宪兵分队。武汉沦陷后，大孚银行总部迁往重庆，日本宪兵汉口队（或称“汉口宪兵分队”）便占据了大孚银行大楼。武昌宪兵分队和汉阳宪兵分队则分别设在武昌民主路基督教青年会和汉阳洗马长街晴川阁。

由于日本宪兵汉口队驻扎在大孚银行内，武汉人习惯称之为“大孚宪兵队”。大孚宪兵队的组织机构与汉口宪兵队本部大致相同，队长先后为纳春吉少佐、冈村少佐、服部少佐。大孚宪兵队下设庶务、司法、警务、特高四个班，在四民路长堤街口和硚口汉正街设有宪兵派出所，在特一区、刘家庙、循礼门、扬子厂（谌家矶）、水源地（宗关水厂）、维新路等地设有宪兵派遣队。此外，特高班派宪兵分驻茂隆打包厂、大王庙电厂、王家墩飞机场、野战邮电局，还在大智路等处设宪佐班，警务班在花楼街、姑嫂树、岱家山、循礼门等四处设置检问哨。

大孚宪兵队特高班下有宪佐班，内有队长、班长和宪佐等多人。宪佐分常务宪佐和特务宪佐两种。常务宪佐穿制服、戴袖章，常随宪兵一起在岗哨检查行人，或到各旅社搜查旅客。特务宪佐身着便衣，持有宪佐证，可以自由出入公共场所，搜集抗日情报，侦察和逮捕抗日人员。特高班还搜罗了众多的密探、联络员、稽查，这些汉奸特务虽不拿薪饷，但借助宪兵队的淫威敲诈勒索，做尽坏事。老百姓痛恨这些作恶多端的稽查，斥之为“鸡杂”。除此之外，大孚宪兵队还雇用了大批汉奸当翻译，他们帮助日军欺压同胞，为虎作伥。

## 杀人的魔窟

大孚宪兵队对武汉人民实行恐怖统治。他们肆意逮捕市民，严刑逼供，滥杀无辜，镇压抵抗组织，其罪行罄竹难书。他们不仅在汉口的水陆出境处和交通要道设置检查哨，还经常以检查户口等名义，到旅社、行栈、市民住宅等处进行突击检查，凡是遇见没有“良民证”的人，或问话时一言不合的，就将人抓走。每当发生铁路运输事故、军用仓库失窃和失火等事件，大孚宪兵队就大肆逮捕附近“可疑”的居民。

为了侦缉和镇压地下抗日人员，大孚宪兵队不仅安排特务四处打探，还鼓励告密，常常根据密告乱捕滥杀。落入其魔掌的有国共双方的情报人员，各战区来武汉的物资采购人员和投奔抗日根据地的进步青年等也是大孚宪兵队的逮捕对象。1938 年冬，宪兵队在汉口伟英里无故抓走七八人，一位 22 岁的孕妇被杀害。1941 年，特高班班长田村接到密报，说是汉口后花楼翠仁旅社藏有新四军人员，他们采购西药和印刷机托人运走，秘密进行抗日宣传，劝人投奔新四军。田村于是派人到旅社抓获无辜百姓刘虎父子等数人。在严刑拷打之下，刘虎父子屈打成招，被迫承认自己是新四军，最后二人惨遭杀害。

在白色恐怖笼罩下的武汉，还有不良市民和流氓分子利用大孚宪兵队的残暴，挟嫌泄恨地报复他人。1942 年，汉阳居民丁先发被人诬告为新四军，被关押进大孚银行大楼，宪兵藤山伍长对他进行了审讯，用尽了各种刑罚也不能让其招供。因为丁先发并非新四军，无供可招。日军心生毒计，让告密者与丁先发对质，并且恫吓告密者，如果丁先发不自认是新四军，就要以诬告罪将告密者处死。这个告密者为求自保，一口咬定丁先发是新四军，使其最终被冤杀。

大孚宪兵队是执行恐怖政策、屠杀中国人民的罪恶机关，大孚宪兵队驻地大孚银行大楼因此成了一座令人闻风丧胆的杀人魔窟。凡是被抓进这里的人，如同走入阎王殿，往往凶多吉少；就是侥幸被释放的，也是遍体鳞伤、九死一生。宪兵队的审讯方式极其残暴，常用的手段有殴打、鞭抽、灌水、触电、狗咬、绑吊、电烙、电针、钉竹签等。他们会将人的四肢反绑悬吊，或把人背起来往地上摔，或先灌大量盐水再在肚子上踩，或施以电刑，或唤狼狗撕咬……

1942 年 10 月，在大孚银行大楼楼顶，突然一个 20 多岁的青年一跃而下，当场摔死，身上还捆绑着绳索，颈部血肉模糊，遍体鳞伤。日军宪兵赶忙跑出来，把尸体抬入楼内。这名死者是被日军强灌了一肚子凉水，惨遭酷刑后，趁日军不备，纵身跳楼的。

在大孚银行大楼里，被抓之人往往先遭受严刑逼供，继而被残忍地一杀了之。之后，宪兵会将被处死之人装进麻袋，半夜用汽车运到长江边的日军军用码头，抛入滚滚的江水中。在日军血腥统治武汉的 7 年中，凡是被宪兵队抓走的中国人大多杳无音信。1946 年，原汉口日军特务部部长、战犯福山太一郎等人在汉口日本战犯拘留所供称，宪兵队对受害者尸体的处理方式除了抛尸江中外，还有用硝镪水化尸灭迹。

被大孚宪兵队屠杀的对象不仅包括抗日志士，凡对日军有不满者便会招来杀身之祸。武昌长春区居民秦忠石经商于蒲圻，茶余饭后偶然对亲友谈过中国抗战必胜的话，被日商告发遭逮捕。日军“竟令其自掘土坑，活埋地下，居民无不为之泪落”。

由于日军的惨无人道，中国人一谈起大孚宪兵队，无不谈虎色变、不寒而栗。武汉市民经过大孚银行大楼时也是提心吊胆、如临深渊。“一进宪兵队，有去没得回，就是出来了，也要成残废。”“阎王殿门朝西开，胡里马里抓人来。各样刑罚都用尽，天天都把死人抬，惟愿鸡叫天快亮，惟愿鬼子早垮台。”这两首流传一时的民谣，就表达了武汉市民对大孚宪兵队的切齿痛恨。

## 正义的审判

多行不义必自毙。1945 年 8 月日本战败投降后，中国、苏联、美国、英国等 11 个国家组成远东国际军事法庭，在日本东京对犯下战争罪行的日本甲级战犯进行了审判。国民政府也建立了战争罪犯处理委员会，在北平、沈阳、南京、广州、济南、汉口、太原、上海、徐州、台北 10 个城市设立专门审判战犯的军事法庭，严惩了一批日本战犯和汉奸，伸张了正义。在汉口的军事法庭中，日本宪兵战犯占据多数，其罪行难逃正义的法网。

1946 年 11 月 26 日，武汉行辕审判战犯军事法庭审讯了“田村二二男案”。田村二二男是大孚宪兵队曹长，民国三十年（1941 年）六月，汉口中山公园一带发生电线被窃事件，田村二二男为逼令居民指认偷窃电线的人，拘禁和强迫两三千人站立，日晒雨淋三日夜，激起强烈民愤。田村二二男任黄陂宪兵分遣队长时，还拆毁多处民房，强夺房屋材料以建造营房。武汉行辕审判战犯军事法庭对田村二二男的起诉书中指出："郊野电线不知为何人所窃，被告不查其窃取之人，而于纵横数里内无辜之人民以欺骗之手段集体拘禁，不顾烈日之灼炎，不思淫雨之灌淋，使其饥不得食，渴不得饮，昼弗能生，夜弗能眠，真是惨无人道。不以我国之人民为人民，任何国际惯例，无有如此残酷者。"

法网恢恢，疏而不漏。1946 年 12 月 17 日，武汉行辕审判战犯军事法庭宣判田村二二男无期徒刑，使其受到应有的惩处。

此外，汉口宪兵队军曹大坪盛康因共同谋杀罪，被判处无期徒刑；汉口宪兵队曹长长田秋雄因连续对非军人施以酷刑，被判处 10 年有期徒刑；汉口宪兵队特高科科员、宪兵科科长神谷传七因对非军人施以酷刑，被判处 10 年有期徒刑等。

值得一提的是，1946 年年初，盟军中国战区参谋长、驻华美军司令魏德迈奉命在上海组建美军军事法庭，审判日本军队在中国大陆和台湾地区杀害美国飞行员被俘人员等有关案件。他们先于中国各地的军事法庭对日本战犯进行了审判。汉口宪兵队准尉藤井勉、曹长增井昌三、军曹增田耕一、上等兵白川与三郎被执行绞刑，汉口宪兵队司令福本龟治被判无期徒刑，汉口宪兵队军曹久松稔、山口久吉、西川正治被判处 15 年有期徒刑，军曹冢田孝吉、竹内义幸、藤井顺一被判处 12 年有期徒刑等。

美军军事法庭及武汉军事法庭对汉口宪兵队战犯的审判，对于饱受其残酷镇压和蹂躏的中国人民来说，是一件惩处元凶、伸张正义的重大事件，意义深远。这些双手沾满中国人民鲜血的日军战犯，将永远被钉在历史的耻辱柱上。

“历史是最好的教科书，也是最好的清醒剂。”如今，大孚银行大楼已被改造为江城书房，其建筑功能已转型为公共文化空间，但它仍承载着特定时期的历史记忆，曾作为镇压、审讯和监禁的场所，见证了侵华日军的暴行。它时刻警示着人们铭记日军的侵略罪行，铭记武汉人民曾经遭受的苦难，铭记历史，勿忘国耻，珍爱和平。

（王钢）

# 凝固的血泪，永恒的警示：王家河石丘惨案纪念碑

王家河石丘惨案纪念碑坐落在黄陂区王家河老街东面的广场上，其原址是1963年修建的王家河抗日惨案公墓。现在，公墓被改建为纪念碑的底座，墓正面刻有“石丘惨案简介”，背面刻有“石丘惨案公墓”字样。高耸的碑身立于公墓之上，整座纪念碑看起来如同一把利剑，直插天空，象征着抗战时期侵华日军用屠刀对王家河人民犯下的滔天罪行。1939年9月2日凌晨，日军以搜捕抗日游击队员为借口，对王家河集镇及其附近村落进行“扫荡”，抓捕了400余名无辜百姓，押往一处名为“石丘”的田里集中屠杀，制造了骇人听闻的“石丘惨案”。因其发生在农历七月十九日，又被称为“七一九惨案”。

1963年修建的王家河抗日惨案公墓

## 王家河镇成为游击区

1938年10月武汉沦陷，国民党军队和政权机构向西撤离，日军则受限于兵力不足，只能控制有战略意义的大城市和关键据点，对于广袤的乡村和次要城镇无力直接管辖，这使得遥望三镇的乡村地区出现了一定程度的权力真空，黄陂周围的局势暗流涌动。

一方面，溃散的国民党散兵游勇四处游荡，他们与当地流氓土匪沆瀣一气，落草为寇，以为害乡邻、打家劫舍为生。为了打击抗日力量，将统治的触角伸向远乡僻壤，日军常拉拢这些流窜的土匪团伙为自己服务。1939年年初，日军招收了占据黄陂西北的熊慕辉、横行黄陂以北山区的李汉鹏等部，将他们改编为伪军部队。

另一方面，国民党领导的敌后游击武装也在黄陂发展。在罗汉寺、长堰及长轩岭附近游荡的袁少其、谢桃伢、王纯烈等部，被国民党湖北第二区行政督察专员兼鄂东游击总指挥程汝怀收编为游击第7支队，由国民党黄陂县县长胡俊荪直接率领，王家河镇外的柑子树刘湾就是他们的重要驻地之一。国民党的游击队成分复杂，其中既有心怀抗日理想的爱国志士，也有被抽丁拉夫抓来的当地农民，还有打着抗日旗号趁机鱼肉百姓的兵痞流氓。

与此同时，共产党领导的新四军力量也不断壮大。武汉沦陷后，黄陂北的抗日自卫武装发展起来，任士舜在抗日救亡团体“新梅店社”的基础上组建了梅店自卫队。1939年前后，梅店自卫队转移到经扶（今河南新县），编入新四军游击第6大队。在王家河一带，新四军常在当地群众的配合下，打日伪、斗豪强、剪电线、断桥梁、毁公路。1939年年中，新四军第5、第6大队向王家河一带的伪军发起攻击，一举消灭了李汉鹏的所谓“中国人民自卫军”第8军，共击溃、击毙、俘虏2800余人。看到新四军取得了如此丰硕的战果，国民党游击队也不甘示弱，派出便衣队抓捕并处决了甘露维持会会长、汉奸魏勉武。

## 屠刀划破秋日黎明

李汉鹏部被歼灭、魏勉武被处决，令日军感到严重的威胁。为了报复新四军和国民党游击队，粉碎普通民众的抗战意志，与日军狼狈为奸的魏勉武之侄魏翳云怂恿日军对王家河一带进行“血洗”。他勾结驻黄陂县城的日军中队长门协制订行动计划，先派遣20余名日军骑兵到王家河勘测地形、绘制地图，将沿河两岸的大、小李湾等10多个村庄及王家河镇全部划为“匪区”，为“清剿”做准备。

日军的报复行动很快展开。1939年9月1日夜，700多名日军兵分三路，以魏翳云为向导，袭击王家河。一路日军直扑国民党游击队驻地柑子树刘湾，这路日军在路过高庙时，看到有8名和尚正在沐浴，竟然不由分说，直接将他们捆绑掳走。行至殷杜湾前，日军又撞见一群趁夜凉割稻谷的农民，当即强行将他们指认为游击队员，将他们砍杀在田中。

拂晓，当国民党游击队员还沉浸在睡梦中时，日军已经将柑子树刘湾团团包围。日军突然发起进攻，被枪声和喊杀声惊醒的队员们顿时乱作一团，完全没有机会组织有效的抵抗，几乎全部战死。日军攻占柑子树刘湾后，随即对王家河两岸的村庄展开大“扫荡”，疯狂折磨村子内的平民百姓。他们在村子内大肆劫掠，见人就抓。有两位青年妇女逃跑时被日军撞见，当即被日军强行脱去衣物，在众目睽睽之下被牵作猴戏。村民皆羞愤掩目，日军边施兽行，边拍掌大笑。一名19岁的青年躲在床下避难，也被日军搜出，绑在战马尾部拖行致死。产妇熊清英在农田避敌，被日军发现并硬指为游击队家属，惨遭杀害。日军不顾78岁老人刘银山的苦苦哀求，将他与孙儿一同乱刀砍死。在王家大湾，一户人家刚刚办完丧事，酒席未撤，日军无端猜测其招待过游击队员，于是纵火烧屋，烈焰腾空，26栋房屋顷刻化为灰烬。

日军在王家河镇上更是大肆掳掠搜捕街上的行商坐贾。豆腐铺王真记、家具作坊陈梅子、杂货店王文记等数十人被日军捉去杀害，从外地远道而来的20余名猪贩也一并遇害。日军还强行拖出10余名躲在暗楼里的妇女，横加侮辱。在柑子树刘湾及王家河镇外，人群四散而逃，日军来不及追杀，就向人群投放毒气弹，导致不少人口鼻流血、窒息昏厥，有两名孕妇中毒，胎儿在腹中腐坏。

1939年9月2日下午2时左右，日军把从王家河周围村庄抓来的村民赶到镇南一块名叫“石丘”的田里，中队长门协指挥士兵在石丘的四周设岗布哨，架起机枪，做好屠杀准备。他们先从人群中拉出十几个青壮年，让他们负责抬尸、挖坑、清洗屠刀。这些青壮年起初以为日军要先杀他们，早已胆寒战栗，只能任由日军摆布。青年农民刘观德从围捕中侥幸逃脱，躲在田里全程目睹了惨剧发生的过程。为了满足自己变态的杀人欲望，门协命令士兵分成多个行刑小队，有的持刀，有的握枪，分立两旁。又把抓来的百姓按照5至9人分为一组，用绳子绑住双手，串成一列。接着，门协大喝一声，令日军将一列百姓拖到石丘中央踹倒跪下，随即行刑小队走上前，手起刀落，被砍杀的百姓顿时人头落地，血流如注。上一批受害者鲜血未凉，下一列百姓又被日军拉来砍死。门协嫌用刀杀人太慢，又拖了一列百姓到石丘尽头，一阵枪响过后，人们就一个个地倒在血泊之中。

临近傍晚，日军拉过来一群青年农民，故意解开了他们背后的绳子，随后向他们大喝:“开路！”人们不明所以，稍微犹豫了一下，又听见一长声“开路”，于是都拼命地向前跑去。日军从背后对着逃跑的人群射击，仿佛把杀人当作游戏。一阵噼里啪啦的枪响后，只见奔跑的人们一个个应声倒下，仅有两人幸运逃脱。残阳如血，映照着殷红的大地，日军的杀人花招用尽后，集中用机枪射杀了剩下的近百人。整场屠杀中遇难者达数百人，仅能查出姓名的尸体就有278具。

日军在王家河整整一天的“扫荡”和屠杀，使两岸宁静的村庄变成了大炼狱。亲历者回忆，石丘惨案发生后，稻田里的两座池塘都被遇难者的鲜血染成红色。惨案使王家河镇闭市数月，沿途商旅绝迹。村村有新坟，户户闻哭声。仅 13 户人家的耙齿李湾即有寡妇 10 人，大李湾被害者有 24 人，忧愤致死的又达数十人。其他各村因田园荒芜、老幼无依，或病，或饿，或流徙他乡而间接致死者，不计其数。

## 永远的控诉

日军意欲通过血腥屠杀把王家河人民杀穷杀怕，然而英勇的人民并未沉沦。1940 年，新四军第 5 师鄂东游击队第 6 大队的罗厚福率领部队再度进入黄陂，建立了中国共产党领导下的抗日民主政府。党和政府特派杜天仇到王家河地区来，看望了死难者的家属和广大群众，在镇南河滩上召开了有数千人参加的“七一九”死难同胞追悼大会，号召王家河人民化悲痛为力量，团结一致，共同杀敌。新四军游击队在王家河人民的紧密配合下，一举歼灭了盘踞在王家河南北两个碉堡中的伪军。县大队经过周密布置，擒杀了王家

2009 年重建的王家河石丘惨案纪念碑

河惨案的罪魁祸首之一汉奸魏翳云，为死难同胞报仇雪恨。

1963年，为悼念王家河惨案中的遇难同胞，黄陂县人民政府拨专款在王家河石丘修建了“抗日惨案公墓”，用于安置遇难者的遗骨，墓前立了方形水泥墓碑。后来，时光流逝，公墓缺乏修缮，几乎被丛生的杂草湮没。为加强对墓址的保护，2006年，黄陂区人民政府将这里列为区级文物保护单位。2009年10月，王家河街道投资50余万元，在2000余平方米的顺河大街文化广场中心重新修建了“石丘惨案纪念碑”。

王家河的每一寸土地都浸染着惨案遇难者的血泪，每一缕风声都在控诉日军曾犯下的令人发指的罪行。从1939年9月2日的血色黎明到今日高耸的纪念碑，历史的刀痕从未被时间抹去。王家河人民用血肉之躯筑起不屈的脊梁，用抗争与生命点燃了复仇的火种。这把直指苍穹的“利剑”，既是对侵略者暴行的控诉，亦是对苦难冤魂的永恒铭刻。

（韩泽宽）

# 白骨的泣诉，不灭的伤痕：坦教湖杀人场旧址

在黄陂刘店乡坦教湖边，有一片曾被鲜血染红的杀人场，承载着一段悲痛而沉重的历史。武汉沦陷时期，日军在这里用残忍的手段夺走了无数中国人的生命，给这片土地带来了巨大的灾祸和深重的苦难，给武汉这座城市留下了永远无法磨灭的伤痛。

## “万人坑”重见天日

1951 年，中央人民政府指示各省、市搜集日本战犯罪证材料，中南局随即指示武汉市人民检察署办理此事。武汉市人民检察署立即组织力量，并

1952 年在黄陂刘店乡坦教湖边发掘出的日军杀人场

联合公安、文教、政法各部门及报社与各群众团体进行重点调查。根据调查搜集到的日军战犯材料，武汉市人民检察署发现，武汉郊区黄陂刘店乡在抗战时期被日军侵占时，曾被当作屠杀中国人民的杀人场。在获得许多有关日军血腥罪行的铁证后，武汉市遂于 1952 年 7 月 4 日七七事变 15 周年前夕，在刘店乡举行全乡农民控诉日军屠杀罪行大会。

大会会场设于日军当年的杀人场——黄陂刘店乡道贯泉北首、岔马路南面、一干山下、坦教湖边的一块荒地上。开会之前，到会农民即分头在各埋人坑进行挖掘工作。在这块荒草地上，刘店乡农民挖掘出 16 条土沟，大量的骷髅及腐烂的衣服、鞋子堆满坑内，触目惊心，令人不寒而栗。当地群众称之为“万人坑”。

这些沟长二三丈，深六七尺，宽约五尺，人们一共从中挖掘出 831 个头骨，其中一条沟中就挖出了 75 个头骨，头骨边还堆着不完整的躯干骨与四肢骨。被害者的衣服、皮鞋、手套等，以及日军留下的酒瓶等散落其间，此外坑内还遗留有捆绑被害者的绳索、铁丝、手铐、脚镣。在现场挖出的尸骨中，有的被害者腿骨上还裹着尚未腐烂的裤子，有的手骨上捆绑着绳子或是扣着手铐甚至穿着铁丝。每一具骸骨都曾是一个鲜活的生命，都是对日军残忍暴行的无声控诉。

面对掘出的累累白骨，想见遇难者死状之惨，在场者莫不义愤填膺，怒火中烧。日军血腥屠杀武汉人民的真相大白于天下，罪恶昭彰，罄竹难书。

## 日军暴行令人发指

1938 年 10 月，侵华日军攻占武汉后，武汉沦陷于日军铁蹄之下长达 7 年，其间，武汉人民饱受侵略者的蹂躏摧残，无数同胞惨遭屠戮，无数家庭支离破碎，这是武汉近代史上最惨痛、最血腥、最黑暗的一页。

日军残酷统治武汉人民的机构主要是汉口宪兵队本部、汉口宪兵分队及汉口地区警备队，他们嗜杀成性，爱国志士及无辜人民大半惨死于其魔爪之下。汉口宪兵队本部所在地中国银行大楼及汉口宪兵分队所在地大孚银行大楼为两大杀人魔窟，除在此遭酷刑惨死及被秘密屠杀的人之外，其余人都被送到被划为军事区的长江边集体屠杀，汉阳渔门乡、武昌临江张公亭、汉阳晴川阁、汉口江汉关等处血流成河，沦为人间炼狱。

距汉口市区 10 公里的黄陂坦教湖，处于荒郊野外，人烟稀少。为了掩人耳目，日军汉口地区警备队选择此处作为残杀中国人民的杀人场和埋尸地。每次杀人的前一天，日军就带被害者来此挖坑，次日则用白布蒙住他们的双眼，再押到坑边站成一排，先在脖颈上猛砍一刀，不管是死是活，全部推入坑中，就地填土掩埋。被押解至此的人们眼中满是恐惧与绝望，却又无力反抗。刽子手们残忍地执行着杀戮任务，刀劈声、哭喊声交织在一起，撕碎了坦教湖原有的宁静。从 1939 年年初至 1945 年抗战胜利前夕，日军每月在此开展屠杀达两三次之多，每次二三十人至五六十人不等，遇难者既有新四军战士等抗日志士，也有劳动人民和知识分子。在战争阴霾的笼罩下，一个个无辜的生命被日军无情地剥夺，一个个鲜活的身影倒在枪口与屠刀之下，真是惨绝人寰、骇人听闻。

在生性残忍的日军眼中，中国人命贱如蝼蚁，可肆意践踏屠戮。尤其令人发指的是，日军强抓中国同胞，用刺刀威逼他们修工事，在工程完竣后，为了防止他们泄露“军事秘密”，又会将他们杀害，掩埋于此。被迫为日军做工事的中国同胞被杀害前怒骂日军的声音，一千山附近的一些老一辈村民仍然记得。

在坦教湖边野草萋萋的荒地上，这样的杀人沟清晰可辨的就有 30 多条，此外还有许多沟，或因风雨冲刷而辨识不清，或因农民开荒种地而消失了痕迹。经初步统计，坦教湖边杀人坑有 60 多条，根据其中 16 条沟中掩埋的头颅推算，六七年间，日军在此地残酷杀害的中国人民至少有 4000 人。日军在坦教湖边的屠杀行径令人发指，他们的手段残忍至极，每一起屠杀都是对人类良知的公然践踏。

## 控诉日军屠杀罪行

1952 年 7 月 4 日，刘店乡农民控诉日军屠杀罪行的大会由刘店乡乡长王昌桂主持，受害同胞的尸骨是日军暴行最直接的铁证。参加大会的有刘店乡的男女老幼一千多人，武汉市人民检察署副检察长，武汉市协商委员会秘书长，中国国民党革命委员会武汉市分筹会、中国民主同盟武汉市支部、民主建国会武汉市分会、工商联筹委会的代表，基督教和佛教界人士，各报社、广播电台、新闻摄影队的记者和工作人员也出席了大会。

一百多位目击者走进会场，在见证书上严肃地签上自己的名字。他们一致要求调查日本战犯在武汉郊区大肆屠杀中国人民的罪行，公审日本战犯，

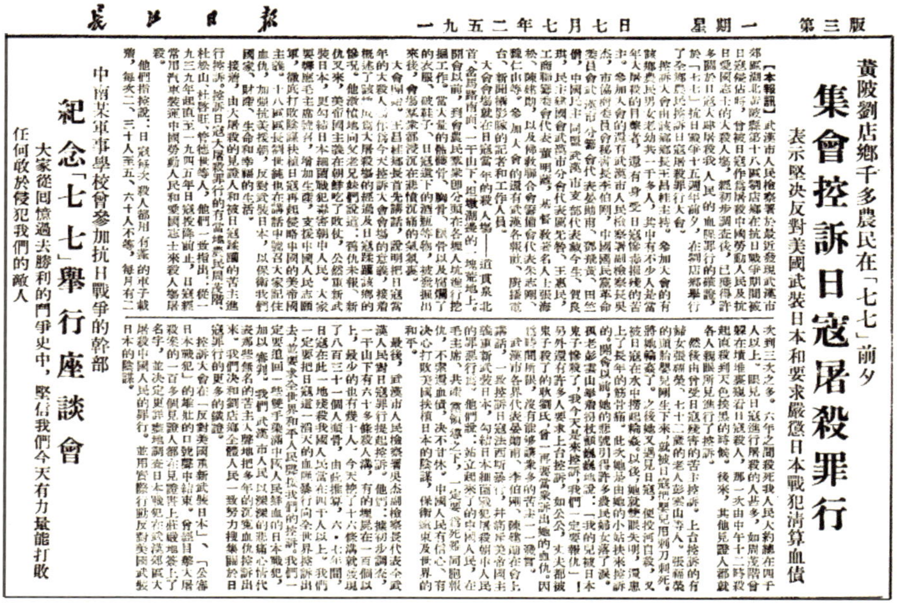
長江日報　一九五二年七月七日　星期一　第三版

黃陂劉店鄉千多農民在「七七」前夕

集會控訴日寇屠殺罪行

表示堅決反對美國武裝日本和要求嚴懲日本戰犯清算血債

中南某軍事學校曾參加抗日戰爭的幹部

紀念「七七」舉行座談會

大家從回憶過去勝利的鬥爭史中，堅信我們今天有力量能打敗任何敢於侵犯我們的敵人

1952 年 7 月 7 日，《长江日报》关于黄陂刘店乡农民集会控诉日军屠杀罪行的报道

为死难同胞索还血债。农民周茂阶、杜松山、杜启旺、徐栋材、刘世炳、管德世等人站在杀人沟边，向吴杰副检察长、武汉市各民主党派代表和各界代表控诉他们当年亲眼所见的日军屠杀暴行。妇女张福荣的头胎婴儿刚生下来就被日军用刺刀刺死，她也惨遭日军轮奸。经此劫难，她双目失明，还患上了长年的筋骨痛。她是由其小姑扶着上台控诉的。会场上，她的悲号引得许多妇女同情落泪。

铁证如山，罪责难逃。根据日军大屠杀目击者的亲身讲述，长江日报社的记者撰写了《日寇杀害中国人民的罪证——一千山杀人场访问记》，报道中写道："一千山周围三村和四村的许多农民，对于当年日寇在这荒地上杀害我们同胞的暴行，至今还是记得很清楚的。第四村新庙岗农民周茂阶，有次在田间工作，碰着日寇开来了杀人的汽车，他就急忙就地隐藏在一个坟堆后面，吓得一动也不敢动。那次日寇由中午十二时到达一千山，一直到下午汽车亮着电灯才回去。后来，他和道贯泉一个名叫孟胡子的到杀人场去，共拾到被害者的各种鞋子五十一双。三村蔡家泾农民杜铁元，一天晚上从田野牵牛回家，当时日寇把一千山烧得通亮，他透过火光看到一个刽子手就杀害了我们十三个同胞。"

大会最后，吴杰副检察长代表全武汉人民对日军罪行提起控诉："据初步调查，一千山下有六十多条杀人沟，有的埋尸在一百个以上，最少的也有几十人。今天挖了十六条沟就发现了八百三十一个人头骨，由此推算，六七年间，日寇在此一地残杀我国人民当在四千人以上。我们一定要把日寇这一滔天的血腥暴行向全世界控诉出去，并要求全世界和平人民声援我们的控诉。我们一定要追回一些双手染满中国人民鲜血的日本战犯，加以审判。我们武汉市人民以深深的悲痛心情代表那些无名的苦主大声地把多年的沉冤血仇控诉出来。我们决会和刘店乡全体人民一致努力搜集关于日寇罪行的更多的铁证。"大会在"公审日本战犯"的呼号声中结束。

坦教湖边的日军杀人场是烙印在武汉城市肌体上难以愈合的伤疤，承载着武汉人民的痛苦记忆。随着时间的流逝，坦教湖杀人场逐渐被岁月尘封，但它所承载的历史不会被遗忘。它犹如一座警钟，时刻在我们耳边敲响，警示着我们战争的残酷和和平的珍贵，提醒我们要以史为鉴、珍爱和平，让这样的人间惨剧永远不再重现。

（王钢）

# 深巷的悲鸣，罪恶的证明：汉口积庆里“慰安所”旧址

1924 年，民族资本家、武昌第一纱厂厂主李紫云在今六渡桥至民众乐园之间购置了一片联排式建筑群，取名为“同善里”，全里巷道一纵多横，呈现近似“丰”字形布局。后由于纱厂经营不善，李紫云之子李荐庭将同善里售予中南银行，中南银行于 1935 年按照“积善之家必有余庆”的寓意，改“同善里”为“积庆里”。武汉沦陷时期，日军强占积庆里，并于此集中开设 20 家“慰安所”。

## 积庆里“慰安所”的肇端

19 世纪末 20 世纪初，日本在中日甲午战争、日俄战争中相继取胜，其军国主义势力与国家政权加速融合，对外扩张的国策不断强化，军队规模的膨胀、长期的海外作战使日军军纪开始崩坏。日军高层认为，性病流行和性压抑影响了军队的士气。为了更好地服务于战争，自 20 世纪初，日军开始尝试用军妓和公娼等方式解决问题。后来，随着侵华战争的扩大，日军大量诱骗、掳掠妇女，并有计划、按比例地将她们配备于军队，形成了罪恶的“慰安妇”制度。侵华日军总司令冈村宁次曾承认：“在以往的战争中并无所谓的‘慰安妇’，我很可耻地承认，我就是‘慰安妇’的创始者。”

1938 年 11 月，日本华中派遣军全面占领武汉不久，便开始实行“慰安妇”制度，广设“慰安所”。日军抢占了中山路附近积庆里的 68 户住房，将随军携带的妇女集中在此，秘密建立了被日军称为“特殊‘慰安所’”的积庆

里“慰安所”。11月8日，积庆里“慰安所”正式营业，由日本陆军汉口兵站（又称武汉兵站）管理，具体由日军中佐副官藤井源治和慰安系长高桥负责，规格较高，出入口有日军宪兵把守，其服务对象仅限于日本陆军军官、士兵，为了防止华人进行谍报工作和暗杀，绝不允许华人进入，也不接待日本海军官兵和日侨。在长达7年的沦陷时期，日军在武汉陆续设立“慰安所”60多家，汉口的联保里、生成里、六合里等地都成为暗无天日的淫窟。积庆里“慰安所”是日军在武汉最早建立的、规模最大的“慰安所”。

积庆里“慰安所”是由20家“慰安所”组成的集合，为了掩人耳目，日军常用军管商办的方法经营“慰安所”。其中由日本老板开设的有9家，共有130名日本“慰安妇”。由朝鲜人开设的有11家，内有朝鲜籍“慰安妇”约150名。日籍“慰安妇”的来源很杂，有日本本土的娼妓和艺伎，有为狂热的军国主义思想所蒙骗者，也有被军方宣传的“高收入”所诱惑者，年龄多在二十岁以上。朝鲜人中，则有不少是被日军以洗衣、做饭、战地护士等各种招工名义诱骗而来的贫苦妇女，年龄多在十八九岁。

中国妇女也曾被投进积庆里“慰安所”中。武汉沦陷之初，一名在汉口生活的日本九州籍女人与日军兵站联络，在积庆里1号开设了一家“慰安所”。她将从汉口难民区抓来的十几名中国妇女充作“慰安妇”。不久后，日军担心泄露机密，便将“慰安所”内的中国妇女全部清退。但是，这些可怜的妇女并没有得到自由，她们被转移到六合里的“慰安所”中，继续遭受日军的凌辱。

“慰安所”掳掠中国妇女的现象在整个湖北都存在。驻湖北应城的日本陆军兵团长要求在应城开设“慰安所”，经与汉口兵站联系，由积庆里各“慰安所”各选派一名“慰安妇”去应城“工作”，两个月轮换一次。当这些人仍不足以满足日军的兽欲时，日军就在应城境内掳掠中国妇女补充进去。在这样的情况下，“慰安所”里形成了中、日、朝三国妇女同处的情形。

在武汉，日军的“慰安所”管理者力求将积庆里打造成日本本土红灯区

日军在汉口积庆里开设的“慰安所”

的延伸，极力为士兵创造出一种“本土”氛围。当时，一进入积庆里，就能看到“慰安所”在巷道两边打出的各种广告招牌，室内贴着女性照片。除了各种事务性用房外，两侧民房成为各妓楼的屋号，有日本的福岛、松原妓楼所开的支店，多冠本店之名，如大阪清南楼（大阪）、东成楼（神户）、羽田别庄（广岛），此外还有清富士楼、战捷楼、松本楼、胜己楼、松浦楼等。另外，还有朝鲜人经营的三好楼、青山馆、三成楼、泰平馆、平和馆、花乃屋、武汉楼等。这令许多日本士兵颇为受用，他们评价说这里与日本内地的游廓吉原（日本两大“花街”之一）很相似。还有日军觉得积庆里的外观很像日本京都的“三十三间堂”，把这里称作“三十三”。

汉口积庆里“慰安所”直接隶属于日本华中派遣军第二军设置的汉口兵站。汉口兵站下设立有慰安科，慰安科里面又设有专门管理“慰安所”的特别慰安系。日军在积庆里中山路主入口砌有砖墙，设立“诘所”（即门岗），由宪兵站岗，其他通道则全部封闭，形同妓院集中营。

## 用冤魂供养军国主义的“供养塔”

积庆里“慰安所”里曾有一片公园，园内建有一座刻有“供养塔”字样的石碑，石碑为白色、宝塔形，立于高台上，这里用于祭奠“慰安所”里死去的“慰安妇”。对于日籍“慰安妇”而言，她们大多数在国内受到过狂热的军国主义思想洗脑，日本法西斯竭力构建了一套自己的话语逻辑，企图将应征做“慰安妇”鼓吹为“光荣之事”，以此欺骗本国女性献身于侵略战争中最肮脏、最龌龊的部分。

日军故意在日籍“慰安妇”较多的积庆里建立起“供养塔”，假仁假义地向死者表达着“纪念”，但是，这并没有改变积庆里的“慰安妇”每天生活在地狱中的事实。“慰安妇”没有人身自由，除了每月一天的休息日外，没日没夜地被日军当作性奴隶。据在积庆里“慰安所”担任过军医的长泽健一估计，每个“慰安妇”月平均要接待150名日军士兵，其身体和心理长期经受着严重的摧残，许多人因此染上性病。为防止疾病传染，她们每周都要到汉口兵站特殊诊疗所接受检查，病重难治者则面临被日军处决的命运。在“慰安所”中，暴力事件时有发生，“慰安妇”们若稍惹日军不悦，往往就会遭受毒打。因此，在“慰安所”，死亡伴随着对生的麻木，是司空见惯之事。

由于经年累月的暴力折磨，绝大多数“慰安妇”都永久丧失了生育能力。据幸存的朝鲜籍“慰安妇”回忆，进了“慰安所”的姐妹，几乎都被迫切除了子宫。即使没有切除子宫的，在她们重回正常的家庭生活之后，也不再有生育能力。“供养塔”绝不是供养“慰安妇”冤魂的场所，而是用无辜女性的肉体和生命供养着日本军国主义的战争机器。抗战胜利后，积庆里的“供养塔”被拆除。

## 魔窟落幕，铁证如山

1945年8月15日中午，日本宣布无条件投降。眼看武汉即将光复，日军害怕遭到报复，便将武汉的各处“慰安所”紧急关闭，积庆里的“慰安所”皆大门紧锁，再也看不到日军进出。

8月末，中国军队进驻武汉后，开始着手遣返被俘日军和在汉日侨。日军的饭店、食堂和“慰安所”人员最初被转移到中山路北与江汉路西的日军司令部军用宿舍，一般日侨则被指定在旧日租界集中，后来两批人都迁入旧日租界统一管理，至 9 月底集中了 1.4 万人，分批遣返回国。1946 年 6 月，最后一艘遣送日侨的船载着 357 人驶往上海，自此，沉重的武汉“慰安妇”史终于画上了句号。

在汉的朝鲜籍“慰安妇”大多数也被遣返。日军投降前夕，有数十名从魔窟中逃跑的朝鲜籍“慰安妇”自愿留在中国生活，她们隐姓埋名，其中一些人和中国工人、农民结婚成家，努力重拾生活的勇气。多年后，正因她们的口述，后人才得以窥见那段黑暗岁月的冰山一角。

20 世纪 70 年代以后，日军的“慰安妇”制度逐渐为世人所知。对此，日本一些右翼集团和政客先是否认“慰安妇”制度的存在，后来又百般为之辩护，甚至发出“没有文件和证据证实存在强征‘慰安妇’事实”等论调。但是，历史就是历史，岂能轻易抵赖。台北“国史馆”保存的《第二军华中武汉地区状况概要》记载：“攻占汉口后，为开设军队‘慰安所’者进出不受限制。”这足以证明，“慰安所”的设置得到日本政府和军队的支持，其真实性毋庸置疑。

侵华日军军官也有两本著作直接叙述了汉口积庆里“慰安所”的情况，一本是日军汉口兵站副官山田清吉于 1978 年出版的《武汉兵站》，一本是日军汉口兵站特殊诊疗所军医长泽健一于 1983 年出版的《汉口慰安所》。这两本书记载，设在积庆里的汉口特殊“慰安所”属于汉口兵站司令部管辖，是等级较高的“慰安所”。1992 年 1 月的《朝日新闻》报道，山田清吉在回答记者采访时直截了当地说：“我就是汉口‘慰安所’的总管，当时谁都知道军队直接统治、管理着‘慰安所’。”

2017 年 8 月 14 日是第五个“世界‘慰安妇’纪念日”，中国导演郭柯执导的纪录片《二十二》正式公映，影片记录了 22 位中国幸存“慰安妇”的生活现状，上映 6 天即成为中国内地首部票房过亿的纪录片。后来，该片又在美国、澳大利亚、德国、韩国等地放映。6 年之后，2023 年 9 月 18 日，

今日积庆里全景鸟瞰

该片在日本首映。纪录片《二十二》让那段不堪回首的历史重现于公众视野，积庆里长满杂草的里分巷道，无疑是日军罪行不可磨灭的物证。

民国时期，积庆里曾一度繁华，沿中山大道一侧是一幢精美的四层建筑，紧邻南洋大楼，临街一面雕栏画栋，外立面花饰精美且形式统一，楼顶设有造型独特的欧式塔楼。在这幢建筑背后，便是积庆里的上百栋住宅，均为二至三层的石库门建筑，屋顶统一为红色片瓦。武汉沦陷时期，积庆里成为人间地狱。如今，积庆里在改造后的南洋大楼、民众乐园等历史建筑的映衬下显得愈发孤寂，这里虽是世界罕见的保存比较完整的"慰安所"遗址，但其命运始终在"拆"与"留"的争议声中摇摆。城市的新陈代谢无法阻挡，或许长久地维持积庆里的原貌并不现实，但我们仍可以将真相的碎片凝固在一条故巷、一幢老屋的方寸之间，为深埋青砖下的呜咽发出永不消逝的证言。

（韩泽宽）

# 第五篇

## 不朽丰碑：抗战纪念场所

武汉，既是一座抗战之城，又是一座英雄之城，还是一座光荣之城。艰苦卓绝的武汉抗战，深深改变了武汉这座城市的命运，战场的硝烟虽早已散尽，但一栋栋纪念馆、一座座烈士墓、一条条英雄路，仍在向后人述说着这段传奇而又悲壮的历史。从黄陂木兰山下的杨学诚烈士陵园，到武昌蛇山烈士祠里供奉的抗战英烈；从伏虎山上矗立的郝梦龄烈士墓，到金口金鸡湖畔永不沉没的中山舰，无不昭示着“一寸山河一寸血”的誓言。在武昌东湖疗养院，两位洋人在暗夜中擎起炬火，给成千上万的中国难民带来生的希望。武汉白求恩纪念馆展示了国际共产主义战士白求恩从武汉开始的救死扶伤的援华事迹。长夜已过，曙光初现，中山公园内国民政府第6战区受降堂旧址见证了华中日军投降的历史时刻。至此，历经血与火洗礼的武汉抗战终于结出胜利的硕果。那些壮烈殉国的抗日将士的英名，被铭刻在一条条康庄大道上，将中华儿女抵御外侮、自强不息的不朽史诗熔铸进城市的肌理。

# 伏虎山上埋忠骨：郝梦龄烈士之墓

伏虎山，北濒烟波浩渺的东湖，西侧山脚下卓刀泉的汩汩清流甘洌清澈。从伏虎山北麓拾级而上，穿过一段羊肠小道，可以看到一座被水磨石围墙环绕着的墓冢静卧于山腰，墓冢前方的灰白色墓碑上用隶书镌刻着“郝梦龄烈士之墓”7个字，庄重如铁。墓冢面朝西北，1937年牺牲于忻口战场的抗日名将郝梦龄就长眠于此。

## 反对内战，北上抗日

郝梦龄

郝梦龄（1898—1937），出身于直隶藁城（今河北省石家庄市藁城区）庄合村的一个农民家庭。由于生活拮据，他幼时只读了3年私塾，其他时间便跟随父亲干农活。14岁时，郝梦龄外出打工，来到正定县一家杂货店当学徒，后投奔有远亲关系的奉军第30军军长魏益三。魏益三看郝梦龄聪颖好学，于是先后送他去陆军军官小学和保定陆军军官学校学习。毕业后，郝梦龄在军中担任营长一职。

1926年后，郝梦龄随魏益三先

后投奔冯玉祥、吴佩孚。1927 年初，魏益三、郝梦龄于驻地响应北伐。不久，郝梦龄改任国民革命军第 30 军第 2 师师长。1928 年，蒋介石联合冯玉祥、阎锡山和李宗仁对奉系军阀张作霖发动“二次北伐”，郝梦龄充分展现了自己的军事才能，率部围攻遂平，收降万人；后又进入河北，攻克丰润、滦州，立下战功，一路擢升。

中国形式上统一后，国民党新军阀很快陷入混战之中。而九一八事变后，日本迅速吞并东北。郝梦龄对此痛心疾首，他曾对妻子说：“我是军人，半生光打内战，对国家毫无利益。日寇侵占东北，人民无不义愤填膺。现在日寇要灭亡中国，我们国家已到生死存亡的最后关头。我们应该去抗战，应该去与敌人拼。”

1933 年 9 月，蒋介石调集几十万大军对中央苏区发动第五次“围剿”。郝梦龄想到自己将来或许会死在同室操戈的战场上，于国于民毫无利益，死后还要留下骂名，悔恨不已，遂向蒋介石申请卸甲还乡，这当然为蒋所不允。蒋见郝梦龄战意不强，便在 1935 年将他调往贵州监督修建川黔、川滇公路。1937 年 5 月，郝梦龄再次提出卸甲还乡的想法，蒋介石为做权宜之计，选调他去陆军大学将官班深造。

1937 年 7 月 7 日，卢沟桥事变爆发，正在去往陆军大学途中的郝梦龄惊闻此消息，当即决定自重庆返回部队，并上书请求北上抗日。在郝梦龄的坚持下，蒋介石最终同意让他率第 9 军开赴前线。

1937 年 9 月，郝梦龄率部北上，途经武汉，向妻子儿女辞别。此次参战，他已笃定自己会牺牲，自知这或许是和家人相见的最后一面，便半夜偷偷写好了遗书塞在抽屉里，但他不忍目睹家人伤悲，于是在遗书信封处写了“留给慧英儿，二十七年（1938 年）拆”。妻子剧纫秋发现了遗书，拿给大女儿郝慧英看，时年 15 岁的慧英尚不能理解父亲的用意，拿着遗书问父亲为何非要等明年再拆，硬要当时看。争夺之中，郝梦龄一把抢过遗书，并把它撕得粉碎。郝梦龄并未因此怪罪女儿，而是压抑住悲伤，抚着儿女们的头说：

“我爱你们，但更爱我们的国家。现在敌人天天在屠杀我们的同胞，大家都应该去杀敌人。如果国家亡了，你们也没有好日子过了。”临行前，他答应家人到前线后会写一封平安信寄回来。

## 大敌当前，决心牺牲

1937 年 10 月 1 日，郝梦龄率领第 9 军到达石家庄，接受第 14 集团军司令卫立煌的指挥，参加忻口会战。此时，前线的形势十分危急。10 月 2 日，日军以精锐的板垣师团为主力，突破雁门关，并开始清扫中国军队在忻口外围的防御，猛攻崞县、原平。中国军队则在忻口附近组织力量严阵以待。大敌当前，郝梦龄率领的第 9 军担负着忻口正面主阵地的防御任务。

郝梦龄来到前线后，迅速组织各部队布设防守，积极协调友军行动。他时常带领第 54 师师长刘家麒以及下属各旅旅长、各团团长亲临前沿阵地视察，通过分析战场的种种细节来研判日军的意图。为了鼓舞官兵的斗志，他利用作战间隙，向下属军官和士兵们宣讲抗日救国的道理。10 月 3 日，郝梦龄在战地日记中写道：“早起与陈团在车站谈话，又到东关街与孔旅官长训话，大意谓此次战争，为民族存亡之战争，只有牺牲，如再退却，到黄河边，兵既无存，那有官长。此谓我死国活，我活国死。”听闻平日里部队的抗战救国宣讲工作做得充分，官兵士气很高，郝梦龄十分欣慰。

10 月 10 日，日军以飞机为掩护，组织坦克、装甲车纵队向我军阵地猛攻。郝梦龄事先命令将渡桥拆断，趁敌军车队被阻滞在桥上之时令部队出击，打退了敌人；旋即指挥炮兵进入阵地就位，防御日军下一轮的攻势。暂时的胜利并未带给郝梦龄丝毫喜悦，一想到残暴的日军还在沦陷的国土上作威作福，郝梦龄深感自己未能尽好军人保家卫国的责任。这天，他在日记中痛心地写道：“回忆先烈缔造国家之艰难，到现在华北将沦落日人之手。我们太无出息，太不争气了。”哀国不幸，怒己不争，唯有牺牲才能表明他的报国之志。当晚，他给妻子写下了绝笔信：

余自汉出发时，留有遗嘱与诸子女等，此次抗战乃民族国家生存之最后关头，抱定牺牲决心，不能成功即成仁。为争最后胜利，使中华民族永存世上，故成功不必在我，我先牺牲。我即牺牲后，只要国家存在，诸子女之教育当然不成问题……倘余牺牲后，望汝好好孝顺吾老母及教养子女，对于兄弟姊妹等亦要拂照，故余虽牺牲亦有荣。为军人者，对国际战亡，死可谓得其所矣。

家国大义，跃然纸上。这封书信直到郝梦龄牺牲后才被送到他妻子手中。

日军利用其在天空和地面的火力优势，使中国军队伤亡惨重，虽然我官兵上下一心，但血肉之躯还是难敌钢铁洪流，忻口战线逐渐动摇。12 日，原平失守，守军晋绥军姜玉贞旅长英勇捐躯，全旅官兵大多牺牲。13 日白天，从前方撤退下来的负伤官兵给郝梦龄带来一条重要军情：忻口防线的主阵地南怀化阵地已经陷落。这意味着忻口防线岌岌可危，会战失败的结局似乎已不可避免。

## 血染沙场，天地同悲

为了夺回南怀化阵地，郝梦龄开始筹划反击。15 日夜间，第 14 集团军司令卫立煌亲临阵地嘉勉守军，同时拨出 7 个旅的增援部队交予郝梦龄指挥。郝梦龄计划第二天凌晨便率领反攻大军分正面及左右两翼同时出击，打日军一个措手不及。

1937 年 10 月 16 日凌晨 2 时，郝梦龄、刘家麒亲临前线督战，英勇的将士们连续攻克数座山头，日军仓皇逃窜。战至 5 时，天已微明，郝梦龄担心一旦天亮，敌人就可以凭借火力优势发起反击，来之不易的反攻成果可能会再度丧失，于是命令下属独立第 5 旅继续追击，歼灭穷寇。战机稍纵即逝，时间已经不多，郝梦龄决心亲自传令督促部队出击。然而，到旅部需要通过一道由敌人机枪火力组成的封锁线。据忻口战役亲历者翟洪章（时任第9军第161旅第322团第2营营附）回忆，当时他劝郝梦龄绕路，或者派传令兵代为传达，郝梦龄却说："还是我亲自去效果大一些。瓦罐不离井口破，大将难免阵前亡！"说罢，他便带领第54师师长刘家麒一同出发，在走到一段隘路时被敌人发现，敌人随即用机枪和掷弹筒疯狂射击。郝梦龄连中两弹，倒在血泊之中；同行的刘家麒师长先被掷弹筒炸伤头部，又中弹数次，也倒在血泊中。两位将军壮烈殉国。

郝梦龄殉国的消息传来，忻口守军无不悲伤。官兵同仇敌忾，面对日军飞机、大炮、坦克甚至毒气的攻势，毫不动摇，坚守忻口阵地达20多天。与此同时，八路军与正面战场密切配合，不断袭击日军补给线，并于19日突袭日军阳明堡机场。日军见中国军队阵地坚不可摧，便改变战略，令一路日军绕道娘子关入侵晋中。11月2日，忻口守军为防后路被断，主动撤出阵地。整场会战，使得日军伤亡人数上万，成为抗战初期八路军和国民党军息阋团结、协调行动并予敌以重大杀伤的经典战例，谱写了全民族团结抗日的不朽篇章。

1937年10月18日，《大公报》《武汉日报》等报纸刊登了郝梦龄军长在前线牺牲的新闻，举国震动。因郝梦龄是抗日战争中第一位牺牲的军长级将领，时人为他冠以"全国第一军长"的称号。10月24日早上，郝梦龄、刘家麒两位将军的灵柩被运抵武汉大智门火车站，武汉各界代表4000余人素衣白马前往车站迎接。郝梦龄的外祖母不顾88岁高龄，亲自拄杖来到车站，泣不成声。灵柩从车站运往洪山暂厝，沿途肃立默哀的群众不下10万人，武汉三镇商铺皆自发降半旗志哀。11月15日，武汉举行隆重的追悼大会，武汉行营主任何成濬宣读了蒋介石的祭文。国民政府发褒扬令，追授郝梦龄为陆军上将，并将其忠骨以国葬之礼葬于卓刀泉伏虎山。毛泽东同志曾在1938年追悼抗敌阵亡将士大会上的讲话中高度评价郝梦龄烈士："从郝梦龄、佟麟阁、赵登禹……诸将领到每一个将士，无不给了全中国人以崇高伟大的模范。”

## 青山忠骨，浩气长存

1983 年，中华人民共和国民政部追认郝梦龄为革命烈士，武汉市人民政府在原墓址为他重新修葺陵墓。2002 年，郝梦龄烈士之墓入选第四批湖北省文物保护单位名单。现在，将军英灵沉睡之处已经建设为伏虎山烈士陵园。这里斜阳斑驳，绿树青葱，辛亥首义志士孙武、吴兆麟、蔡济民、刘公，反清革命活动家刘静庵，党的一大代表李汉俊，北伐战争将领张森等英魂都长眠于此。

郝梦龄牺牲时膝下有 5 位子女，遗孀剧纫秋谨遵丈夫嘱托，尽孝抚幼，独自生活 40 多年，1984 年在武汉逝世。子女们也在父亲的感召下成长成才，

郝梦龄烈士之墓

各自成为为新中国建设事业而奋斗的医生、学者、工程师。每逢郝将军忌日，郝家后人都会到墓前、战场遗址凭吊纪念，或撰写回忆文章，将郝将军的故事讲给下一代听。

2011年，在辛亥革命100周年之际，在中共武汉市委、武汉市人民政府的统一部署下，洪山区人民政府拨出专款，对伏虎山烈士陵园组织实施了整体改善工程，在郝梦龄墓前增设了生平事迹介绍牌，便于后人瞻仰、传颂。而今，墓前常有鲜花绽放，草木幽幽伴有虫鸣，远处似能听到东湖波涛低吟，凭吊游人的脚步声时常打破寂静。在伏虎山的晨曦暮色中，郝将军坚守南怀化阵地时手书的“站在何处，死在何处”的铿锵回声依然萦绕耳畔。“一寸山河一寸血”的英雄史诗必将代代相传。

（韩泽宽）

# 砖石镌风云，路碑昭丹心：汉口闹市英雄路

2025 年除夕夜，在中央电视台蛇年春晚武汉分会场上，欢呼的人群跑过武汉的街头，镜头一转，闪现而过的路名直击人心：陈怀民路、张自忠路、郝梦龄路……这些街道的名字，曾是侵略者刺入中华的刀痕，亦是民族精神淬炼的勋章。焰火如瀑，华灯璀璨，江城正盛装迎接蛇年，历史与现实在这里上演奇妙的叠影。在跨年钟声与往昔烽火的对撞中，那些沉默的路牌，又一次被人们细细阅读。

## 刘家麒路：虎将英魂传千秋

英雄的城市，有英雄的道路。在武汉天地壹方购物中心，有一条车道穿楼而过，东连中山大道，西接京汉大道，路中央以 LED 广告牌隔开，颇具现代感，这便是以抗战英烈刘家麒的名字命名的刘家麒路。

刘家麒（1894—1937），是土生土长的武汉人，也是抗战时期在战场上牺牲的武汉籍最高级别将领。辛亥鼎革之际，稚气未脱的他不顾长辈劝阻，毅然参加学生军，投入反清革命的浪潮。大革命时期，刘家麒任国民革命军第 4 军炮兵第 1 团团长，他在豫南驻地响应北伐，加入了北伐军的战斗序列。七七事变爆发后，刘家麒在陆军大学提前完成学业，义无反顾地投身抗战前线。他手不释卷，热爱钻研战略战术，对于火炮的性能与设计颇有研究，其治军作风亦可称典范。刘家麒总是在战斗最激烈的时刻亲临前线，指挥部队作战。面对战场上的不利形势，他总是镇定如常，誓与日军血战到底。在阵地上，他时常向官兵讲述抗日救国的思想，“不获胜利，决不生还”的抗战

决心深深地感染了官兵们。

1937年9月至11月，日军在攻陷平津后，沿同蒲铁路线南下，企图攻占山西，忻口会战爆发。中国军队第9军军长郝梦龄、第9军第54师师长刘家麒率部北上，与号称“铁军”的日本板垣师团英勇作战，屡挫日军士气。1937年10月12日起，不肯罢休的日军动用飞机、大炮、坦克向忻口我军阵地发动猛攻。由于敌我火力悬殊，南怀化阵地失守。16日凌晨，为了夺回这一关键的阵地，中国军队趁夜组织了反攻，分数路向日军扑去。郝、刘二将军身先士卒，率领部队连克敌军几个山头，最近距敌200余米，几乎与日军短兵相接。在通过一段隘路时，两名将军突遭敌机枪与掷弹筒袭击。《武汉日报》详细记录了他们牺牲的经过：“郝公中敌枪弹二粒倒卧，刘公头部初被掷弹筒炸伤一处，后亦中机枪弹数粒登时倒卧。及特务连士兵将二公救护离阵，均已魂归天上。”郝梦龄、刘家麒将军英勇殉国的消息激发了忻口守军的斗志，官兵们用血肉之躯筑起钢铁长城，于忻口阵地坚守达21天。

1937年11月15日，武汉各界为郝梦龄、刘家麒两位将军举行了一场隆重的追悼大会。武汉行营主任何成濬代表蒋介石主祭。两位将军的灵柩葬于武汉卓刀泉伏虎山。

1938年8月13日，中国政府宣布收回汉口日租界，为纪念刘将军，本计划将原日租界的中小路改名为“刘家祺路”，但随后因武汉陷落而未能实施。抗战胜利后，1946年元旦，市政府将新小路改名为刘家祺路，1967年后，又先后改名为红卫十一路、锦州路。1985年7月4日，为纪念抗战胜利40周年，缅怀在民族存亡关头英勇抗敌的将士，市政府恢复了“刘家祺路”的旧称。然而，2002年后，因旧城改造和民房拆迁，刘家祺路曾一度消失。2017年，此路在武汉天地改造片区内重建。

不过，“刘家祺路”的命名与刘将军的真名不符。民国时期的文献记载刘将军事迹时出现过将“祺”和“麒”混用的情况，但“刘家麒”一名显然有更多的史料作为支撑。如1937年10月25日的《武汉日报》以及《中华民国忠烈将士姓名录》等文献都写作“刘家麒”，这为学者所公认，也得到了刘家后人的证实。2019年，“刘家祺路”还原为“刘家麒路”，以彰显对历史事实的尊重。

## 郝梦龄路：“中国第一军长”

郝梦龄将军与刘家麒将军既是上下级，也是惺惺相惜的搭档，更是生死与共的战友。1937年10月24日，郝梦龄和刘家麒的灵柩抵达武汉，举国哀悼。武汉各界4000余人前往车站迎接。著名音乐家冼星海特为郝将军谱写悼歌一首。12月6日，国民政府发布褒扬令，追赠郝梦龄为陆军上将，刘家麒为陆军中将。郝梦龄是抗日战争中我军阵亡的第一位军长。他的牺牲，彰显了中国人民不惜一切代价抵抗侵略的坚定决心。

今郝梦龄路起于沿江大道，穿胜利街、长春街，至中山大道。其前身是日租界形成之前就存在的燮昌小路。1896年，燮昌火柴厂创办者宋炜臣与富商叶澄衷在汉口集资建设火柴厂。建厂之初，此处还是荒凉野地，宋炜臣只得从汉口后湖运土填地，将厂房建好，并在厂前修建了土路，取名燮昌小路。1898年日租界开辟后，人口逐渐在此聚集，小路两侧的房屋增多，形成了街道，日本人将此路取名为北小路。1946年元旦，北小路改名为郝梦龄路。郝梦龄路有过几次更名，1967年改名为红卫九路，1972年又改名为吉林路。1985年7月，为纪念抗战胜利40周年，恢复了郝梦龄路的名称。

## 张自忠路：抗战军人之魂

在郝梦龄路以南，有一条道路西起沿江大道，东止于日本海军陆战队军营旧址，全长410米，这就是以抗战期间中国军队牺牲于战场的最高等级将领——国民革命军第33集团军司令、中将张自忠的名字命名的张自忠路。

1940 年 5 月 16 日，在枣宜会战中，张将军所在部队被日军包围，全军覆没。张将军身中六弹，战死于南瓜店东山麓十里长山。周恩来在为张自忠将军题写的悼词中说：“其忠义之志，壮烈之气，直可以为我国抗战军人之魂。”

张自忠（1891—1940），字荩忱，山东临清人。1937 年卢沟桥事变爆发时，任天津市市长兼第 38 师师长，他性格温厚，威望很高。最初，面对日军在平津地区的挑衅，张自忠希望以外交手段拖住日军，一度被舆论误解。日军进占北平城后，张自忠奉命在北平城内留守，日伪得知此情报后，在城内四处搜捕他。张自忠东躲西藏，身穿孝服，伪装成送葬人员才得以逃到城外。自此，他一心投入抗日战场。无论是对家人，还是对部属，他时常表达自己为国捐躯、以死明志的强烈愿望。他在给弟弟的信中写道：“吾一日不死，必尽吾一日杀敌之责；敌一日不去，吾必以忠贞至死而已。”

张自忠回到南京后，蒋介石任命他为第 59 军代军长，他得以重返抗日前线。一回到部队，张自忠对将士们的第一次讲话便是：“今日回军，就是要带着大家去找死路，看将来为国家死在什么地方。”1938 年，张自忠率部参加了台儿庄战役，先战淮河，再驰援临沂，取得临沂大捷。同年，他又率部投身武汉会战，与敌血战十日，重创日军于河南潢川，因功晋升为第 33 集团军总司令。1939 年 12 月，张自忠率部队参加冬季攻势，担任进攻右翼，斩获日军甚多。蒋介石曾评价道：“冬季攻势以张自忠主持之襄东战场收获最为可贵，实为各战场之模范。”

1940 年 5 月 1 日，日本集结 20 多万大军，兵分三路向襄河东岸发起大规模进攻，枣宜会战爆发。长寿店阵地被攻破。危急关头，张自忠亲笔昭告部下：“国家到了如此地步，除我等为其死，毫无其他办法。更相信，只要我等能本此决心，我们的国家及我五千年历史之民族，决不致亡于区区三岛倭奴之手。”他于 5 月 8 日亲率部队渡襄河，稳住了战场形势。日军通过无线电侦测到张自忠的具体位置后，随即于 5 月 14 日集中飞机大炮向张自忠所在的南瓜店发起猛攻，连战两日，守军第 74 师弹尽粮绝。阵地上，一发

张自忠与张自忠路

炮弹落在附近，将张自忠的一个副官炸死，张自忠本人也受了伤，面对部下的苦劝，他死战不退。日军架起机枪向张自忠所在的小山包扫射，张将军身中6枪瘫倒在地，不久便壮烈殉国。这一战，随行张将军的200余卫兵全部牺牲。

战斗结束当日，日军打扫战场时，发现了张自忠的遗体，将其收殓安葬。蒋介石惊闻张自忠殉国，立即下令第5战区不惜任何代价夺回张自忠遗骸。第38师师长黄维纲亲率敢死队激战两昼夜，终于在方家集找到了张将军的埋葬之处，开棺将忠骸起出，重殓后再运往重庆。

张自忠灵柩途经宜昌时，各界人士在东山公园举行祭奠仪式。其间，日军飞机三次飞临宜昌上空，然而数万送葬群众皆毫不畏惧，无一退却。5月28日，张自忠的灵柩被运至重庆，国民党文武要员皆手缠黑纱在码头迎灵，并登上轮船绕棺致哀。11月16日，国民政府在重庆北碚雨台山为张自忠举行下葬仪式。

张自忠路的前身是日租界的成忠街，日军多个机关曾在此盘踞，此街见证了屈辱的历史。日军曾在这条街上建立海军陆战队军营和海军慰安所，东段还有日本战俘医院。海军陆战队军营楼上设置了日军瞭望塔，塔梯由京汉铁路拆除的铁轨制成。汉口日租界被收回后，全国上下“保卫大武汉”的抗战运动还在如火如荼地进行，为了铭记不久前台儿庄战役的胜利，坚定民众对抗战胜利的信心，汉口市政府拟将成忠街改名为台儿庄路。然而，随着武汉的陷落，改名工作未能实行。抗战胜利后，以张自忠的名字命名的道路出现在全国许多城市，北京、天津、上海都设立了张自忠路。1946 年元旦，汉口市政府将成忠街改名为张自忠路。而这条街的原名“成忠”似乎恰好映照了张将军的一生：将军百战成忠骨。张将军一战于淝水，再战于临沂，三战于徐州，四战于随枣宜，终得马革裹尸还。

1967 年张自忠路曾改名为红卫八路，1972 年又改名为抚顺路，1985 年 7 月恢复旧称。

## 陈怀民路：勇士热血洒长空

“每次飞机起飞的时候，我都当作是最后的飞行，与日本人作战，我从来没想着回来！”这是中国空军传奇英雄陈怀民赤诚的战斗宣言。在日租界，还有一条道路被冠以抗日先烈的英名，那就是东西连接中山大道和胜利街的陈怀民路。1938 年 4 月 29 日，陈怀民在武汉四二九空战中被日机包围，他在击落一架日机后，弹尽油竭，身负重伤。在紧要关头，他放弃了跳伞逃生的机会，猛拉操纵杆使机身反转一百八十度撞向敌机，与日本飞行员高桥宪一玉石俱焚，开创了世界军事史上与敌机同归于尽的首个战例，牺牲时年仅 22 岁。那一天，武汉上空的两团火球使围观的武汉市民无不感奋。空军将士们化悲痛为射向日机的子弹，一举击落日机 21 架，击毙日军飞行员 50 多人，俘虏 2 人，我方损失战机 12 架，取得了四二九空战的胜利。

陈怀民（1916—1938），原名陈天民。其父亲曾任镇江警察局局长，优越的家境使陈怀民自幼受到良好的教育。1932 年，日本在上海发动一·二八

陈怀民与陈怀民路

事变，淞沪会战爆发。陈怀民和妹妹陈天乐加入了抗战主力蔡廷锴的第 19 路军，成为大学生志愿军中的一员。在作战中，陈怀民切身体会到了面对日军空袭时中国军队束手无策、任人宰割的无奈与屈辱。他立志为我国建立自己的空军贡献一份力量。1933 年 1 月，陈怀民考入中央航空学校，3 年的系统训练使他成为一名驾驶技艺精湛的飞行员。

陈怀民不仅驾驶技术高超，其毫不畏死的战斗风格也令日军胆寒。据后人回忆，他善于与日机贴身缠斗，常常试图在战斗处于劣势时直接用机身冲撞敌机，不惜牺牲也要击毙敌人。在陈怀民牺牲前，他曾三次在战斗中死里逃生。1937 年 9 月，日军为庆祝天皇生日，出动 300 余架飞机空袭南京，陈怀民驾驶 2405 号美制“霍克”飞机，与战友们一起与敌机格斗，击落敌机 1 架，击伤 4 架。陈怀民被 4 架敌机包围，仍奋勇冲杀，最后油箱被敌机击中起火，迫降长江，他本人鼻骨骨折。1938 年 2 月，日机偷袭武汉，陈怀民随队长吕基淳从孝感飞往武汉应战，座机被敌击中，万不得已跳伞，腿部负伤。就在陈怀民牺牲的半个月前，1938 年 4 月 10 日，他还曾驾机飞往台儿庄低空侦察，返航途中遭遇日机，孤军奋战，以座机撞毁一架日机，并在即将机毁人亡的最后时刻跳伞成功。

1938 年 6 月 5 日，武汉各界两万余人为悼念在四二九空战与五三一空战中牺牲的陈怀民、张效贤、杨慎贤与孙金鉴四位烈士，特在汉口总商会礼堂隆重举行追悼大会。中共中央代表周恩来、秦邦宪敬献了花圈，挽词写着“捐躯报国”。爱国将领冯玉祥壮怀激烈地为陈怀民赋诗一首：“舍身成仁同归尽，壮烈牺牲鬼神泣。”在追悼会上，陈怀民的兄长陈天和强忍悲痛，代表烈士家属深情致辞：“‘四二九’的那一天，空中的一团火光，这火光印在我们的脑子里，将永远不会忘记。这火光照亮了我们的民族，使我们中华民族走上幸福自由的道路。”

如今的陈怀民路前身是日租界里的南小路。这里见证过四三惨案。1927 年 4 月 3 日，汉口日租界的两名日本水兵因付车资太少，与车夫发生争执。日本水兵蛮横动粗，致使车夫重伤，并刺死 1 名前来援助车夫的中国工人。愤怒的群众只能徒手抓捕行凶者，日本驻汉领事馆遂调集大批水兵开枪扫射群众，当场打死中国民众十余人，伤数十人。在日方的淫威下，这一事件最终不了了之。1938 年 8 月，为纪念陈怀民烈士，武汉市政府本打算将上小路改名为陈怀民路，但改名计划未能实现。抗战结束后，1946 年元旦，南小路改名为陈怀民路。1967 年、1972 年，这条路曾先后改名为红胜路、营口路，1985 年 7 月复名为陈怀民路。

## 不忘东北：从松花江畔到江城巷陌

汉口以胜利街为轴线，有许多以东北地名命名的道路纵横交错：沈阳路、旅顺路、大连路、长春街。九一八事变爆发后，东北迅速沦陷，曾经沃野千里的粮仓、广袤无垠的林海，沦为日军图谋中国腹地的前哨，也成为中华民族抗日御侮的起点。抗战胜利后，武汉以城市街名的形式将九一八事变这段历史保存在人们的记忆里。

长春街自南向北横穿陈怀民路、沈阳路、张自忠路、大连路，直通卢沟桥路。日商大石洋行的资本家大石荣五郎曾在这条街上修建了一座四层日式楼房。七七事变后，日租界被中方接管，这幢楼房为武汉市政府所接收。1937 年 9 月，中共中央派董必武到武汉筹备八路军武汉办事处，处址初设在汉口安仁里一号。在经历了一系列交涉后，国民政府同意将这幢四层日式楼房交付给“八办”使用。这里见证了第二次国共合作的蜜月期，是昔日的红色驿站、今日的爱国课堂，彰显了中国共产党人救亡图存、共赴国难的浩然正气。

长春街的前身是日租界内的西小路和一字路。后来，一字路及附近民房毁于火灾，之后成为日军的油桶仓库和球场，这一片区大约位于今中山大道1628 号平安金融中心大楼附近。1938 年日租界被收回后，西小路改称七七街。1946 年元旦，这里改名为长春街。

## 卢沟桥路与胜利街：山河起烽烟，长街铭终章

卢沟桥路在日租界时期是以日本大正天皇年号命名的大正街，在 1938 年的街道改名中定名为虹桥路。1946 年，为纪念七七事变，大正街、中和里合并，改称卢沟桥路。

这条路连通汉口江滩，直达解放大道，穿越武汉天地特色街区和壹方南馆，道路两侧欧式建筑与东方美学相互交织，时尚潮店与异域美食比邻而居，可谓江城最新潮元素的聚集地。如今的游客似乎难以想象，在亮丽的洋砖新瓦、整洁的柏油路面下，这条街道也深藏着不堪回首的历史印记。在今长春街与卢沟桥路交叉口的日本东京建物株式会社旧址西侧，有一幢不太显眼的

洋房——卢沟桥路33号，现在驻有一些商户。鲜为人知的是，这栋平凡的建筑外表下曾暗藏酷刑场。2022年5月，江岸区文化和旅游局确定此处为日军水牢遗址。在卢沟桥路33号水牢的对面（今壹方南馆处）曾建有日本“汉口神社”。神社是日本神道教的祭祀场所。九一八事变后，日本神道界人士纷纷要求趁军事胜利之机在中国大力推进神道布教，日军因此在中国沦陷区大城市和在华日租界内大兴神社，为侵略战争做精神动员。1938年，中国军队从武汉撤退前，曾将这里炸毁。武汉沦陷时期，日军重新修缮了神社。1944年，此处遭到美军轰炸机空袭，这一罪恶的象征被彻底摧毁。

与卢沟桥路相连的胜利街，正如它的名字一样，见证了抗日战争的胜利时刻。胜利街自西南向东北贯穿整个汉口租界区。历史上，这条路是由英法俄德日五国租界各自修筑各自管辖的，因此各段道路宽度不一、形制有异。这条路在英租界段为湖南街，俄租界段为玛琳街，法租界段为德托美领事街，德租界段为汉中街，日租界段则是中街与大和街。1945年8月日本投降后，

胜利街今貌

武汉光复，日租界区被彻底收回并清理，市民们欢呼雀跃地拆除了日租界道路上的隔墙，将六段道路第一次连接在一起。1946 年元旦，国民政府为纪念抗日战争胜利，将这条路命名为胜利街，自那以后，这一名字沿用至今。

今日英雄的道路，是镌刻在大地上的史诗。当刘家麒路的晨曦穿透楼宇，当郝梦龄路的梧桐叶轻抚岁月，当张自忠路的车流与江涛共鸣，这些以英烈之名命名的道路，早已超越了砖石的冰冷，化作民族脊梁的图腾。而与之交织的沈阳路、旅顺路、长春街、大连路、卢沟桥路、胜利街，则将柳条湖的国殇、卢沟桥的热血与八月的凯歌，凝结成城市肌理中的永恒坐标。山河不曾负英魂，街巷终成无字碑。历史的长风掠过，吹散了旧日的阴霾，却吹不灭铭刻于砖瓦间的民族精魄。那是地名的重量，亦是英名的回响。

（韩泽宽）

# 忠魂永驻蛇山巅：烈士祠

蛇山又名黄鹄山，位于武汉市武昌区，蜿蜒如龙，横亘于武昌古城之脊，与汉阳龟山隔江相望，形成“龟蛇锁大江”的千古奇观。蛇山名胜古迹颇多，是历代游览胜地。在蛇山南麓抱冰堂与龙华寺之间，烈士祠依山而建，静卧于参天古木之间，青砖灰瓦的明清式院落与辛亥革命武昌起义纪念馆遥相呼应。这座始建于民国、重生在新中国的烈士祠，祭奠着为中华民族解放事业而献身的英雄，它犹如一支穿越时空的精神火炬，将楚地英烈的忠魂与共和国的红色基因熔铸成永恒的精神坐标。

## 抗战烽火：从表烈祠到民族圣殿的蝶变

蛇山烈士祠，前身为湖北籍国民党将领万耀煌部所修建的祭祀祠堂，称为“表烈祠”。1931 年，万耀煌率第 13 师进驻湖北，为祭奠此前战斗中阵亡的将士，万耀煌在武昌熊廷弼路修建表烈祠，祠中供奉着在历次战斗中阵亡以及病故的第 13 师官兵。表烈祠建筑群占地面积庞大，殿中立有刻碑，两侧还建有厢房，雄伟壮丽，是当时武昌城的著名祠堂。

抗日战争全面爆发后，无数将士英勇牺牲，表烈祠除供奉原 13 师将士牌位外，还增加了第 25 军和其他军队在抗战中牺牲的将士牌位。

1938 年 10 月 24 日，日军第 6 师团炮火覆盖蛇山，表烈祠钟楼在爆炸中轰然倾覆。

抗战胜利后，国民政府发出政令，要求已得到光复的各省市政府按照后方各省市政府办法，积极筹建忠烈祠，祭拜在抗战中牺牲的将士以及民间的忠烈之士。收到命令后，武昌市市长吴芝生组织武汉各界于 1945 年 12 月 30 日和 1946 年 1 月 5 日举行建立忠烈祠临时筹备会及二次筹备会议，决定在武昌首义公园内兴建忠烈祠。其时，中国社会才历经抗日战争之殇，亟待全面恢复与重建。尽管国民政府已接收日伪政权遗留产业，但因缺乏系统且严密的接收规划，经济形势陷入混乱局面，可用于忠烈祠筹建的资金极为有限，因此兴建忠烈祠一事最终被搁置下来。

至 1947 年 6 月，七七事变爆发 10 周年前夕，汉口市政府和武昌市政府发出募捐函，呼吁广大市民踊跃捐款，筹建忠烈祠以纪念抗战英烈。尽管处于相当困难的时期，但武汉各界人士仍以极大热情积极捐款，募集资金达 630 余万元。

庄严肃穆的蛇山烈士祠祠堂

1947年7月7日，湖北省主席万耀煌等率领武汉各界代表千余人参加抗战殉难忠烈官兵入祠典礼。武昌市市长晏勋甫、汉口市市长徐会之率领各界代表及保安队士兵、省警局警士各一队前往湖北省民众教育馆迎接灵位，随即途经中正路、胡林翼路、熊廷弼路入抱冰堂。灵位所经处，行人皆肃立致敬，商店住户争相鸣炮，素车白马备极哀荣。忠烈祠依山而建，从堂前远观，山光水色，一览无余，气势极为雄伟。门首一联云："其生也荣，国有干城，民有模楷；虽死不朽，在地河岳，在天日星。"祠内布置素雅，上悬"浩气长存"匾额一块，两旁联云："钟鼎旗常千秋俎豆，丹诚碧血万古云霄。"抗战牺牲忠烈官兵的灵位被安置在正中，左右为革命先烈及历代名将的灵位。灵位安妥后，举行入祠祭典，典礼庄严肃穆，弥增追仰之思。

修缮后的忠烈祠内安放着众多烈士的灵位，包括郝梦龄、刘家麒、陈怀民等知名抗战将士，以及所有因参加武汉会战而牺牲的烈士。忠烈祠环形纪念墙上镌刻了18928个湖北籍烈士的姓名，每个名字下方预留空白，留给尚未确认姓名的英魂。特别设立的"无名英雄冢"，安葬着从各战场搜集的318具无名遗骸，冢前长明灯燃油由长江水与汉阳铁厂焦油混合而成，寓意"楚人血脉与工业文明永续传承"。

## 青山埋忠魂，功勋载史册

新中国成立后，忠烈祠逐渐荒废，但建筑仍然存在。2011年，为纪念辛亥革命百年，武汉市人民政府出资，依据原貌修整了忠烈祠，并更名为"烈士祠"，将在武汉会战中牺牲的烈士和辛亥革命首义烈士一并安置其间。同时，专门开辟了"武汉会战陈列"展览，使烈士祠成为祭祀抗战英烈的国家级博物馆。同年，武汉市人民政府公布蛇山烈士祠为武汉市文物保护单位。2019年，烈士祠设立"中华英烈合祀堂"，在武汉会战中阵亡的飞行员陈怀民的灵位，与其在台北忠烈祠的牌位形成镜像陈列。

武昌蛇山烈士祠牌坊

时至今日，蛇山烈士祠已经成为爱国主义教育的重要基地。每年都有大量的学生、游客和各界人士前来参观、祭扫，接受爱国主义教育。当晨钟再次敲响，烈士祠飞檐下的铜铃随风轻吟。从忠烈祠到烈士祠，从传统祭典到数字传承，这座建筑始终是民族精神的物化象征，正如正殿楹联所书：“江水滔滔淘尽英雄血，青山巍巍长存壮士魂。”这座镌刻着忠烈之名的精神殿堂，必将永远与江水同在，与青山长存。

（余程春）

# “毫不利己，专门利人”：白求恩纪念馆

武汉白求恩纪念馆，坐落于汉阳区显正街122号武汉市第五医院，这所医院的前身是高隆庞修女会诊所。1938年2月，白求恩大夫和他的医疗队在这里连续奋战七天七夜，从死神手中挽救了众多的生命，给武汉留下了宝贵的文化和精神遗产。为纪念白求恩大夫的杰出功绩，2010年，武汉市第五医院在院内建立白求恩纪念馆，竖起白求恩雕像，无声地向后人讲述着这位英雄大夫的传奇一生以及他与武汉的短暂情缘。

## 从人道主义者到国际共产主义者

亨利·诺尔曼·白求恩（1890—1939），出生于加拿大安大略省的小镇格雷文赫斯特。1912年，白求恩进入多伦多大学医学院学习，距离学业完成还有一年时，第一次世界大战爆发。时年24岁的白求恩中断了学业，加入加拿大军队，作为一名普通的担架员奔赴法国前线。在布满弹坑、血污和尸体的战壕中，白求恩第一次领略到战争的残酷，也认识到战地救护对于支撑士气的重要性。1915年，白求恩在战争中负伤，随后返回加拿大休养并继续完成学业。

20世纪30年代初，席卷全球的经济大萧条余波未平，白求恩在蒙特利尔皇家维多利亚医院任胸外科医师。1935年，白求恩前往莫斯科参加国际生理学大会，苏联卓有成效的健康保健及结核病防治工作给他留下了极深的印象，这点燃了他心中的革命理想。1935年11月，他加入了加拿大共产党。

1936年7月，西班牙内战爆发。10月29日，白求恩率领医疗队携带大

批药品前往西班牙。在这里，白求恩为前线受伤的共和军战士开展输血治疗，招募献血志愿者，并将血浆分类冷冻保存，建立了世界上首个流动军用血库，有效地减少了前线士兵的伤亡。

白求恩离开西班牙后不久，日本发动全面侵华战争。远在万里之外的他，时刻关注着中国战场的消息。他还熟读了埃德加·斯诺的《红星照耀中国》和史沫特莱的《中国红军在前进》，为中国共产党带领中国人民开展朝气蓬勃的革命斗争所深深感染，决心采取实际行动帮助正在遭受日本法西斯铁蹄践踏的中国人民。他在写给前妻弗朗西丝的信中坦言："我想讲明白为什么我要到中国去……我拒绝生活在一个屠杀和腐败的世界里而不奋起反抗。我拒绝以默认或忽视职责的方式来容忍那些贪得无厌的人向其他人发动战争。我现在要到中国去，因为我觉得那儿是最需要最迫切的地方，那儿是我能够发挥作用的地方。"

1938年1月初，白求恩率领一支由加拿大和美国医护人员组成的医疗队，携带从纽约采购的药品、器材等物资，从温哥华不远万里乘船来到香港，在宋庆龄女士的帮助下，转乘飞机进入内地。医疗队成员包括加拿大护士琼·尤恩和美国医生帕森等，他们的第一站便是有着"东方芝加哥"之称的武汉。

## "武汉不是我的目的地"

西班牙内战和中国抗战都具有反法西斯主义的性质，因此，当时有不少人将这两场战争相比较。白求恩同样认为，中国人民和西班牙人民要对付的实际上是"同一个敌人"，所以他才来到中国，完成在西班牙未竟的事业。在汉口，白求恩了解到日军飞机时常对这座城市进行狂轰滥炸，经过半年多的高强度战斗，中国空军已经损失惨重，面临严重的人员和装备短缺问题，用于防空的高射炮也比较稀少，空域几乎向敌人敞开，日机肆无忌惮地在城市上空盘旋，随心所欲地选择打击目标，武汉军民深受其害。

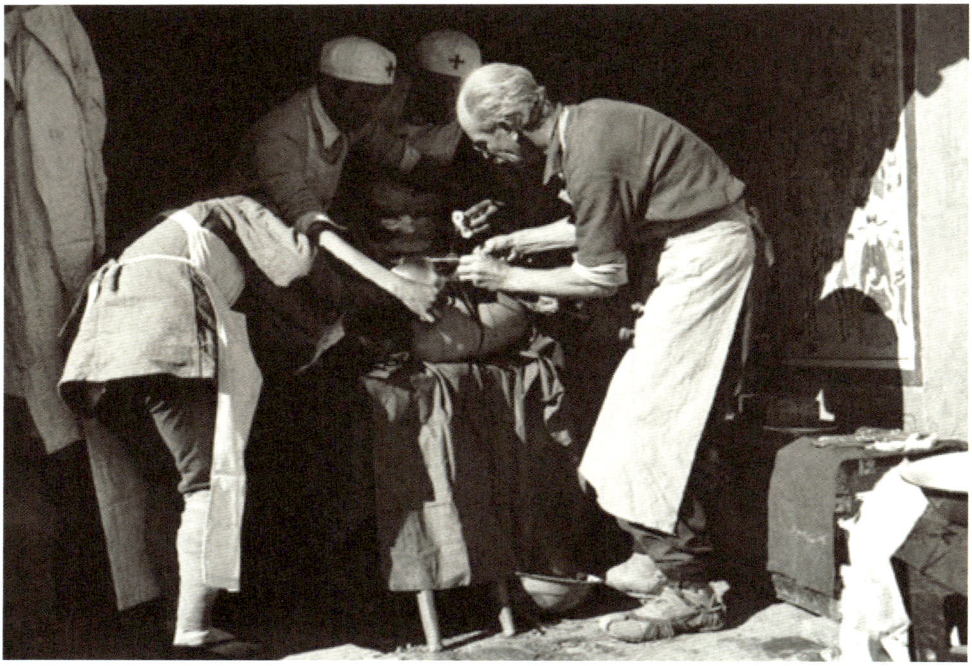

白求恩为八路军战士做手术

到达武汉的第二周，经美国记者史沫特莱牵线，白求恩认识了当时在汉阳天主堂主持工作的爱尔兰神父高尔文，白求恩和尤恩护士一行随即在汉阳显正街高隆庞修女会诊所（今武汉市第五医院前身）开展伤员救治工作。一进入诊所，他们发现这里毫无秩序，医务人员所剩无几；病床很少，许多病人就躺在地上，无人照料。而大厅里挤满了伤员，有些人还没有来得及医治就停止了呼吸，两个小孩站在父母的尸体旁吓得大哭。由于没有保洁人员，地板上到处都是血渍、粪便和手术垃圾，空气中弥漫着一股恶臭。这比白求恩在西班牙战地医院见到的情景更糟糕，毫无战争经验的尤恩护士更是惊得瞠目结舌。见此情形，白求恩立刻投入紧张的伤员救治工作。在高隆庞修女会诊所，他连续奋战七天七夜，为在日机大轰炸中受伤的武汉军民止血、取弹片、做手术，挽救了众多的生命。

白求恩拒绝了国民政府想让他留在武汉的邀请，在八路军武汉办事处一间简陋的办公室里，他与周恩来、邓颖超夫妇见了面。白求恩早就从报纸上知道了周恩来，他激动地握住周恩来的手，急切地问："我能不能直接到陕西去呢？"周恩来微笑着说："你为什么要到陕西去呢？"白求恩回答道："我来之前就知道那里打了胜仗，是抗日的前线。我是个军医，应该到战斗最激烈的地方去！"周恩来很赞赏白求恩的想法，但表示前线的条件很艰苦，担心白求恩不能适应，希望他先在武汉工作一段时间。白求恩坚定地说："武汉不是我的目的地，我要到延安去，到中国共产党领导的根据地去。"在周恩来的帮助下，1938 年 2 月 22 日，白求恩一行启程去延安。

1938 年 3 月 31 日，白求恩历尽艰辛，终于到达了心之所向的革命圣地延安。他做的第一件事就是郑重地递交党证，然后详细说明他的工作计划，请求被派到前线去。在晋察冀边区抗日前线，他同八路军士兵、乡村老百姓一样，穿草鞋和粗布衣裳，吃玉米棒子和山药蛋。有个翻译劝他说："你是军区卫生顾问，贡献比我们大得多，吃好点，保证身体健康，也不算特殊。"白求恩却说："贡献也不是银行里的存折，贡献大就应当向人民伸手要更多的利息。我是个共产主义战士，怎能向党、向人民要求特殊呢？"在抗日前线，白求恩本着"一切为伤员着想"的原则，废寝忘食地工作，从不顾及个人安危。他的救护所总设在离前线最近的地方，一旦战斗打响，白求恩往往在手术台前一站就是几十个小时。手术室外枪炮大作，白求恩却岿然不动，敌军迫近，他也坚持为伤员做手术到最后一刻才撤离。

1939 年 9 月，前线医疗物资紧缺，就连手术用的橡胶手套都无从寻找，白求恩只能赤手为伤员做手术。于是，他决定回国筹措经费和药品，并通过媒体向国际社会揭露日军的侵华罪行，启程时间定于 10 月 21 日。然而，10 月日军发动了大规模冬季"扫荡"，白求恩临时决定推迟回国行程，同战友们并肩战斗。在一次手术中，白求恩大夫不慎割破了自己的手指，但他不顾伤口感染，仍坚持给伤员做手术。不久后，白求恩伤势恶化，感染了败血症。

1939年11月12日，白求恩因医治无效在河北省唐县黄石口村殉职，终年49岁。

## 白求恩精神永存后世

如今，在武汉市第五医院内，有一栋奶油色西式三层建筑被作为医院的体检中心使用，这便是高隆庞医院旧址。1921年，爱尔兰传教士高尔文在显正街购地筹建西门天主堂（今显正街163号教堂）。1936年，爱尔兰传教士葛鲁森将西门天主堂扩建为高隆庞天主堂。天主教爱尔兰高隆庞会于1928年在显正街天主堂对面兴建一诊所，由一美籍修女主持，聘请一俄籍医生应诊。1931年，诊所在街对面大兴土木，修建了一栋三层楼、两栋两层楼和一栋平房。抗战全面爆发后，国民政府九九医院在伯牙琴台开设伤兵医院，将部分伤员移至该诊所医治，诊所开设了病房，专门接收这些伤员。白求恩大夫到来之时，诊所已经粗具规模，成为白求恩大夫和琼·尤恩护士等人与死神作战的阵地。抗战胜利后，诊所改名为高隆庞医院。1949年7月，这所医院由武汉市军事管制委员会接管，原有的医务工作者已经撤走。1950年7月1日正式改组为武汉市汉阳市立医院，1953年更名为武汉市第五医院。

白求恩的助手尤恩护士于1939年夏天回到了加拿大，晚年时期的尤恩写了一本回忆录《在中国当护士的年月（1933—1939）》。在外交家王炳南先生的资助下，1984年本书的汉译版在中国出版，而白求恩曾在高隆庞修女会诊所救死扶伤的事迹也因为此书的出版而重新引起人们的注意。在第三次全国文物普查（2008—2011）中，高隆庞医院旧址被列为不可移动文物。

2010年，武汉市第五医院筹建了白求恩纪念馆，纪念馆分为室内纪念展厅和室外纪念广场两个部分。室内纪念展厅通过文字、照片、油画和历史文物，全面介绍了白求恩大夫在中国抗战中救死扶伤、牺牲自我的感人历程，生动再现了白求恩在武汉战斗的历史片段。展厅西侧，有着500多年历史的

**武汉市第五医院内的白求恩塑像，旁边石碑上刻着毛泽东同志的名篇《纪念白求恩》**

汉阳树伸展着怀抱，默默守护着这片留下白求恩足迹的场所。室外纪念广场设在医院门诊楼前，汉白玉材质的白求恩全身像矗立于广场之上，雕像前有献花宣誓区。在艺术家的雕琢下，白求恩身戴听诊器，右手握拳，眼神坚毅地平视前方，双腿做出向前迈步的姿态，一个富有革命激情的国际共产主义战士形象跃然眼前。雕像旁边有一块石碑，上面刻着毛泽东同志的《纪念白求恩》全文。“一个外国人，毫无利己的动机，把中国人民的解放事业当作他自己的事业，这是什么精神？这是国际主义的精神，这是共产主义的精神，每一个中国共产党员都要学习这种精神……”

2010年7月，武汉白求恩纪念馆被武汉市文明办、武汉市卫生局共同列为“武汉市医德医风教育基地”，武汉市医护人员在执业前都将在此接受白求恩精神的洗礼。

（韩泽宽）

# 百年舰魂，千古流芳：中山舰博物馆

在武汉市江夏区金口古镇金鸡湖畔，中山舰博物馆巍然矗立，经打捞修复后的中山舰停驻于此。中山舰是以革命先行者孙中山先生的名字命名的一艘名舰。在风云激荡的历史大潮中，中山舰亲历了护国运动、护法运动、孙中山广州蒙难事件、中山舰事件等多个重大历史事件。在1938年武汉保卫战中，中山舰与日军飞机激战后，被炸沉于长江金口水域，直至1997年才被打捞出水，重新屹立在长江之滨。中山舰所有曾经的磨难和悲壮，铸就了其英勇无畏的传奇故事，它不仅记载了孙中山先生历经磨难、矢志救国的坎坷历程，同时展现了中国人民不惧强暴、自强不息的爱国精神。它是中华民族坚强不屈抵抗外来侵略的象征，也是中国近代革命史上的一座丰碑。2004年4月，中山舰被列为国家级文物保护单位。2014年9月，中山舰博物馆入选国务院公布的首批80处国家级抗战纪念设施、遗址名录。

## 名舰诞生，护法建功

中山舰原名“永丰舰”。在中日甲午战争中，清朝北洋水师全军覆没，海防毁于一旦。为重建海军，清宣统二年（1910年），筹办海军事务大臣载洵和北洋水师统制萨镇冰赴造船工业发达的欧美国家和日本考察，并在日本订购了两艘型号相同的炮舰，其中在三菱长崎造船所订造的一艘即“永丰”舰，寓为“羽翼永远丰满”之意。然而这艘为维护清王朝统治而建造的军舰，竟成为清朝覆灭的见证者。

永丰舰竣工下水时，清朝已被推翻。几经周折，袁世凯执掌的北洋政府付清了造船的欠款。永丰舰为钢木结构的炮舰，长 65.2 米，宽 8.8 米，吃水 3 米，排水量 780 吨，航速 14 节，配置舰炮 8 门，舰员 108 ~ 140 人，虽体量不算突出，但在当时同型炮舰中，性能较先进，火力较强。

1913 年元月，永丰舰交接仪式在日本长崎举行，随后永丰舰开抵上海，编入北洋政府海军第一舰队服役，驻泊上海吴淞港，在军阀割据、战乱不止的中国开始了曲折而又传奇的历史航程。然而，永丰舰最初的出征，却被妄想称帝的袁世凯政府控制了。1913 年 7 月 12 日，李烈钧在江西湖口兴兵讨伐袁世凯，掀起“二次革命”。8 月，永丰舰奉命前往镇江，参与袁世凯镇压二次革命的军事行动。

1915 年 12 月，袁世凯公然复辟帝制，自称皇帝，改国号为“中华帝国”。此举遭到国人的强烈反对，各省纷纷宣布独立，成立讨袁护国军，史称“护国运动”。永丰舰随同驻沪海军，加入“反对帝制，恢复共和”的护国军行列。北洋政府慑于各方压力，被迫宣布恢复《中华民国临时约法》，召开国会。

1917 年，北洋政府国务总理段祺瑞拒绝恢复《中华民国临时约法》和被解散的国会。为了捍卫民主共和与《中华民国临时约法》，孙中山在广州举起护法大旗。海军总长程璧光率领海军第一舰队在上海起义，南下广州参加孙中山领导的护法运动。永丰舰自讨袁（袁世凯）护国后再次参与起义，成为护法舰队的骨干。

## 伟人蒙难，易名“中山”

1922 年 6 月 16 日，粤军总司令陈炯明与北洋政府勾结，在广州公然叛乱，炮击总统府。在舰长冯肇宪的护卫下，孙中山登上永丰舰指挥平叛。

7 月 10 日，孙中山召集军事会议，决定由永丰、楚豫等舰进军白鹅潭。孙中山亲自指挥战斗，他登上驾驶台瞭望，命令舰队炮击叛军炮台，并大声疾呼：“民国存亡，在此一举，今日之事，有进无退。”永丰舰官兵看到孙中山身先士卒，深受鼓舞，发发炮弹精准击中叛军炮位。永丰舰在枪林弹雨中穿行，愈战愈勇。叛军得知孙中山在永丰舰上指挥作战，遂以密集的炮火轰击永丰舰，舰体左舷中弹起火，情形万分危急。经官兵多次力劝，孙中山才移避到下舱。在激烈的炮战中，永丰舰官兵奋勇还击，终于冲出叛军的火力封锁，安全进驻白鹅潭。

经过 55 天的反击，孙中山终于脱险，于 8 月 9 日离舰赴沪。孙中山坚守永丰舰期间，与官兵同吃同住同战斗，建立起深厚的情谊。1923 年 2 月，孙中山重返广州，建立大元帅府，就任陆、海军大元帅，永丰舰也重返广州。1923 年 8 月，时隔一年之后，孙中山偕夫人宋庆龄再度登上永丰舰，慰问官兵，并与全体将士合影，以纪念广州蒙难一周年。

1924 年 10 月，冯玉祥发动北京政变，电邀孙中山北上共商国是。11 月 13 日，孙中山偕夫人宋庆龄乘永丰舰经香港北上。1925 年 3 月 12 日，孙中山在北京与世长辞。4 月 13 日，广州革命政府为纪念这位中国革命的先行者，表彰永丰舰追随孙中山的功勋，隆重举行改名典礼。宽敞的前甲板布置成庄严肃穆的会场，孙中山先生的遗像被悬挂于会场中央，四周环以洁白的绢花和黑色的布幔。先生饱含深情的目光，似乎仍注视着眼前的战舰。铜板镏金铸就的“中山”两字取代“永丰”的位置，镶嵌于左舷舰尾，熠熠夺目。

1926 年 3 月 18 日，海军局代理局长、中山舰舰长李之龙奉命将中山舰调往黄埔军校后，一时谣言四起，说中山舰是擅自行动，共产党要“阴谋暴动”。3 月 20 日，蒋介石以此为借口，在广州实行紧急戒严，逮捕共产党员李之龙，扣押中山舰，监视和软禁大批共产党人，制造了震惊中外的中山舰事件，夺取了国民革命军第一军的指挥权，使国共第一次合作蒙上了一层厚厚的阴影。

## 喋血金口，壮烈殉国

全民族抗战初期，为阻击敌舰溯长江西犯，中国海军在长江中下游水域及重要海口，以沉船阻塞航道为主，辅以舰队、炮队、水雷武器进行阵地防御。1937年9月，中山舰成为海军部部长陈绍宽的座舰，调入南京以上长江沿线巡防。

1938年1月，海军部被撤销。2月成立海军总司令部，陈绍宽任总司令，以“永绥”炮舰为旗舰，驻守汉口。为了阻止日本海军舰队溯江而上攻打武汉，中山舰与“永绩”“江元”“江贞”“楚观”“楚谦”等舰在陈绍宽的指挥下，在长江中游执行布置水雷、封锁航道、袭击日军和水上军事运输的任务。10月，日军已逼近武汉外围，中山舰奉命从岳阳调往金口至嘉鱼、新堤沿江一带布防巡弋。

10月24日上午9时，中山舰在金口江面巡逻警戒，一架日军侦察机急速飞来，在中山舰上空盘旋。待其进入火力射程，舰长萨师俊下令对日机射击。敌机随即升入云霄，远远逃去。敌机的侦察是一个信号，萨师俊预感一场恶战即将爆发，下令全舰官兵严阵以待，一场悲壮惨烈的海空血战就此展开。

中山舰舰长萨师俊

下午3时，日本海军第15航空队6架水上轻型轰炸机袭来，呈轰炸队形向着中山舰发起进攻。一枚枚重磅炸弹倾泻下来，江面顿时腾起冲天浓烟和巨大水柱。萨师俊一声令下，全舰5门火炮和3挺高射机枪齐发，交织成严密的防空火力网，敌机不敢低飞俯冲，而是在较高空域对中山舰进行投弹轰炸。中山舰开足马力，在江中蛇形前进，躲过敌机的攻击。中山舰是一艘陈旧的军舰，为了支持武汉外围防空火力，舰上的主炮和副炮已被拆下，补充在沿岸的防御工事上，此时仅剩小口径火炮和高射炮，火力很弱。舰首高射炮在连续射击后因过热发生卡壳，左右两舷的机关炮也突发故障。防空火力网顿时出现空隙，敌机趁机向舰面俯冲而来，轮番进行轰炸，一时弹如雨下。

刹那间，舰尾左舷中弹，船壳破裂进水，舵机损毁，转动失灵。右舷被炸开后的致命创伤，导致锅炉损坏、失去动力，江水涌入，舰体逐渐向左倾斜。日机炸弹如雨点般泻向中山舰，整艘军舰笼罩在滚滚黑烟中。一颗炸弹落在舰首爆炸，驾驶台被穿透，甲板、前望台均被掀翻，8名炮手当场牺牲。弹药箱随即爆炸，海图室、舵房被炸起火。萨师俊倒在血泊中，右腿被炸飞，左腿遭巨创，左臂亦受重伤，遍体血肉模糊。萨师俊强忍剧痛，奋不顾身地指挥战斗。全舰将士一面英勇反击，一面组织力量堵塞破损舰体，并设法将军舰驶向搁浅处。敌机持续投弹扫射，舰上多名官兵死伤。在火炮不能发射的情况下，将士们用机枪和步枪对空射击，决心与军舰共存亡。

此时遭重创的中山舰已失去动力，又多处漏水，江水涌进舱室，舰体逐渐下沉。副舰长吕叔奋和枪炮长魏振基、电讯官张嵩龄冲到萨师俊身边，再三请求萨师俊离舰，坐在血泊中的萨舰长仍坚守指挥台，大呼杀敌命令不止，并令受伤官兵尽快离舰："诸人尽可离舰就医，惟我身任舰长，职责所在，应与舰共存亡，万难离此一步！"他义正词严，令官兵为之动容。当舰身大幅倾斜超过40度完全失控时，官兵强行将萨师俊抬到舢板上。但疯狂的日机违反国际公约，惨无人道地向满载伤员的舢板进行扫射，将其击沉。萨师俊头部中弹，当场牺牲。激战不到半小时，孤军奋战的中山舰终因受创过重，沉入波涛滚滚的江水中，结束其26年轰轰烈烈的航程。同萨师俊一起殉难的有24名官兵，舰上官兵仅18人生还。

## 一代名舰，浴火重生

为了弘扬孙中山先生的爱国主义与民主革命精神，追寻一代名舰波澜壮阔的历程，缅怀在武汉保卫战中牺牲的中山舰将士，1997 年 1 月，中山舰被整体打捞出水。这艘经历了一个世纪风雨洗礼的名舰终于重见天日。

本着“整旧如旧，恢复原貌”的文物修复原则，1999 年 11 月，中山舰在湖北船厂开始舰体的修复保护工程。2001 年 12 月，在武汉举行了中山舰修复保护工程竣工仪式。为了安放打捞出水的中山舰，按照“史为地近”的原则，最终决定将博物馆修建在中山舰的沉没地——武汉市江夏区金口镇。为使“舰不离水”，三面环山、距中山舰沉江处 1.5 千米的金鸡湖成为其安

1997 年中山舰被整体打捞出水，经修复后在其沉没地武汉金口修建的中山舰博物馆展出

身之所。

2011 年 9 月，经过多年的建设，为中山舰量身定做的中山舰博物馆正式对外开放。从外观上看，采用“舰馆合一”设计的中山舰博物馆形同一艘战舰，头冲金鸡湖，正在拔锚起航。博物馆由两幢相连的建筑构成，舰体陈列厅为全钢结构，中山舰就居于其中。武汉会战期间，中山舰甲板上的设施几乎被炸毁。在尊重历史的基础上，按照 1925 年中山舰原貌复原舰体外观以及部分舱室，尤其保留了 1938 年与日机浴血奋战时的两处创伤痕迹，一处是右舷钢板上的弹坑，另一处是驾驶舱上方炸弹炸开的大洞。两处痕迹仿佛在诉说着当年的战争情景。

中山舰是国内目前最大的可移动文物。该舰被整体打捞出水时，随之出水各类文物数千件（套），其中一级文物 62 件（套）。中山舰博物馆陈列的珍贵文物向人们讲述一代伟人的丰功伟绩及一代名舰中山舰的英勇事迹，而中山舰博物馆介绍中山舰自诞生到“重生”的历史。2017 年，中山舰博物馆入选国家一级博物馆。

为了纪念 25 位中山舰抗日阵亡将士，在金鸡湖对岸的牛头山顶建有中山舰抗日阵亡将士纪念碑。25 根直指蓝天的雕塑柱，象征着在中山舰上浴血奋战、壮烈牺牲的 25 名将士。这 25 根参天立柱，也与停在博物馆的中山舰遥相呼应。

（王钢）

# 武汉难民的庇护所：东湖卫生疗养院旧址

在武汉东湖国际会议中心长江厅东侧，林深静幽处，掩藏着一幢呈“品”字形布局的四层大楼，这里就是沦陷时期曾保护了成千上万中国难民生命安全的武昌东湖卫生疗养院旧址。尽管这栋大楼经历多次修缮，内外面貌已与当年迥异，我们依然可以从它门前那中西结合的罗马柱、标志性的长条形窗洞中读出历史的沧桑。这所疗养院的创始人是美国基督教复临安息日会医生哈里·威利斯·米勒尔，总务经理是德裔美籍传教士兼医护工作者艾伦·鲍因顿。在武汉民间，他们有更为人熟知的中文名——“米洋人”和“鲍洋人”。

## 救护中国军民的“战地医院”

哈里·威利斯·米勒尔医生早在20世纪20年代便在教会创办的上海疗养院主持工作，由于医术高明、医德高尚，他曾为谭延闿等许多政要诊治疾病。1935年，米勒尔医生在武昌东湖西畔的一座半岛上创立了卫生疗养院。疗养院占地600多亩，其医疗设备、技术、基础设施在当时的国内都属顶尖水平；内部空间也独具匠心，不仅配备了电梯，还设计了圆弧形墙角以保护病人活动安全。建院共耗资25万银圆。由于米勒尔医生曾帮助张学良成功戒毒，张学良为表感谢，向疗养院捐助了10万银圆和许多医疗设备。

抗战全面爆发后，一位戴着金丝眼镜的金发瘦高个子美国人应邀携家人来到东湖卫生疗养院工作，他就是艾伦·鲍因顿。1928年，27岁的鲍因顿和妻子在美国基督教复临安息日会于上海创办的卫生疗养院培训护士。1937年8月，日军大举进攻上海，鲍因顿和家人携带医疗设备和物资，冒着被日军飞机轰炸的危险辗转来到武汉，转移到米勒尔医生开办的东湖卫生疗养院。从此，“米洋人”和“鲍洋人”成为这所疗养院的金字招牌。“米洋人”医术高超，救死扶伤。“鲍洋人”会说一口地道的中文，为人亲和，负责疗养院的日常管理工作，也兼顾对病人的护理和救治工作。

东湖卫生疗养院创办者米勒尔医生

东湖卫生疗养院在抗战时期曾收治过多位抗日将领。冯玉祥在武汉时因蚊虫叮咬感染疟疾，高烧不退，被送到疗养院由米勒尔医生诊治。米勒尔医生先对他的血液进行了检测，确诊病因后才开始治疗。冯玉祥在自传中说：“不大的工夫，就在臂部打了一针。这一针下去，果然就好多了。”白崇禧指挥武汉保卫战期间，也患上了恶性疟疾，体重骤减 20 斤，进入东湖卫生疗养院治疗一周便痊愈了。1938 年夏季，李宗仁脸颊上的旧枪伤复发，经友人推荐后赴武汉东湖卫生疗养院就医。他回忆这段经历时写道：“我即由他（米勒尔）施手术，自口腔上腭内取出一撮黑色碎骨，肿痛遂霍然而愈。”时值盛夏，疗养院环境清幽，风景宜人，湖中荷花盛开，清香扑鼻，给李宗仁留下了深刻的印象。

这家疗养院不仅为冯玉祥、李宗仁、白崇禧等军事将领治病，也积极抢救被日军飞机炸伤的普通百姓。据冯玉祥回忆，一次日军轰炸过后，米勒尔医生开着车从民房废墟里救出了一名女子和一个小孩，并将他们带往疗养院救治。当时，疗养院还建有护士学校、平民小学等，小学收基督教徒子弟，也收附近农民、渔民子弟，学费低廉。为普通百姓看病，医院只收取少量的医药费。因为这些善行，“米洋人”和“鲍洋人”的美誉在周边百姓中口耳相传。

## 武汉人民的“拉贝先生”

救助武汉难民的艾伦·鲍因顿

1938年3月起，日军加大了对武汉的空袭强度。此时日本尚未开衅美国，“鲍洋人”利用自己与美国教会的关系，在疗养院大楼顶部刷了一面巨大的美国国旗。此后日军轰炸时，都刻意避开疗养院。这一做法与在南京用德国国旗庇护中国难民免遭日军轰炸的拉贝先生如出一辙。

武汉沦陷后，日军耀武扬威地开进武汉三镇，整座城市笼罩在一片血腥恐怖的氛围之中。滞留在武汉的大量百姓一夜之间成为难民，惶惶不可终日。走投无路之时，许多人只能前往这所美国人开设的疗养院寻求栖身之所。面对涌入的难民，疗养院来者不拒，将两处大门全部打开迎接难民前来避难，“鲍洋人”还主动走上街头救护难民，一旦发现日军有伤害平民的暴行，就出手阻止。武汉刚沦陷时，日军每天在武汉街头巡逻，碰见男的就逮去做苦力，碰见妇女就进行侮辱。2007年9月，《楚天金报》报道了武汉市民张婆婆回忆在街上遇险的场景：“他们（日军）用枪抵着我，问是媳妇还是姑娘。我大伯和五伯一边给他们磕头，一边把我拦着，结果日本兵一枪把我五伯杵到地上。”就在这时，“鲍洋人”赶了过来，与日本兵交涉一番之后，把年幼的她带到疗养院保护起来。

武汉沦陷后，“鲍洋人”管理的东湖卫生疗养院被划为难民区，范围大致是今天的武昌区黄鹂路 80 号黄鹂小区到东湖国际会议中心一带。东湖卫生疗养院接收难民的消息很快传开了，许多从市区甚至从新洲、黄陂等周边县镇逃亡来的难民蜂拥而至。一时间，面积不大的院区挤满了人，用芦苇、草席、树枝搭建的临时窝棚挤满了山坡。“鲍洋人”和疗养院的护士们一起在难民区的边界设置了铁丝网，以防日军骚扰。每当一些游荡的日本兵跑到疗养院门口寻衅闹事时，都是“鲍洋人”出面与他们交涉，不许日军进入难民区。“鲍洋人”金发碧眼，身材高大，日本兵见到他便不敢造次，只能悻悻地离开。

综合相关资料可知，东湖卫生疗养院庇护的中国难民最多时大约有两万人。1943 年出版的《武昌事变救济难民事业实录》在“救济事项”中记载，院方曾为难民“种痘 7000，注射 5000”。通过这一医疗记录可从侧面推断，有关难民总体数量过万的估测并非夸大。不过，如此庞大的难民群体，使疗养院的日常运转面临着极大的压力。许多人从外面逃到这里时，都处于受伤或患病的状态，加上生活空间狭小、卫生条件差，得皮肤病和流行病的人很多。“鲍洋人”一边为难民统一接种疫苗，一边深入难民之中观察他们的健康状况，重点为病情严重的老弱妇孺开展无偿治疗。为了解决疗养院上万难民的吃饭问题，“鲍洋人”经常带着儿子划木筏走水路到附近的村子购买大米。疗养院为难民每人发放一只搪瓷碗，每天为他们施粥两次。米勒尔医生是一位素食主义者，行医之余热爱研究食物营养成分，他也发挥余热，配制出豆奶，为难民们补充营养。虽然院方分配的食物总体有限，却足以使难民们在艰难的日子里活命。铁丝网内外，一边是地狱，一边是人间。外面，日军的刺刀寒光烁烁；疗养院内，人们能被悉心医治，获得生命保障。踏入与踏出，有时便是生死之别。

1939 年 4 月，张之洞之子张仁蠡牵头的伪武汉特别市政府粉墨登场。为了粉饰太平，响应日军敦促民众“复归复业”的政策，设在东湖卫生疗养院的难民区被伪市政府解散。难民区被解散后，武汉的西方传教士在日军的胁迫下已不能正常开展工作，米勒尔医生遂带领疗养院的医护人员于1941年撤离武汉回到美国。据“鲍洋人”之子小鲍因顿回忆，他与母亲在1941年初先行撤离，“鲍洋人”则在中国坚持工作到1941年12月，于珍珠港事件爆发之际乘轮渡返回美国，后于1986年逝世。

## 尘封的历史重见天日

由于社会动荡和长期战乱，记录疗养院日常管理的书面档案已经散失，日本投降前为掩盖罪行又故意销毁了许多历史资料，导致“米洋人”和“鲍洋人”在东湖卫生疗养院的事迹缺乏文字史料记载。

东湖卫生疗养院旧址现状

随着武汉城市史研究视角的扩展，加上21世纪初仍有为数不多的历史亲历者在世，这段尘封的故事被重新发掘。2007年，历史研究者陈勇先生首先注意到这样一个细节：当年在东湖卫生疗养院里，有一名瘦高个儿的美国人保护着难民不受日军的侵扰，还为他们施粥、看病，难民们都叫他“鲍洋人”。然而，文献中并没有“鲍洋人”的相关记载。陈勇先生多年来不断走访当年住在疗养院的难民在世者，并通过教会找到了几位和“鲍洋人”一起工作过的医护人员，通过收集整理他们的口述，这段历史的轮廓才逐渐清晰。2010年11月，武汉电视台记者龚雪娟辗转联系到远在美国的“鲍洋人”之子小鲍因顿，并在肯塔基州列克星敦市小鲍因顿的家中采访了他。小鲍因顿很感谢中国人民还记得他父亲做过的善举，他深情地说：“我盼望能够重返那栋建筑……希望有一天，我能回到武汉童年生活的地方。但是我的健康不允许，如果有一天我死去，就把我火化埋在东湖边。”

现在，在东湖宾馆片区，更为现代化的武汉东湖国际会议中心拔地而起。然而，与之相隔数十米的东湖卫生疗养院旧址大楼近年来已经荒废闲置。疗养院职工宿舍旧址和“鲍洋人”宿舍旧址已被拆除。为了保存民间抗战记忆，纪念“米洋人”“鲍洋人”以及疗养院全体医护人员所做出的国际人道主义贡献，2022年5月，东湖卫生疗养院旧址被武昌区文化和旅游局登记为不可移动文物。

（韩泽宽）

# 武汉抗战胜利的历史见证：受降堂

在汉口中山公园中区西侧，距孙中山、宋庆龄铜像不远处，一排绿树掩映下，一栋长方形的房子肃然而立。这是国民政府第6战区受降堂旧址，一个光荣的圣地，血与火书写成的抗战胜利曾在此上演。大门上方匾额“受降堂”3个大字苍劲有力，门侧壁铭刻着“国民政府第六战区受降堂旧址”字样，印证了它光荣的历史、曾经的辉煌。

## 日军战败投降，武汉光复

1945年8月15日，日本天皇裕仁通过广播发布《终战诏书》，宣布接受《波茨坦公告》，日本无条件投降。8月21日，国民政府陆军总司令何应钦根据蒋介石的意旨，颁发中国战区各区受降主官分配表，指定孙蔚如为第6战区受降主官，负责接受武汉、沙市、宜昌地区的日军投降。日军投降代表为第6方面军司令官冈部直三郎。

8月25日，国民政府第6战区司令长官司令部向日本第6方面军司令官冈部直三郎发出第一、二、三号备忘录，责令其向中国第6战区投降；通告本战区各部队调往日军现驻地区的行经路线，沿途日军不得阻碍；派本部副参谋长兼参谋处处长谢士炎少将前往汉口，设立第6战区司令长官前进指挥所。8月28日，第6战区司令长官司令部又发出致冈部直三郎的第四号备忘录，指定第6战区各地受降主官及日军投降部队的番号、集结地点。

8月30日，第6战区司令长官孙蔚如命令谢士炎少将率官佐、通信兵、宪兵及随军记者共48人飞抵汉口，在怡和村大成路招待所设立前进指挥所，开始办理受降事宜。与此同时，第6战区司令长官司令部命令所属主力部队挺进武汉及平汉铁路南段，占领要点要线，拱卫武汉要地。

9月8日，何应钦电令第6战区司令长官，要求各地区受降官速赴日军集中地点接受日军代表投降。第6战区采取分区受降的办法，但主会场设在汉口。9月11日，第6战区司令长官部、国民党湖北省政府等首脑机关从恩施出发。9月13日，第6战区第10集团军所属部队已抵武汉附近，随后进入汉口和武昌城区，“作凯旋之游行”。9月17日，第6战区司令长官孙蔚如、副司令长官兼参谋长郭忏、国民党湖北省政府主席王东原等人抵达汉口，当即宣布撤销汉口前进指挥所，并在上智中学设立第6战区司令长官部。为在次日九一八特殊纪念日完成受降，司令长官部紧急召开会议，研究和部署受降的具体工作。鉴于中山公园历来是市政府会议活动地点，最后选定中山公园受降堂作为受降场所。

## 中山公园受降，铸就不朽丰碑

中山公园的前身名曰“西园”，始建于1910年，为私家花园，1927年被国民政府收归国有并确定建为“汉口第一公园”。1928年为纪念孙中山先生而改名为中山公园。1929年10月10日面向市民开放。在1938年武汉抗战的烽火硝烟中，中山公园成为抗日救亡宣传的高地。一幕幕激荡人心的历史话剧在这里上演，同仇敌忾的呐喊、慷慨激昂的歌声回荡在公园上空，鼓舞了武汉民众抗战到底的决心。

1938年4月9日，郭沫若、田汉等人在中山公园举行万人抗日歌咏活动，由冼星海、张曙担任大合唱总指挥；国民政府军事委员会政治部孩子剧团主办的武汉各儿童团体联合露天歌咏大会在此举行，抗日救亡的歌声嘹亮雄壮；军事委员会战利品巡回展览会和抗日宣传画展览在中山公园举办，振奋了武汉民众的抗战热情；武汉四二九空战中被击落的日机残骸在中山公园五权堂前向公众展出；5月1日，汉口市工界五一劳动节纪念大会在公园召开，号召全国工友团结起来，生产救国；7月7日，七七阵亡将士纪念碑奠基典礼在此举行，国民政府军事委员会政治部部长陈诚、副部长周恩来出席并主持活动……

1938年10月，武汉落入日军铁蹄之下，中山公园也被日军松田兵站霸占。日军夷平公园花坛用以停放军车，夷平假山以修建汽车库；大规模砍伐树木，布放高射炮，防范中国军队空袭。园内建筑设施和园林景观惨遭破坏，昔日如画的中山公园成为戒备森严的日军兵营。

1945年9月18日，第6战区受降仪式在中山公园受降堂举行，这天正值九一八事变14周年纪念日，上午10时30分，日本第6方面军司令官冈部直三郎携其参谋长中山贞武等人，前来第6战区司令长官部谒见孙蔚如，请示投降各项事宜。

下午，汉口中正路（现解放大道一段）从循礼门去往中山公园的马路两旁布满了岗哨。中山公园外围满了心情激动的市民，大家都想目睹日军投降的场景。中国士兵在公园大门附近警戒，维持秩序。中山公园内一片肃静，在公园西北角受降堂前的大草坪上，挤满了参加受降典礼的人。几个美国军官在人群中左顾右盼，谈笑风生。

下午3时，在第6战区所派两辆军用摩托车的监护下，一辆车头插有白旗的黑色轿车驶入公园，停在受降堂台阶处的警卫面前。日本第6方面军司令官冈部直三郎走下车，他个子矮小，蓄着一撮胡子，全身戎装，左手还握着一把长柄佩刀，一副傲慢不驯的样子，身后跟着其参谋长中山贞武少将及福栖静岛大佐、冈田芳政大佐、清水勖之大佐。

第6战区司令长官部少将副官处长蒋虎杰快步上前，从冈部直三郎手中夺过佩刀，并带着他及其4名幕僚走向受降堂，冈部直三郎的嚣张气焰这才有所收敛。受降堂会场已布置一新，庄严肃穆，中间摆放着一张大长桌作为受降席。孙蔚如一身戎装端坐于受降席正中，两侧坐着第6战区副司令长官郭忏、国民党湖北省党部主任委员邵华、武汉区日军总受降官王敬久、湖北省政府主席王东原。此外，还有军政要员、地方耆宿、民意代表、美军顾问等党政军各界人士出席了受降仪式，88 人一一就座，整个会场庄严肃穆。

孙蔚如主持受降仪式，冈部直三郎及其幕僚低头走进会场，立正站在受降席前，向孙蔚如脱帽敬礼。孙蔚如亲自将《中华民国第六战区司令长官司令部命令（六战作命甲第一号）》交付冈部直三郎签字受领，责令日本第 6 方面军所属各部队限期开往各受降地点，集中解除武装和移交军用物资等。冈部直三郎阅后签名，表示“今谨收到：中华民国第六战区司令长官中华民国三十四年九月十八日六战作命甲第一号命令一份，当全部遵照执行，并立即转达所属及所代表各部队之各级官长士兵确实遵照。对于本命令及以后一切命令或指示，本官及所属与所代表之各部队全体官兵，均负有完全执行之责任”。孙蔚如也以第 6 战区司令长官的名义签字。中方人员目睹骄横的日军代表低下傲慢的头，向中国俯首投降，无不热泪盈眶，欢呼雷动。受降仪式结束后，冈部直三郎等人仍由两辆军用摩托车警戒送回。武汉市民抑制不住满心的欣喜，自发涌上街头游行庆祝，尽情享受这来之不易的胜利喜悦，到处是喧天的锣鼓声和齐鸣的鞭炮声。

9 月 25 日，日本第 6 方面军直属部队在汉口、武昌分别被第 6 战区第 10 集团军第 66 军、第 92 军解除武装。至 10 月，日本第 6 方面军近 21 万人集中缴械完毕。为收容、管理日军战俘，国民政府在汉口、黄陂、孝感等地设立 13 个日本官兵管理所，并于 1946 年初开始将日俘遣返回国。自此，在武汉的土地上再无日本侵略者的足迹。而日军投降代表冈部直三郎，则于 1945 年 9 月 30 日被中国军方逮捕，囚禁于武汉大学，后转押至上海，1946 年 11 月因脑出血在战犯医院中死去。

## 受降堂重建开放，铭记历史，珍爱和平

中山公园受降堂始建于 1935 年，初为大众会堂（又名五权堂），后改为题襟馆、重华堂、张公祠。据当时参与中山公园受降仪式的国民党中央通讯社武汉分社社长徐怨宇回忆：受降堂设在张公祠内。这是一座平顶厅堂式的横列建筑物，是清朝湖广总督张之洞之子、武汉沦陷时期的日伪武汉市市长张仁蠡特为表彰他的祖先而兴建的。中国军队进城后，铲掉“张公祠”匾额，换上了“受降堂”三个金字。

受降纪念碑原件，现作为镇馆之宝陈列于受降堂内

为让世人永远铭记这一重大历史事件，当时汉口市政府在受降堂前立下石碑，向社会公众展示。碑高约 1.3 米，宽约 0.4 米，厚约 0.06 米，重达 75 公斤，上面刻着孙蔚如的草书碑文：“中华民国卅四年九月十八日蔚如奉命接受日本第六方面军司令官冈部直三郎大将率属廿一万签降于此——第六战区司令长官孙蔚如题。”

鲜为人知的是，当年受降堂的左边，曾有一座胜利厅与之毗邻。武汉沦陷后，日军松田兵站占据中山公园，改建康乐堂作为松田兵站办公室兼俱乐部。1942 年

11 月，伪南京国民政府主席汪精卫到中山公园视察时，将改造完工的康乐堂题名为“来甘馆”。抗战胜利后，来甘馆又被更名为“胜利厅”。受降堂作为政府会场或礼堂，“向为本市例会及招待中外人士会集唯一场所”。近在咫尺的胜利厅就是接待室兼办公室，甚至为“会集时各首长憩息室”。

受降堂和胜利厅，这两座纪念日军投降和抗战胜利的重要历史建筑，在 1949 年武汉解放后经历多次变迁。胜利厅曾作为中山公园的会议室、办公室等，之后改为职工食堂。1982 年食堂搬迁，此地空置，直到 1991 年被拆除。后来，原址上建成了中山公园园史陈列馆，并于 2014 年元旦向社会开放。

而受降堂在中华人民共和国成立初期做过图书馆、展览馆，1958 年后成为餐厅。受降堂前的纪念碑在特殊历史时期一度遗失，受降堂牌匾被摘除，使得后人不了解这栋建筑的重要历史价值。直至 1998 年 5 月 21 日，中山公园职工在清理张公祠地下室旧物时，才发现了尘封已久的受降碑。这块汉白玉碑虽饱经岁月沧桑，但上面镌刻的字迹仍清晰可辨，真实记录了中山公园受降这段难忘的历史。

中山公园受降堂今貌

1999 年 3 月 18 日，中山公园召开“修复受降堂旧址筹备抗战史实陈列及相关活动”学者专家座谈会。与会专家认为，受降堂是全民族抗战胜利的历史见证，修复受降堂旧貌意义重大。在社会各界的支持下，受降堂按原貌重建复原，于 2001 年 9 月 18 日正式开放，2002 年被列为湖北省文物保护单位，2012 年被评为湖北省爱国主义教育基地；2019 年，作为近现代重要史迹及代表性建筑，受降堂被公布为全国重点文物保护单位。

2020 年 9 月 18 日，受降堂在原有展览基础上，升级打造了“抗日战争胜利第六战区受降史迹展”，补充了更多抗战图文史料和实物展品，运用了声光电多媒体展陈方式，并用蜡像还原了冈部直三郎呈递降书的历史场景，正式重新对外开放。2021 年，国民政府第 6 战区受降堂旧址入选湖北省第一批不可移动革命文物名录，成为抗日战争中国战区 16 个受降区中目前尚存的受降旧址之一。

（王钢）

# 爱国实业家的不朽功绩：卢作孚纪念馆

卢作孚纪念馆，位于江岸区鄱阳街7号，原为民生轮船公司汉口分公司旧址。抗战全面爆发后，民生公司总经理卢作孚立即组织民生公司全力抢运川军4个师、2个旅出川抗日，参加南京保卫战。1937年12月初，卢作孚来到武汉，不久被国民政府任命为交通部常务次长，民生公司的重心也转移到汉口，武汉成为卢作孚指挥运输工作的中心。1938年，民生公司共抢运30余万人的作战部队、460多吨的弹药到前线。与此同时，卢作孚组织内迁了国民政府中央机关的全部人员、学校的大批师生、航空委员会的全部航空器材、民间工厂的大部分，其总量在8万吨以上。1938年10月武汉沦陷前，卢作孚组织民生公司船队昼夜兼程，将最后一批滞留的难童和物资撤离武汉。武汉沦陷后，卢作孚又组织了著名的宜昌大撤退，冒着被日军炮火和飞机轰炸的危险，抢运了大量的工业设备、物资和人员到四川，从而保存了中华民族工业的命脉，卢作孚和他的民生轮船公司因此被载入史册。2013年，民生轮船公司汉口分公司旧址被列入武汉市第八批优秀历史建筑保护目录。

## 一支没有武装的抗战舰队

卢作孚（1893—1952），原名魁先，别名卢思，四川合州（今重庆市合川区）人，中国著名爱国实业家、教育家、社会活动家。卢作孚幼年家境贫寒，辍学后自学成才。1925年，卢作孚创办民生公司，以一艘小客轮“民生”轮艰难起航，凭借杰出的能力和才华，仅用6年多的时间，累计收购轮船28艘（其中外籍轮船15艘），统一了川江航运。随着民生公司的航运业务

著名爱国实业家、民生轮船公司总经理卢作孚

不断扩大、航线不断向长江中下游延伸，英国的太古、怡和和日本的日清等公司联合起来打压民生公司。卢作孚高举爱国旗帜，积极迎接挑战和竞争。1936年，民生公司的轮船总吨位已发展到18563吨，超过了所有外国公司在川江上的轮船吨位总和。

抗战全面爆发后，卢作孚就电告公司全体员工："民生公司应该首先动员起来参加抗战。"他明确提出："国家对外的战争开始了，民生公司的任务也就开始了。"他立誓要把他的团队打造成一支没有武装的抗战舰队。1937年8月，国民政府抗战大本营在南京成立，卢作孚就任大本营第二部副部长，负责草拟《抗战总动员计划》。随后，他又被委任为抗日军事委员会第二部副部长，兼农业、工矿、贸易调整委员会运输联合办事处主任，并兼任军事委员会第六部副部长，负责总动员计划的制定和执行。

淞沪会战打响时，民生公司的轮船主要集中在镇江和芜湖。集中在芜湖的轮船主要是装运兵工器材，集中在镇江的轮船主要是装运上海迁厂器材、机料。在卢作孚的指挥下，各项抢运工作有条不紊地展开，民元、民权、民本、民贵、民风等轮船日夜穿梭于长江上下游航道，将镇江、南京、芜湖等地的兵工器材和工用机械抢运到武汉、重庆。据统计，1937 年 12 月前后，上海等地 170 家民营工厂陆续迁到武汉。从 1937 年 8 月到 1938 年 4 月，通过民生公司经宜昌转运入川的人员共有 6.4 万人，另有一大批机关、社团、工厂、学校等也通过民生公司搬迁和转移到内地。

这一时期，为支援前线繁重的军事运输，卢作孚将重庆至宜昌航线上的轮船全部用于军事运输，及时地完成了运送川军奔赴前线和运送军需物资的任务。1937 年 9 月，仅用了两个星期，民生公司就从重庆、万县（今万州区）抢运了川军 4 个师、2 个独立旅出川参战，共计数万人，其中第 21 军第 145 师师长饶国华在安徽广德抗击日军的激战中光荣殉国。1938 年 5 月，第 29 集团军和第 30 集团军奉命出川抗敌，民生公司从重庆、涪陵、万县分三路紧急输送，场面宏大悲壮，仅此一次，就运出官兵近 8 万名。1938 年，民生公司抢运出川的抗日将士，总计有 30 余万人。

1938 年 1 月，卢作孚抵达武汉，又被委任为国民政府交通部常务次长，兼任国民政府军事委员会水陆运输管理委员会主任，主管战时水陆运输事务，负责指挥整个抢运工作，包括统一调用招商局、三北等公司的船只。武汉成了卢作孚新的指挥中心，民生公司的重心也随之转移到武汉。

此时，武汉已是全民族抗战的中心，“保卫大武汉”的口号响彻云霄。卢作孚对形势发展早就有了明确的判断，他清楚地知道，必须组织力量，加倍地“抢运、抢运”，把工厂、物资、学校、机关、人员等迁到武汉，然后再迁到大后方。因此，早在武汉会战打响之前，大规模的人员迁徙和物资抢运就已经开始了。

在武汉的日日夜夜，卢作孚调集了所有的长江轮船和海运轮船，尽全力把所有撤退的人员和物资运出武汉。他将武汉至重庆的航线分为两段：长江中下游的一切船只，负责汉口至宜昌段的运输；长江上游的船只，负责宜昌至重庆段的运输。他要在极短的时间里，抢在日军铁蹄践踏之前，将这些关乎国家军事命脉、工业命脉和文化命脉的人员和物资尽快转运入川，构建抗日大后方。

卢作孚为不辱使命而忘我工作，废寝忘食。关于那段岁月的紧张和繁忙，时任汉口民生公司临时总经理室秘书的周仁贵回忆，总经理室的工作“没有星期假日，也无所谓上下班，每天从清早忙到深夜一两点才能就寝”，“一电尚未译好，二电三电又接二连三地到来，真是急死人”。

为了阻止敌人的舰船溯江西进，国民政府采取了破釜沉舟的办法，用沉船阻塞航道，以空间换时间，董家渡、十六铺、江阴、马当等地水域先后采用过沉船、布雷战术，耗费商船、趸船、军舰近百艘，民船、盐船近200只。这是一种殉葬式的血拼，虽在一定程度上延缓了敌军的军事行动，粉碎了日本军部“三月灭华”的企图，但自身也损失惨重，且后果严重。

1938年7月，国民政府军事委员会援用沉船成例，下令征用包括民生公司在内的所有公司的轮船，无论大小，一律开到武穴田家镇凿沉塞江，以阻拦日本军舰沿江西上。卢作孚坚决反对这种不计后果的做法，他向国民政府军事委员会痛陈利害：长江上游的船只船小马力大，适合川江航行，沉船阻道的作用相对不大；同时，川江航运力量如果悉数毁坏，武汉一旦失守，以何撤退、凭甚运输？其结果是无法想象的。

卢作孚言之凿凿，国民政府军事委员会不得不慎重考虑。后来采纳了汉口航政局局长王洸的建议，紧急修建了4艘钢筋水泥船，和其他要塞轮船一起，于8月底沉没在田家镇的水域中。来自长江上游的所有轮船，最终得以保存，并在后来的撤退抢运中发挥了重要作用。

## 一场惊心动魄的抢运战

1938年10月23日，即日军占领武汉的前两天，卢作孚来到宜昌。一下飞机，他便赶往江边码头了解情况。当时，撤退的人流和西迁的物流源源不断地涌入宜昌。滞留在宜昌的各类候渡人员，高峰期超过3万人。至于等待转移的物资就更多了，仅堆积在宜昌码头的商用和军用器材就超过 12 万吨，此外还有油料 1 万吨，各类公物 6 万吨。其中，有故宫博物院的一批国宝，有中国军工制造行业仅有的一些精密仪器。大量的机器设备、器材物资被随意堆放在沿江沿路，绵延数里，很多东西没有装箱，只能任日晒雨淋。这种情况，可谓“遍街皆是人员，遍地皆是器材”，加上日机轰炸，人心恐慌，秩序紊乱。

更让人揪心的是，来自长江中下游 1500 吨以上的轮船，上不能开进三峡，下不敢驶入敌占区。正式调集可行驶川江的轮船共 24 艘，其中民生公司占 22 艘，基本就是唯一的运输力量。轮船单艘运载量为 200 ~ 600 吨，如果按常规模式运行，将这些滞留在宜昌的人员和物资全部转送到重庆，需要整整一年的时间。而三峡水道的中水位只有四十来天，过后便是枯水季节，装载大型设备的轮船根本无法通行。

10 月 24 日，卢作孚以国民政府军事委员会水陆运输管理委员会主任身份召开紧急会议，宣布由民生公司统一指挥，领衔签订运输合同，招商局和三北公司参加协运，计划在 40 天内抢运完各种物资、人员。卢作孚约法三章，强调组织指挥和协调作战的纪律，强调分工负责、上下联通、纵横联系，消除了不和谐因素。他先后主持制定了《非常时期客运救济办法》《护货法大纲》等条例，确保了各船舶运输任务的有效落实。有些规定可谓是立竿见影，比如取消卧铺，只售座票，便在短时间内明显地增加了客运量。再如难童免费、教师半价等，也为民生公司赢得了赞誉和民心。

根据实际情况，民生公司增加了码头设备和装卸力量，比如增设五龙码头、增设船岸无线电台、在绞滩处设机械绞滩站等，解决了一些迫在眉睫的问题。当年三峡无法夜航，卢作孚提出，晚上装卸，白天起航，推行了“驳船、拖轮和轮船”一条线装卸法，增调了 3000 多名码头搬运工，大大提高了效率。

为了增加运力，卢作孚收购了一些旧轮船，改造后立即投入抢运。此外，他还紧急征召了上千名水手、纤夫和 850 艘大木船、2000 多艘小木船，让其参加轻型、零散物资的抢运，统一编队，统一安排，统一运价。木船负责在宜昌装运轻型器材、设备至巫山、巴东等地的任务，占抢运总量的37%，规模之大，空前未有。一时间，川江宜渝线上，千里舳舻，联帆接舶，蔚为壮观。

为了加快速度和稳定人心，卢作孚修订实施了民生公司在川江枯水期创造的“三段式航行”法：从宜昌到三斗坪为第一段，从三斗坪到万县为第二段，从万县到重庆为第三段，并根据船只的不同情况和客运货运的不同需求来分段处理、分别对待。原来从宜昌到重庆一个来回需要6天时间，而现在从宜昌到三斗坪一天时间就够了。这样，民生公司每天早上有六七艘船从宜昌起航，每天下午也会有同样数量的轮船返回宜昌，运力一下子增长了若干倍，缩短了运载时间，减少了人员的停留时间。

## 一曲彪炳史册的浩歌

全民族抗战初期，中国最重要的经济活动莫过于沿海沿江工业的内迁。工业内迁，不仅保存了菁华荟萃的中国工业地带的一部分工业设备，而且强有力地推动了西南大后方工业的发展，这在中外经济活动史上当属绝无仅有的记录。卢作孚凭着叱咤风云、勇立潮头的气魄和胆略，凭着运筹帷幄、决胜千里的才干和智慧，凭着不屈的精神和独有的人格魅力，凭着对川江航道透彻入骨的了解和掌握，完成了中国工厂及机关人员从上海等地到武汉、从武汉到宜昌、从宜昌到大后方的迁徙转移任务，用他那瘦削的双手，扭开了通向胜利和光明的闸门。

经过40个日日夜夜的苦战，奇迹终于在人们的期盼中到来了，原本在宜昌陷入绝境的3万名待运人员，已全部安然入川，待运器材也运走了大部分。卢作孚后来回忆道：“四十天内，人员早已运完，器材运出三分之二。原来南北两岸各码头遍地堆满器材，两个月后，不知道到哪里去了，两岸萧条，仅有若干零碎废铁抛在地面了。”

除了白天紧张逼人的调度指挥、策划布置、交涉沟通以外，卢作孚每晚都要到江边码头视察计划执行情况，深入抢运的最前线。长期透支、过度劳累使他瘦弱不堪、疾病缠身，但他仍坚持到“最紧张的一幕”结束。直到1938年底，卢作孚才回到久别的重庆。

由卢作孚亲自指挥的宜昌抢运40天，是惊心动魄而又充满智慧的40天，无疑是整个战略大撤退的高潮时期。亲历过宜昌大撤退的“世界平民教育运动之父”晏阳初将其誉为“中国实业上的敦刻尔克”，“在中外战争史上，这样的撤退只此一例”。

宜昌大撤退后，卢作孚在回答关于民生公司经营状况的问题时说：“这一年我们没有做生意，我们上前线去了！我们在前线冲锋，我们在同敌人拼命！”确实，整个抗战期间，民生公司共抢运了各类人员150余万人次，物

民生轮船公司汉口分公司旧址新貌，卢作孚纪念馆建于其中

资100余万吨。为此，民生公司做出了巨大牺牲。曾任民生公司副总经理的童少生有过统计：民生公司的职工，有116人献出了生命，有61人伤残。公司方面，先后被敌机炸沉及炸伤的轮船有16只，其中无法打捞及修复的有11只，计4700吨；抢运中，因汽油着火、炮弹爆炸，损失船舶共4152吨。至于被敌机炸毁的厂房、仓库、机器材料，以及被损坏的码头、囤驳、仓栈建筑等，亦为数甚巨。

武汉沦陷后，民生轮船公司汉口分公司旧址被汉口市立医院占据。武汉光复后，民生轮船公司汉口分公司设在江汉路29号。新中国成立后，民生轮船公司汉口分公司仍在江汉路，鄱阳街7号旧址成为交通局长江海事局办公楼。20世纪八九十年代，长江航运进入鼎盛时期，鄱阳街7号旧址成为武汉长江船员培训中心。世纪之交，武汉长江船员培训中心大楼里建立了卢作孚纪念馆。培训中心大楼总计4层，卢作孚纪念馆就占了两层（第3、4层），兴盛一时。奈何长江航运渐趋衰落，船员培训业务不断萎缩，武汉长江船员培训中心日渐难以为继。如今，武汉长江船员培训中心不知所终，该大楼也被某餐饮企业承包占据，卢作孚纪念馆只剩下大楼外墙的几个大字。毛泽东曾说，中国的民族工业不能忘记四个人：重工业的张之洞、轻工业的张謇、化学工业的范旭东和交通运输业的卢作孚。这是对卢作孚一生功绩的最好的评价。

（袁斯婧　彭翔华）

# 抗日英烈长眠木兰山麓：杨学诚烈士陵园

杨学诚烈士陵园，位于黄陂区的木兰山南麓七峰山下，占地面积约160平方米，四周的围墙将陵园与外界隔开，却隔不断人们对烈士的敬仰与追思。踏入陵园，映入眼帘的是一块高大的墓碑，在阳光的照耀下，“杨学诚烈士墓”几个大字熠熠生辉，这几个字仿佛有着千钧之力，让人肃然起敬。墓碑上面刻着杨学诚烈士的生平简介，共800多字，每一句话都像是浓缩的历史，记录着他短暂却波澜壮阔的一生。碑前，时常摆放着人们敬献的鲜花，这些鲜花承载着后人对烈士的无尽缅怀与敬意。这座烈士陵园建于1957年，1998年被列为武汉市文物保护单位。

## 觉醒与抗争的青春华章

杨学诚（1915—1944），出身于湖北省黄陂县（今武汉市黄陂区）研子岗杨保益湾的一个贫苦农民家庭。父亲杨祥和靠卖工维持全家生计，母亲黄氏操持家务，家境十分贫寒。尽管生活困苦，但是杨学诚自幼便展现出了聪慧和勤奋好学的品质，在私塾里，他熟读诗文，过目成诵，在众多孩童中出类拔萃。后来，伯父见他有出众之才，决定资助他到汉口上学。得到伯父的资助后，杨学诚来到新民小学学习。1927年，杨学诚进入武汉一中就读。1930年，他又考入湖北省立高级中学。在整个中小学阶段，杨学诚埋头读书，对学业孜孜以求。在数年的学习中，他始终刻苦努力，成绩优异。

1934年，杨学诚以优异的成绩考入清华大学。然而，平静的校园生活并未持续太久。1935年，《何梅协定》的签订，如同一颗重磅炸弹，打破了中国的宁静，也彻底改变了杨学诚的人生轨迹。日本帝国主义步步入侵，“华北之大，已经安放不得一张平静的书桌了”。在日益严重的民族危机面前，杨学诚再也无法安心于书本知识的学习。民族的危亡、国家的苦难，如同一把把利刃，刺痛了他的心。1935 年 12 月 9 日，北京多所高等院校和中学的数千名学生，涌上街头，举行了声势浩大的抗日救亡游行。他们高呼着“反对华北自治”“打倒日本帝国主义”“停止内战，一致对外”等口号，声音响彻云霄。杨学诚毫不犹豫地加入了游行队伍，他热血沸腾，心中充满了对侵略者的痛恨和对国家的热爱。

杨学诚

一二·九运动后，杨学诚的革命热情愈发高涨，他积极加入了平津学生南下宣传团，深入华北农村，宣传抗日救亡思想。数九寒天，华北原野风沙漫天，寒风刺骨，但这丝毫没有阻挡他的脚步。他和同学们一起，四处奔走，每到一处，就向当地的群众讲述日本侵略者的暴行，呼吁大家团结起来，共同抗日。他们的宣传，如同一颗颗火种，点燃了广大民众心中的抗日热情，让抗日救国的思想在华北大地广泛传播。

1936 年 2 月，杨学诚加入中华民族解放先锋队，成为队里的活跃分子。抗日救亡运动磨炼了他的性格，使他从一个沉默儒雅的书生成长为一个疾恶如仇的战士。同年 5 月，杨学诚加入中国共产党，后任中共清华大学党支部书记。卢沟桥事变后，平津失陷。在南下抗日救亡宣传活动中，杨学诚是平津流亡学生的主要领导者，先后建立了济南和南京的平津同学会。

## 抗战烽火中的热血征程

1937 年 9 月初，杨学诚回到武汉，任中共中央长江局青委委员。湖北省委成立后，他担任中共湖北省委青委书记，负责创立和领导湖北青年救国团，团结湖北各界的爱国青年，开展轰轰烈烈的青年抗日爱国运动。他遵照省委指示，与刘西尧、方毅、陶铸等人分赴鄂东、鄂中、鄂北等地，组织抗日武装，发动广泛的游击战争。

1938 年，杨学诚受党组织委派，前往鄂中应城汤池，肩负起建立革命武装的艰巨使命。这是一个充满挑战的任务，因为这时的杨学诚还没有任何军事经验，对于他来说，前方的道路充满了未知和艰难。但杨学诚怀着对革命事业的无限忠诚和一腔热血，毅然决然地踏上了这片土地。他心中只有一个坚定的信念，那就是一定要在这里建立起一支强大的抗日武装，为保卫祖国、抗击日军贡献自己的力量。

为培养抗日武装干部、推动党的组织发展，1938 年，陶铸于应城汤池创办农村合作人员训练班与临时学校。此后不久，陶铸因故离开汤池，党的领导工作主要由杨学诚承担，他驻夏家庙统筹全局事务。汤池的训练班与临时学校成效显著，仅一年时间，便培养出 600 多名抗日武装干部，为鄂中地区开展抗日游击战争奠定了坚实的干部基础。

同年 6 月，鄂中特委成立，随后杨学诚担任特委书记。杨学诚说："我就是讨饭，也要讨到一支枪。"会后，他深入鄂中各县检查指导工作。他对钟祥县委书记说："武汉情况紧急，要马上把党的中心任务转移到武装斗争上来，想方设法搞枪支，准备上山打游击……"钟祥县（今钟祥市）紧急动员起来，人人动手搞枪，从国民党军溃败的散兵手中买，从联防队里往外拉，经过不懈努力，很快建立了一支拥有几百支枪的队伍。

杨学诚十分重视在工人中发展武装力量。他多次和特委的同志一道，深入应城矿区，积极动员共产党员蔡松荣利用有利条件组建队伍。蔡松荣深受杨学诚的鼓舞，从家里拿出以护矿名义购买的8支枪，又集合了13名热血青年矿工，成立了应城县潘家集商民自卫队。这就是有名的“应城八条枪”。虽然枪支数量不多，但它如同星星之火，点燃了鄂中地区抗日武装斗争的燎原之势。

在武汉沦陷前，由杨学诚主持，鄂中特委在应城矿区召开过一次扩大会议。会上，他分析了鄂中形势，决定以应城的矿区、京山的石板河、天门的皂市、安陆的雷公店、应山的肖家店等地为游击战争的根据地。武汉沦陷后，杨学诚与陶铸二人又设法筹备武器，一方面通过在国民党地方政府供职的共产党员，控制国民党的地方武装；另一方面，他们在应城筹集了资金，通过八路军武汉办事处，从香港购买了36支驳壳枪，成立了汤池手枪队。

同年11月，杨学诚参加了设在随县均川镇的抗敌工作委员会的领导工作，他以该会名义办了两期干部培训班，杨学诚本人担任教育长，李范一兼任班主任。该培训班为应城、钟祥、京山等地培养了一批党的基层干部。11月上旬，鄂中特委在京山丁家冲召开会议，研究整编部队工作。在会上，杨学诚提出：“大力搜集武器，发展抗日武装。”会后，他又组织潘家集商民自卫队搜集国民党溃军枪支，发动大家在水塘冰下捞枪，并在应城矿井扩充队伍。至12月，这支队伍已有步枪50多支，组成了3个分队。这时应城巡检司党领导的武装有30多人、20余支枪，也到丁家冲会合。另外，通过杨学诚做工作，应城县政府常备队李又唐部200多人，也来到了丁家冲。于是，应城抗日自卫队正式成立了，简称“应抗”。“应抗”成立后，如同猛虎出山一般，驰骋于京山、钟祥、应城之间，不断地袭击日伪军。他们的英勇行动，让日伪军闻风丧胆，极大地鼓舞了当地群众的抗日信心。陶铸说：“在发展根据地的群众运动，扩大武装的工作上，学诚同志都有很大贡献。”

1939年5月，在杨学诚等人的不懈努力下，“应抗”发展壮大成拥有4个支队共3000余人的抗敌自卫总队，成为党在鄂中地区最大的一支抗日力量。这支队伍的壮大，离不开杨学诚的辛勤付出和卓越领导。他在队伍建设过程中，注重思想政治工作，亲自给战士们讲述抗日救国的道理，激发他们的爱国热情。他还积极组织军事训练，邀请有经验的军事干部为战士们传授战斗技巧，提高队伍的战斗力。

1939 年 6 月，李先念和陈少敏率新四军南下部队来到京山养马畈，对鄂中地区的抗日武装进行整编，并根据上级指示，把“应抗”第 3、4 支队编入新四军主力部队。杨学诚积极配合，为整编工作的顺利进行奠定了坚实的基础；同时，为新四军第 5 师和豫鄂边抗日民主根据地的创建、发展和巩固做出了多方面的重要贡献。

1940 年 4 月，豫鄂边区新四军主力东进，留守后方的部队成立豫鄂挺进纵队路西指挥部，杨学诚担任路西指挥部政治委员。8 月，边区党委决定开辟天西地区为根据地，在南山成立指挥部，刘少卿任指挥长，杨学诚任政治委员。此后，杨学诚积极投身于抗日民主政权的建设之中。在党的领导下，他联合各党派的抗日志士，致力于贯彻执行坚持抗战、保障人民民主权利、改善民生的各项政策，为边区长期的抗战斗争和人民民主力量的发展做出了重大贡献。

## 英年早逝，精神永垂不朽

1942 年 7 月，中共中央华中局指示新四军第 5 师挺进鄂南地区，杨学诚与刘少卿奉命率领部队向鄂南进军。当时的鄂南形势严峻，这一带不仅是日军的后方，也是日军向南、向西进犯的基地。面对强大的对手，杨学诚指挥部队英勇作战，很快打开了工作局面。他在鄂南虽然时间不长，却达到了从军事上打击敌人、从经济上封锁敌人的战略目的，使日军日夜不得安宁。8 月 10 日，鄂皖兵团指挥部建立，刘少卿任指挥长，杨学诚任政治委员。

然而，长期的艰苦战斗和恶劣的环境使杨学诚的身体受到了极大的损害。1943 年初，他从鄂南返回江北，不久就因积劳成疾患上了结核性胸膜炎。

杨学诚烈士墓

在战争环境中，他得不到很好的治疗和休息，病情逐渐加重。严重的疾病使他卧床不起，但他仍坚持工作。

1944 年 3 月 6 日，平汉线附近据点的日军袭扰大悟山地区。杨学诚随军转移，在转移途中病情恶化，不久病逝于大悟山以北的高家洼，时年仅 29 岁。他牺牲的消息传到延安，无数人为之悲痛。

杨学诚用他短暂而辉煌的一生诠释了对国家和民族的无限忠诚。他从一个学生运动领袖成长为坚定听党指挥、百折不挠的革命战士，以不畏强敌、奋战到底的气概，为民族解放事业献出了自己的生命。他坚守信念、鞠躬尽瘁的革命精神永远激励着后来人。杨学诚烈士陵园，这一位于木兰山麓的神圣之地，铭刻着这位抗日英烈的不朽功勋，让他的事迹与精神在岁月的长河中永远熠熠生辉。

（许家铭）

# 附录：纪念抗战胜利 80 周年主题书画作品

《风骨》（中国画，作者：沈伟）

作品简介：作品以“成林苍松”为题，借物抒怀，纪念抗日战争胜利 80 周年，颂扬中华儿女的不屈意志与民族气节

《中山舰最后一战》（中国画，作者：樊枫）

作品简介：作品讲述了中山舰奉命参加武汉保卫战的历史事件，展现了中华民族不畏强暴、视死如归的抗战精神，体现了中国人民的不屈意志

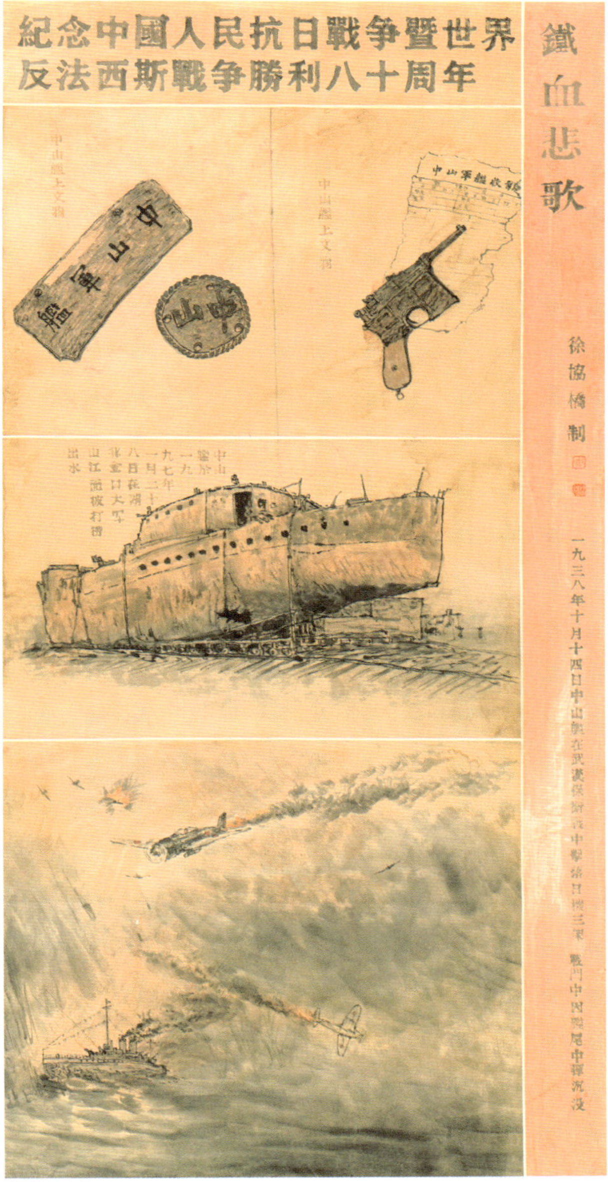


《铁血悲歌》（中国画，作者：徐协桥）

作品简介：作品通过细腻的描绘和生动的场景，让观者仿佛置身于那个战火纷飞的年代，感受中华民族顽强不屈的精神，提醒人们铭记历史，珍惜和平

《德感坝的薪火》（油画，作者：徐文涛）

作品简介：作品以抗战年代武昌艺专西迁四川江津为背景，描绘了师生们生火制作绘画工具木炭条的场景，寓意一段从武昌艺专到湖北美术学院筚路蓝缕、百年传薪的历程

《翠岭丰碑》（中国画，作者：明媚）

作品简介：作品以天子山为骨，以革命烈士纪念碑为魂，将血色历史与苍莽山川熔铸一体。革命烈士纪念碑矗立于云海，碑身如剑指苍穹，岩壁间隐约浮现行军剪影，似英魂永驻山川

《新四军》（中国画，作者：严好好）

作品简介：作品以“新四军”为题，对抗战历史进行深刻且生动的艺术呈现。画面中，新四军战士们身着军装，身姿挺拔坚毅，神情庄重，仿佛在诉说着那段波澜壮阔的抗战岁月

《姚家山新四军第五师司政机关旧址》（油画，作者：戴湘文）

作品简介：作品注重表现姚家山的自然风光和人文特色，将革命历史与地域文化紧密结合，让人在欣赏艺术之美的同时，也能深刻感受到那段波澜壮阔的历史

《白浒山抗战旧址》（中国画，作者：杨茂宗）

作品简介：作品通过写实的创作手法对武汉会战白浒山抗战旧址进行叙事化描绘，时刻提醒国人牢记历史、勿忘使命，表达对抗战烈士的崇敬与怀念

《他们》（水彩画，作者：杨虎）

作品简介：作品以武汉解放公园东北角那座肃穆巍峨的方锥形大理石碑“苏联空军志愿队烈士墓”为背景，诉说一段跨越国界的生死情谊，定格一座城市永不褪色的记忆，颂扬英烈们的英雄事迹和伟大的国际主义精神

《墨染江汉·抗战艺痕》（中国画，作者：张宝戈）

作品简介：作品以武汉市江汉区中山大道949号中华全国文艺界抗敌协会旧址为核心意象，通过艺术手法再现抗战时期文艺界以笔为枪、以墨为血的壮烈篇章。画面融合历史建筑、抗战文献、文人身影等元素，既展现了旧址的沧桑厚重，又象征着抗战精神在新时代的传承

《守望者·时光铸痕》（水彩画，作者：吴朝阳）

作品简介：作品以抗日战争为背景，主体是一座残破的碉堡，象征着中国人民不屈不挠的抗战精神。画面色调深沉，以灰褐色为主，营造出凝重而悲壮的氛围

《锦绣芳华》（中国画，作者：段岩）

作品简介：作品以水墨丹青勾勒生生不息、蓬勃挺拔的丝兰，叶片如剑般坚硬，即便在贫瘠土壤和极端环境中，也能顽强生长并绽放花朵，展现抗战时期武汉人民面对危难与挑战时不屈不挠、勇往直前的精神特质，寄寓对芳华与岁月锦绣的深情礼赞

《号角》（版画，作者：熊庆顺）

作品简介：作品采用现实主义与象征主义相结合的创作手法。其中，战士形象和细节的刻画具有写实性，号角这一元素具有强烈的象征意义，它象征第一张《新华日报》带着滚烫的文字，降临在这片硝烟弥漫的中华大地上，像一柄刺破铁幕的思想利刃，在民族最危难的时刻发出了震彻暗夜的长啸。这份遗产穿越时空，依旧在我们的血脉中奔涌

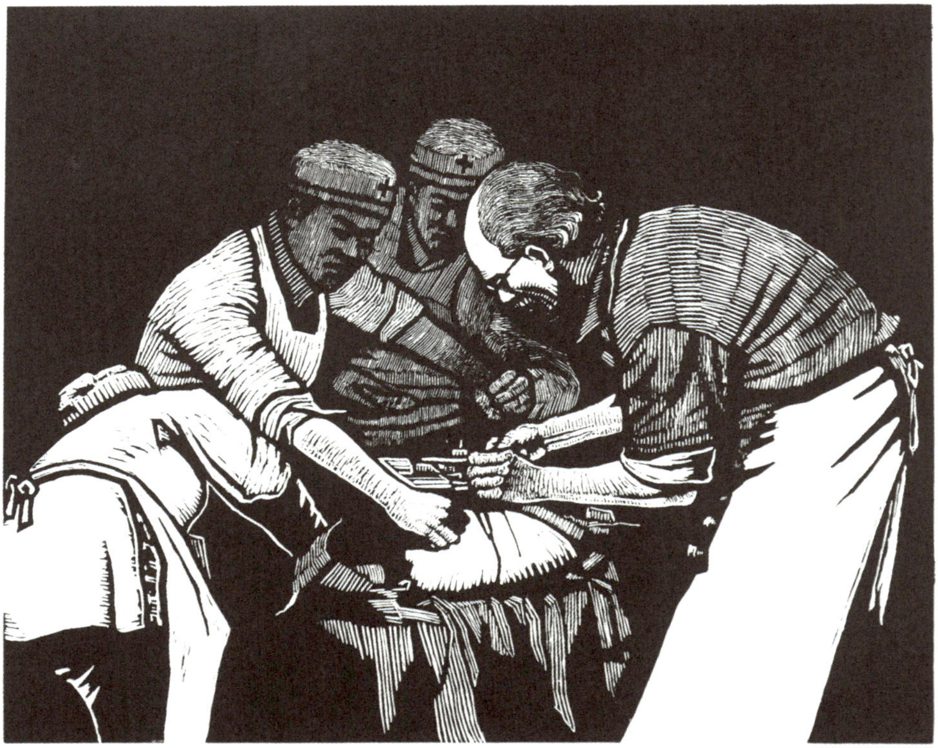

《抗战中的白求恩》（版画，作者：张忠喜）

作品简介：作品通过黑白对比强烈的线条和块面塑造形象。这种简洁明快、刚劲有力的视觉效果，能够迅速抓住观众的视线，表现紧张、严肃的氛围，同时也展现了白求恩大夫对患者的高度责任感和无私奉献精神

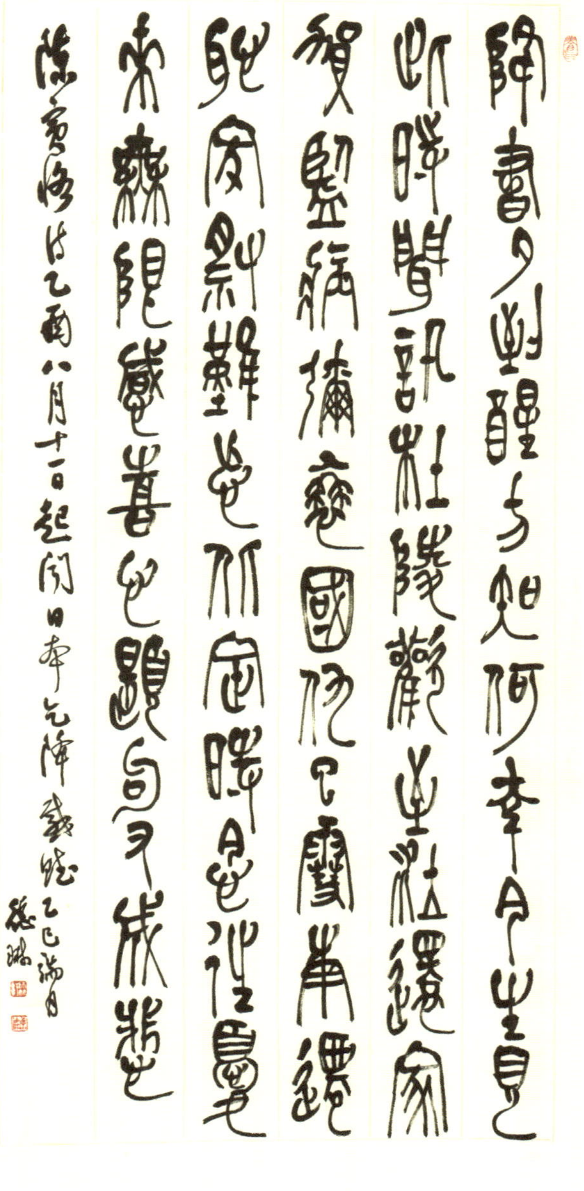

《陈寅恪诗》（书法，作者：黄德琳）

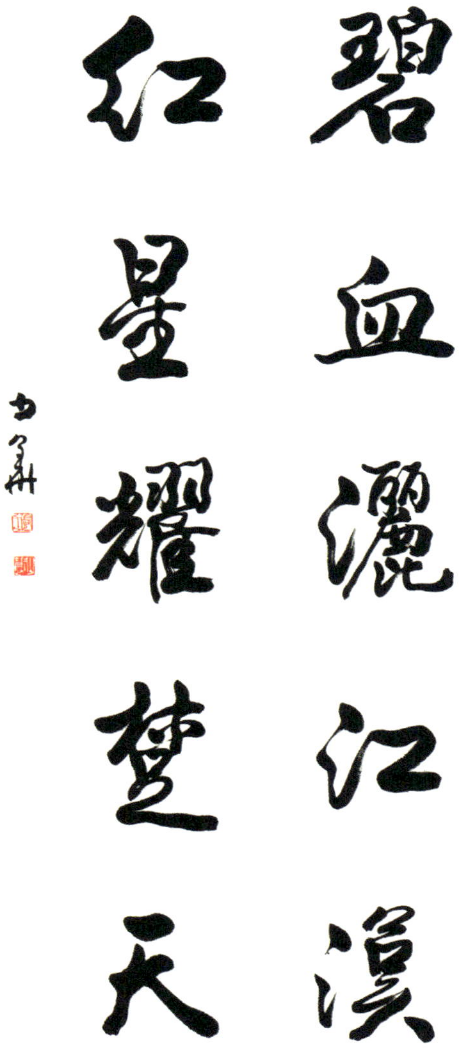


《碧血红星联》（书法，作者：张少华）

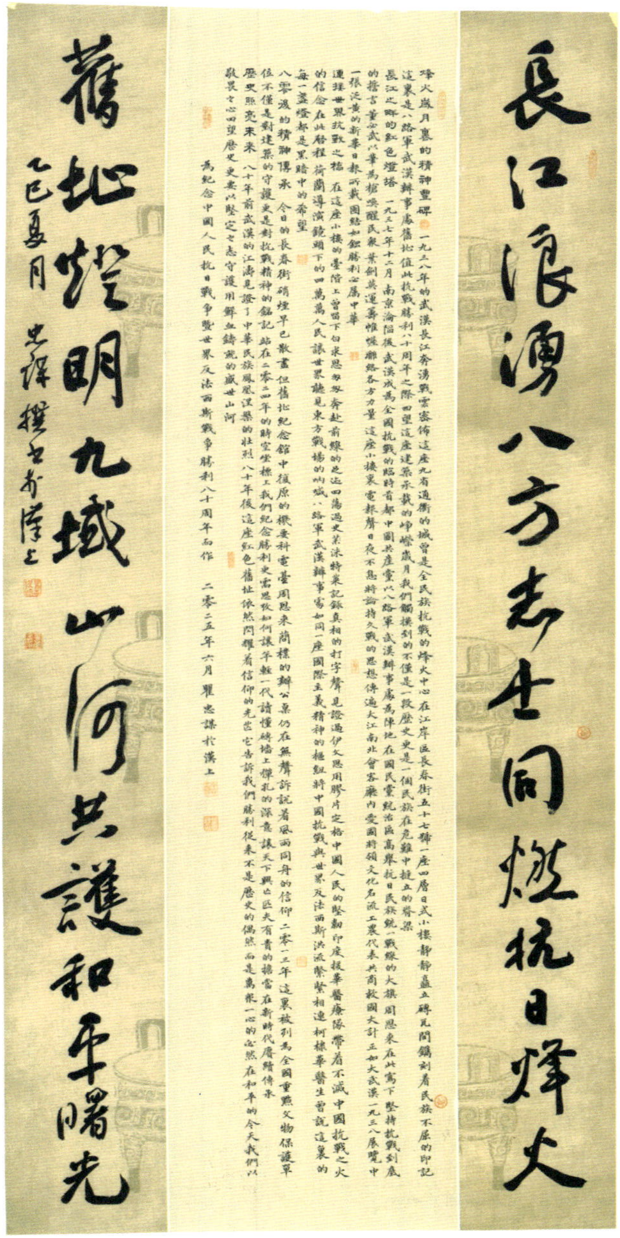


《长江旧址联》（书法，作者：瞿忠谋）

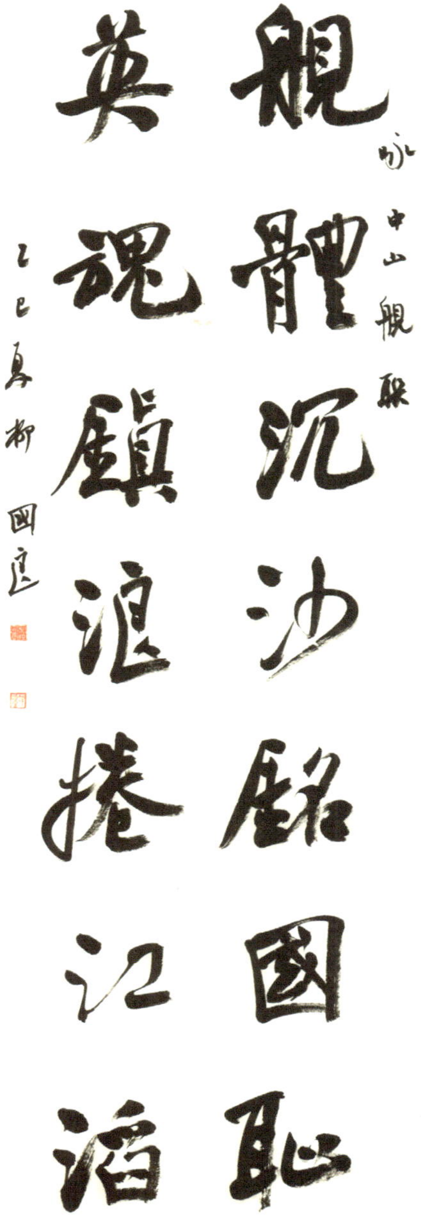

《舰体英魂联》（书法，作者：柳国良）

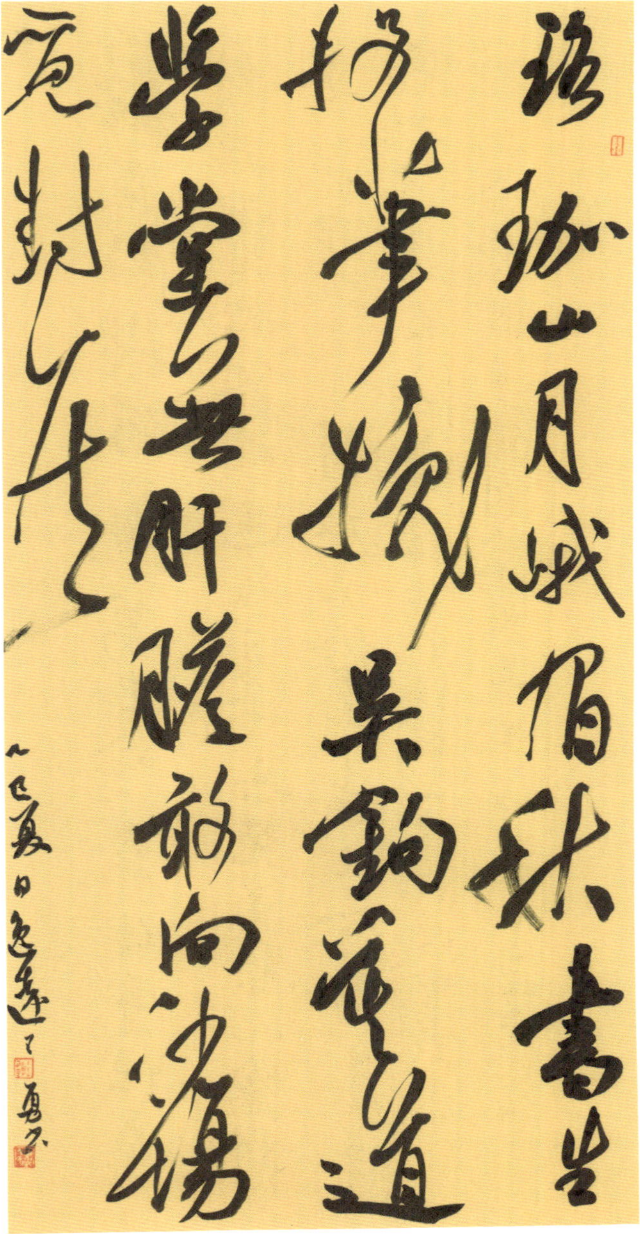

《珞珈山诗》（书法，作者：王勇）

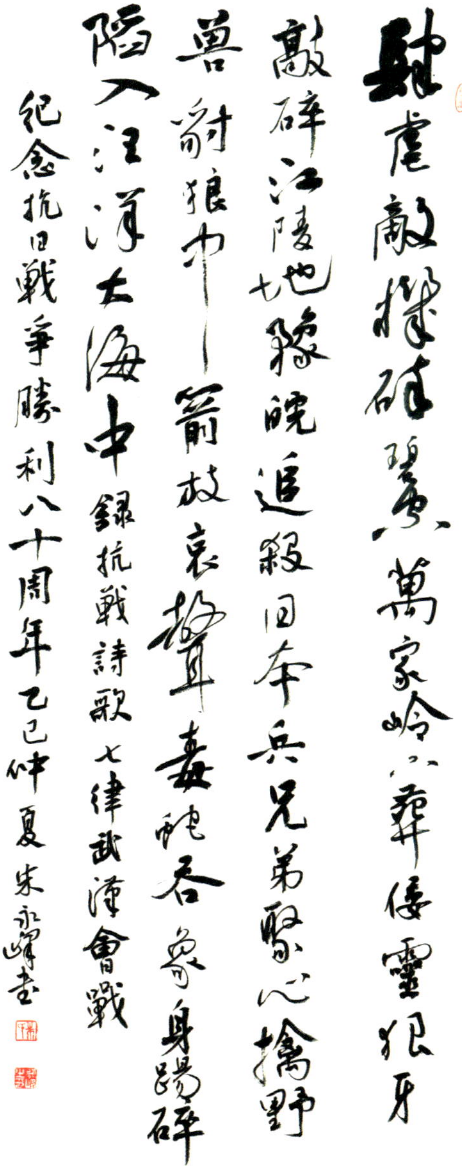

《武汉会战诗》（书法，作者：朱永峰）

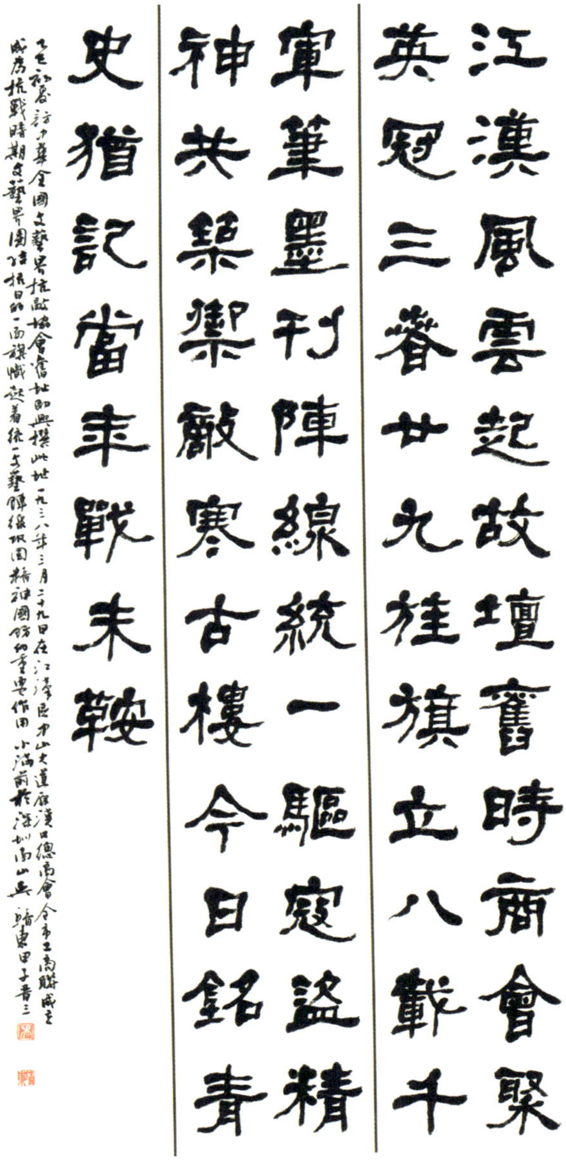

《访中华文艺界抗敌协会旧址诗一首》（书法，作者：吴靖东）

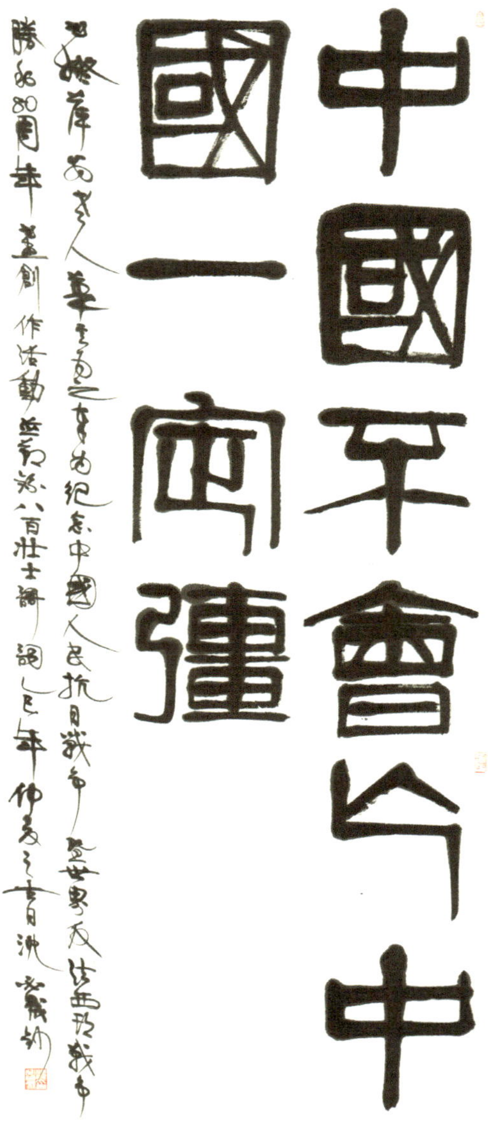


《中国不会亡，中国一定强》（书法，作者：沈必晟）

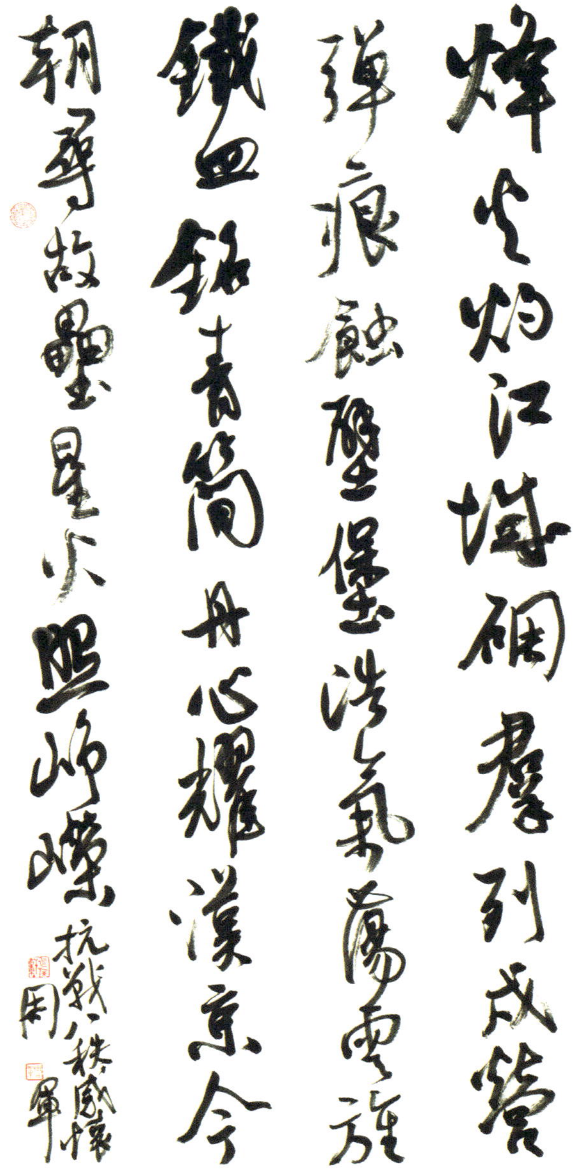

《抗战八秩感怀》（书法，作者：周军）

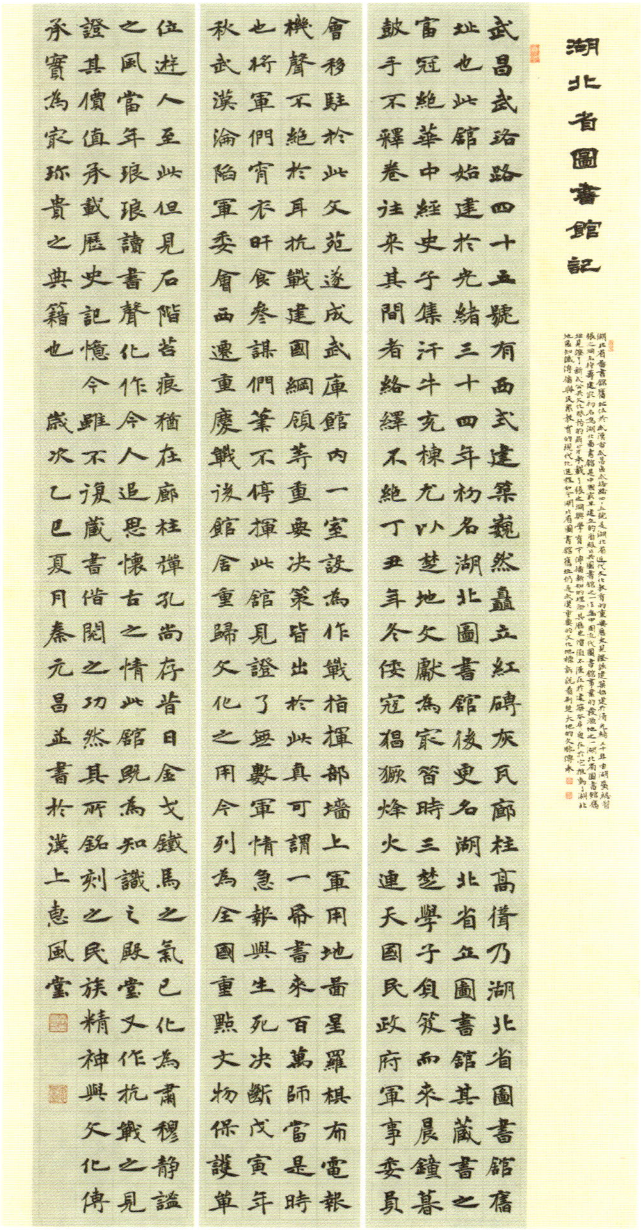


《湖北省图书馆记》（书法，作者：秦元昌）

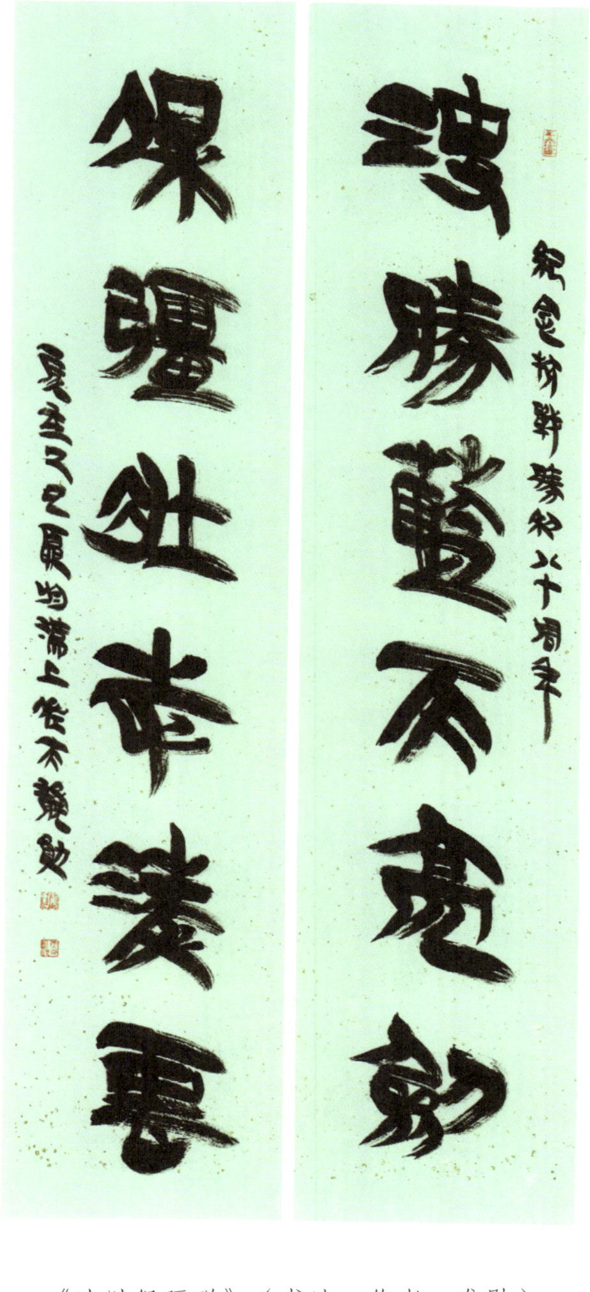

《决胜保疆联》（书法，作者：龚勋）

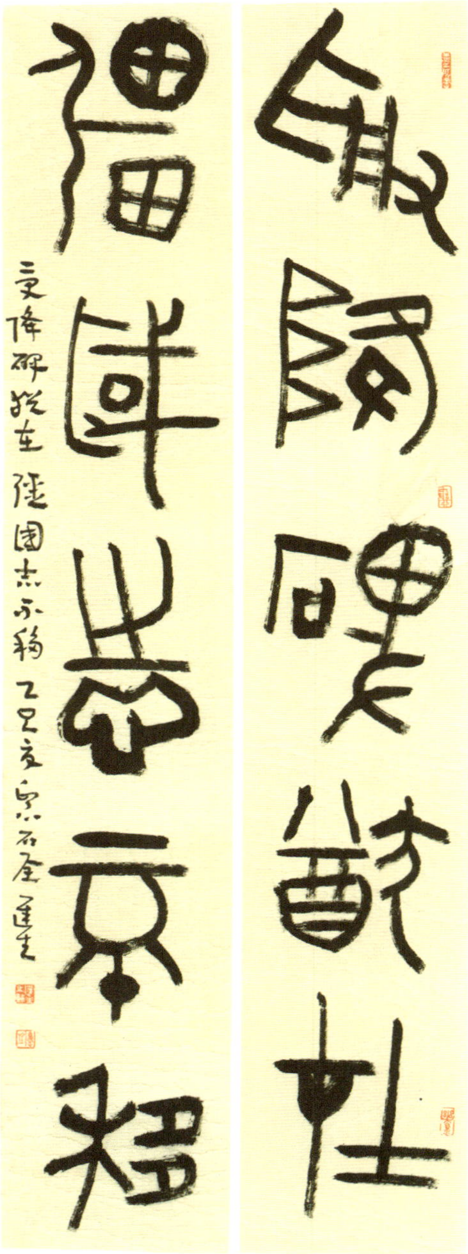

《受降强国联》（书法，作者：程迟生）

《德施特莱联》（书法，作者：褚群杰）

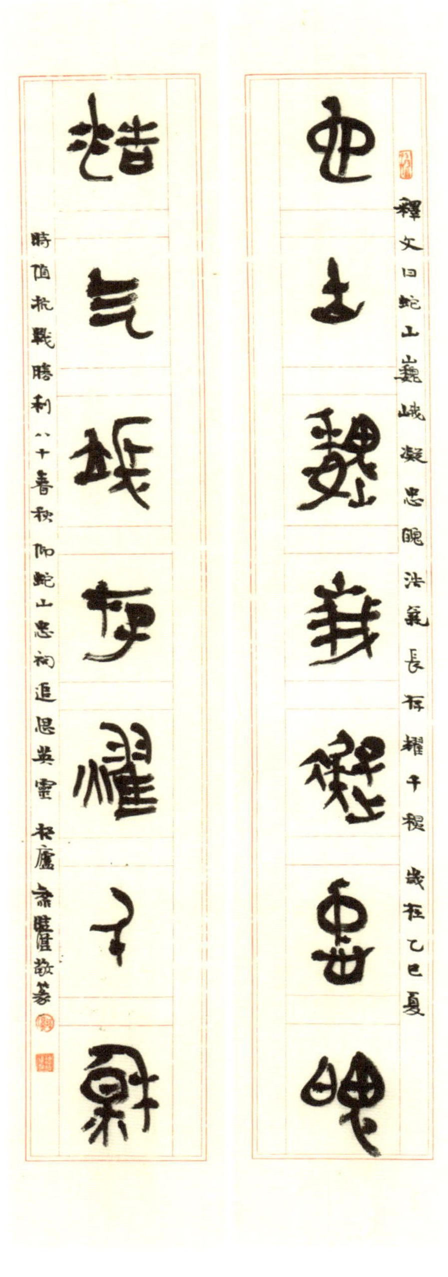

《蛇山浩气联》（书法，作者：魏晓伟）

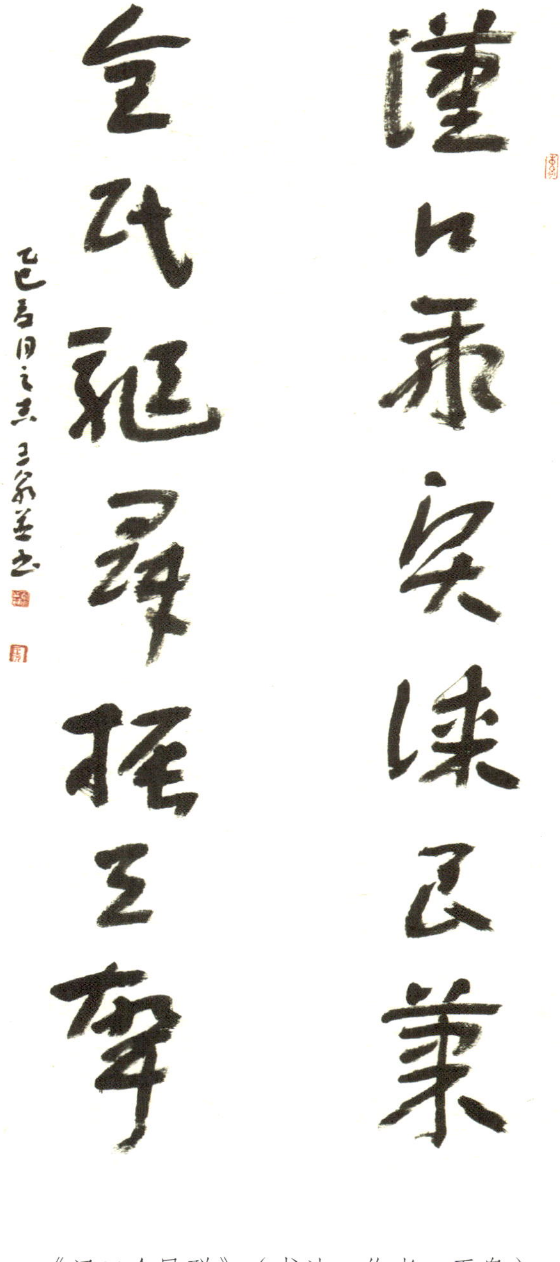

《汉口全民联》（书法，作者：王泉）

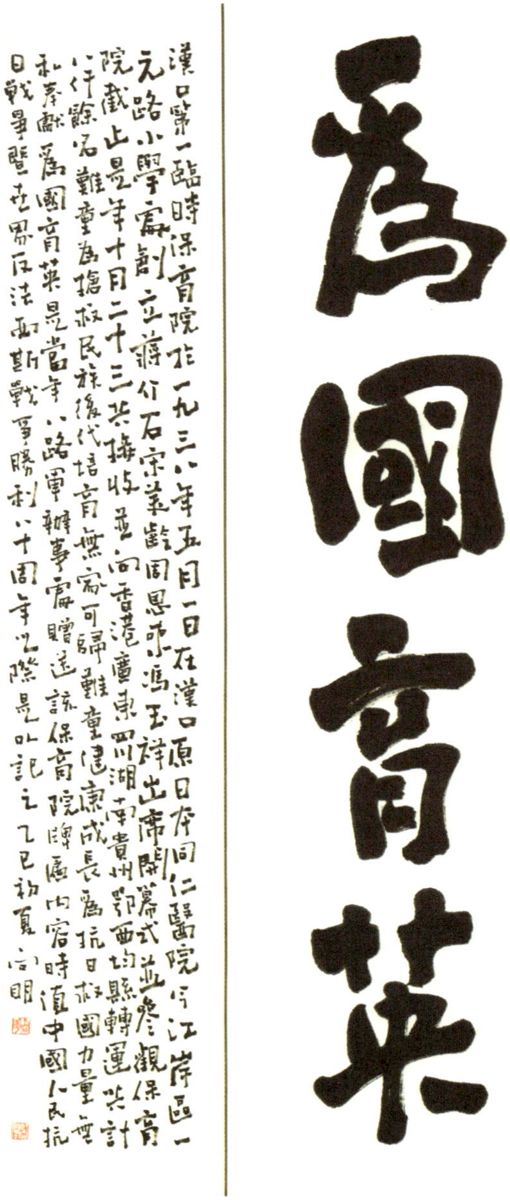


《为国育英》（书法，作者：向明）

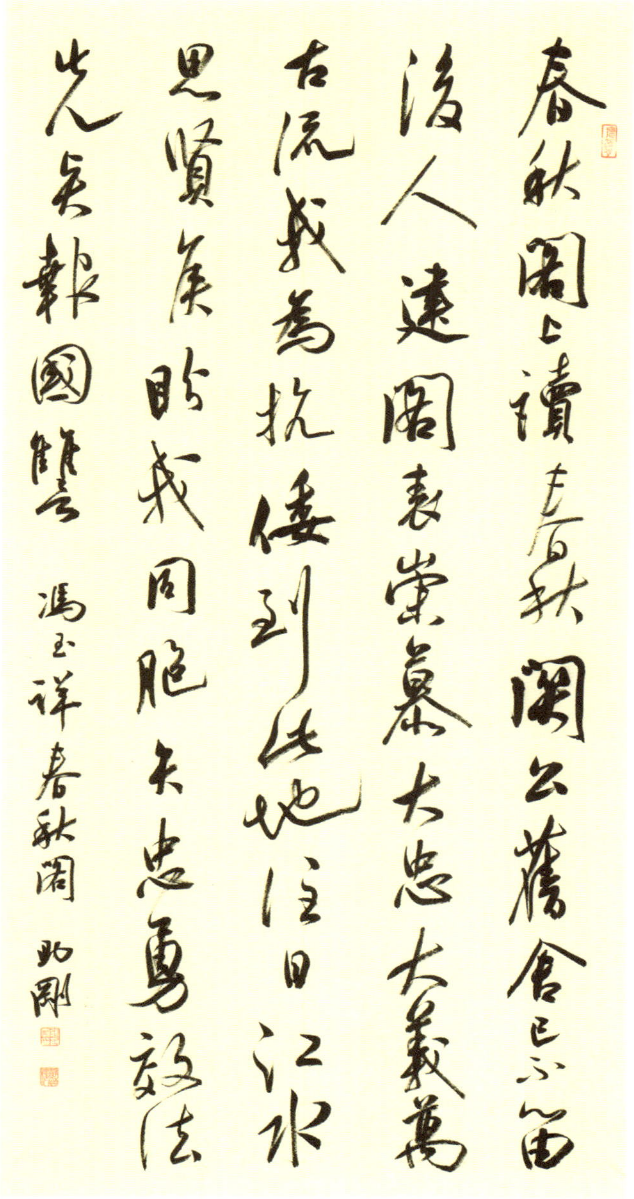

《冯玉祥春秋阁诗》（书法，作者：张助刚）

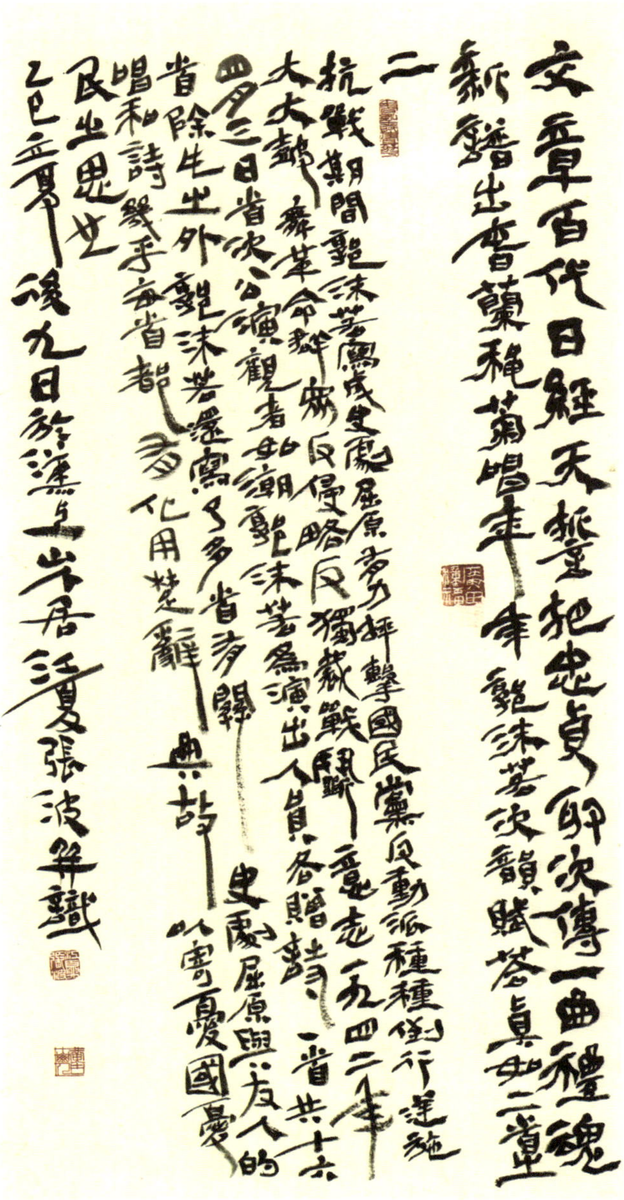

《郭沫若次韵赋答真如二首之二》（书法，作者：张波）

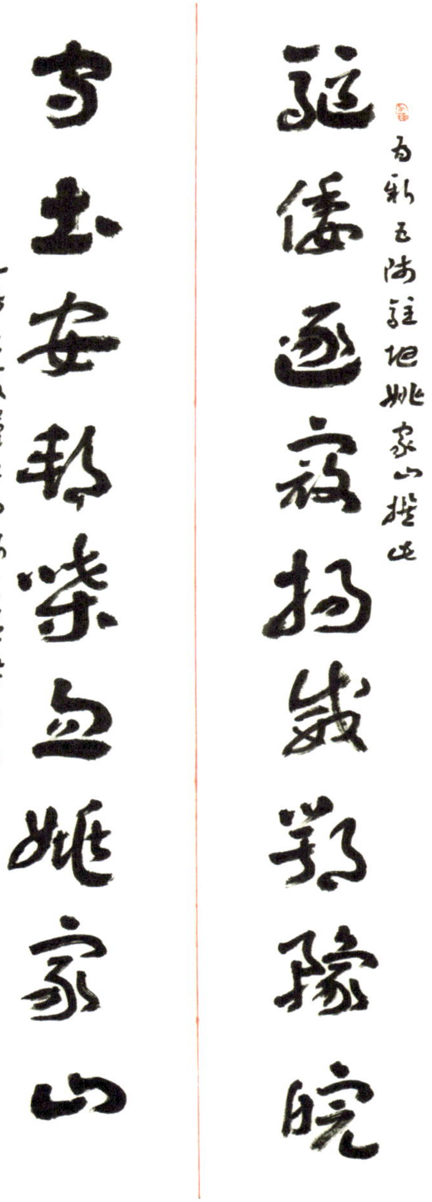

《驱倭守土联》（书法，作者：易新生）

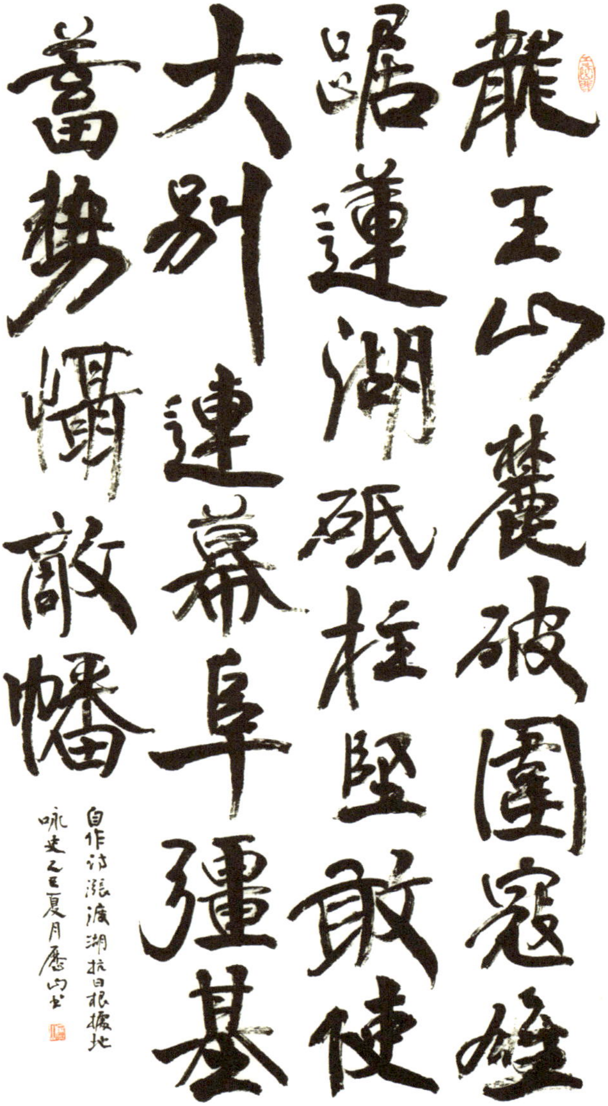

《涨渡湖抗日根据地遗址咏史》（书法，作者：姚洪磊）

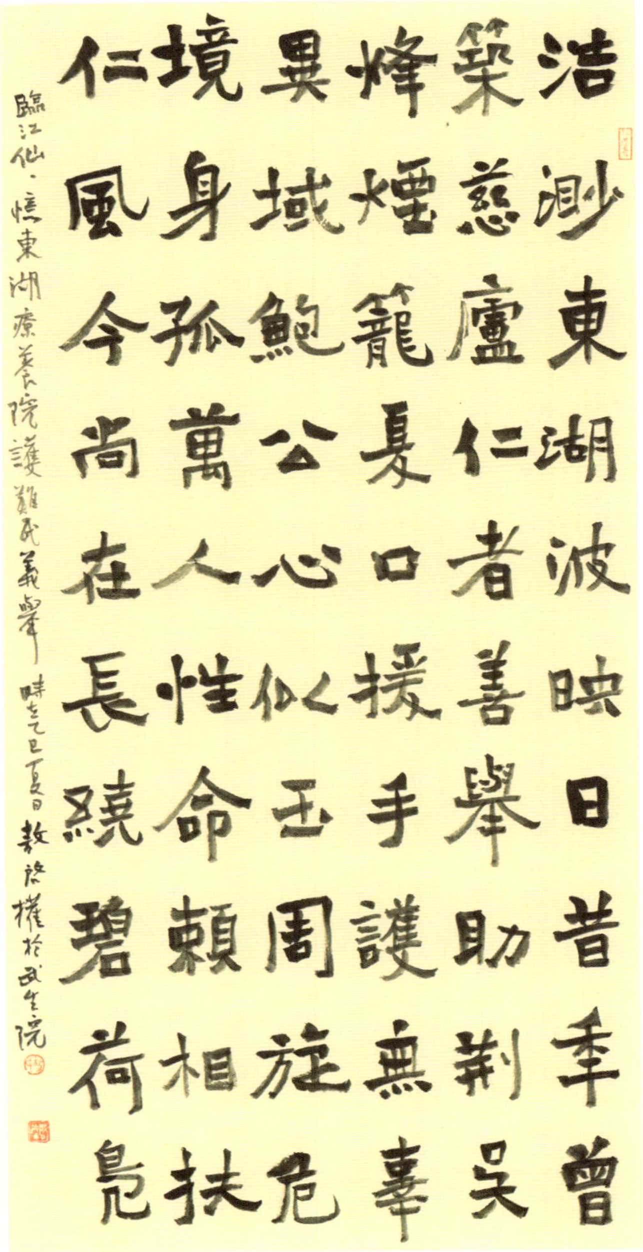


《临江仙·忆东湖卫生疗养院》（书法，作者：敖启权）

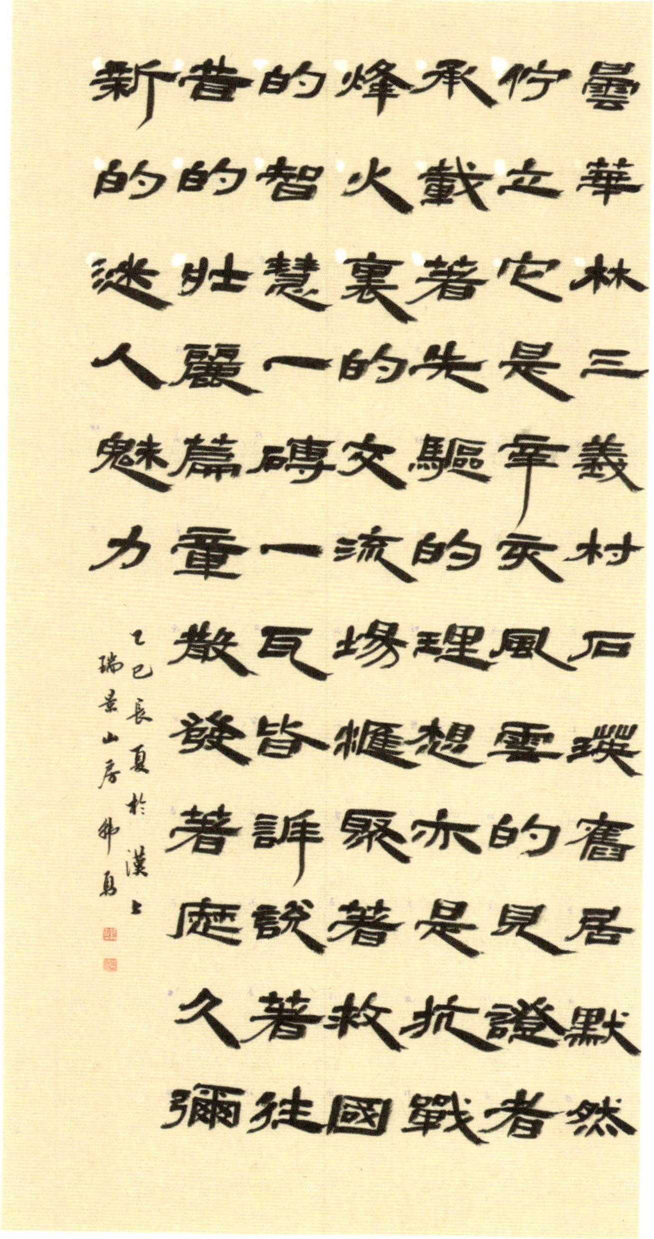
曇華林三義村石瑛舊居默然
佇立它是年來風雲的見證者
承載著先驅的理想亦是抗戰
烽火裏的交流場攏聚著救國
的智慧一磚一瓦皆訴說著往
昔的壯麗篇章散發著歷久彌
新的迷人魅力
乙巳長夏於漢上
瑞景山房韩勇

《石瑛旧居》（书法，作者：韩勇）

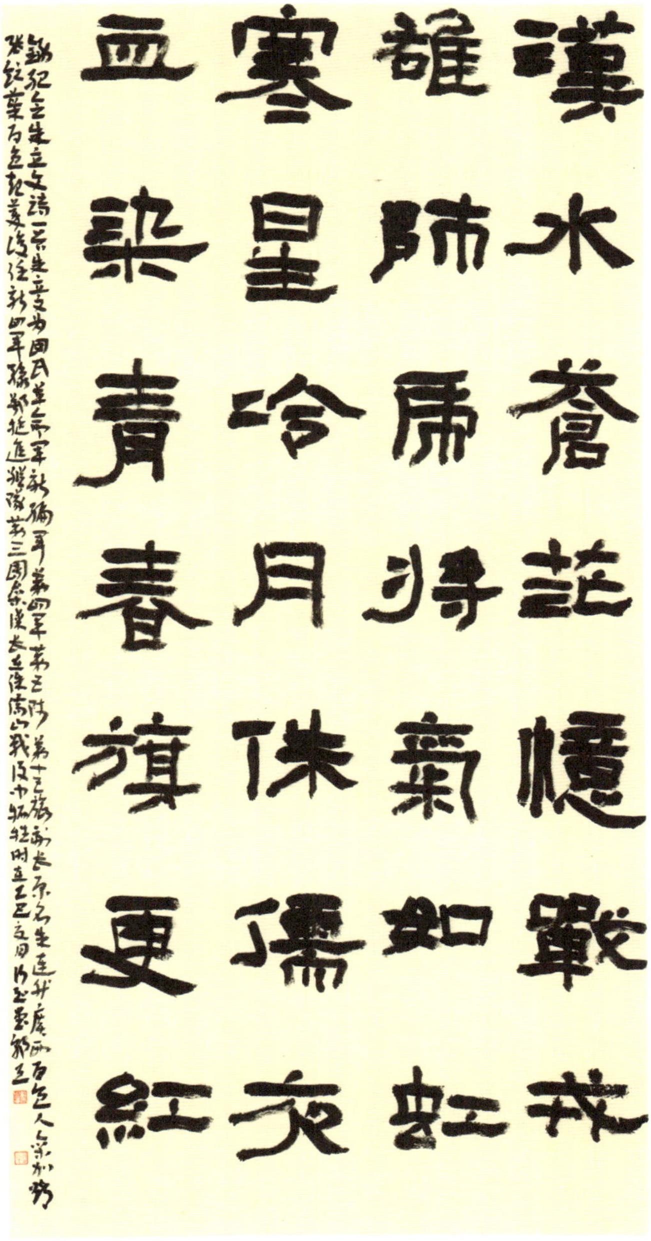

《纪念朱立文诗》（书法，作者：郭天天）

《青龙山谒项英将军像》（书法，作者：曹建立）

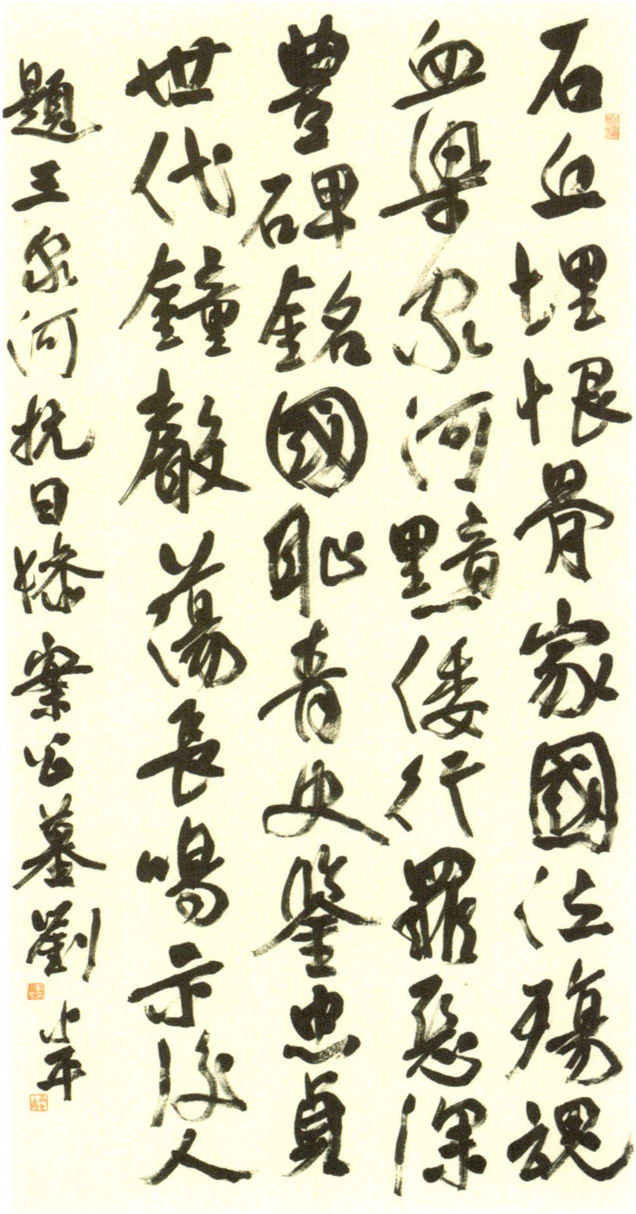

《题王家河抗日惨案公墓》（书法，作者：刘小平）